职业教育智慧健康养老服务与管理专业模块化教材

养老服务政策与法规

主　编　王　燕　李海彦　黄加成
副主编　谷　波　王瑞麟　杨彤辉
　　　　金　杰　侯帅杰

中国财富出版社有限公司

图书在版编目（CIP）数据

养老服务政策与法规／王燕，李海彦，黄加成主编．—北京：中国财富出版社有限公司，2024.6

（职业教育智慧健康养老服务与管理专业模块化教材）

ISBN 978－7－5047－7956－4

Ⅰ.①养… Ⅱ.①王… ②李… ③黄… Ⅲ.①养老—福利政策—中国—教材 ②养老—社会服务—法规—中国—教材 Ⅳ.①D669.6 ②D922.182.3

中国国家版本馆 CIP 数据核字（2023）第 114736 号

策划编辑	孟 婷	**责任编辑**	孟 婷	**版权编辑**	李 洋
责任印制	尚立业	**责任校对**	孙丽丽	**责任发行**	董 倩

出版发行	中国财富出版社有限公司		
社　　址	北京市丰台区南四环西路 188 号 5 区 20 楼	**邮政编码**	100070
电　　话	010－52227588 转 2098（发行部）		010－52227588 转 321（总编室）
	010－52227566（24 小时读者服务）		010－52227588 转 305（质检部）
网　　址	http：//www.cfpress.com.cn	**排　　版**	宝蕾元
经　　销	新华书店	**印　　刷**	宝蕾元仁浩（天津）印刷有限公司
书　　号	ISBN 978－7－5047－7956－4/D·0209		
开　　本	787mm×1092mm　1/16	**版　　次**	2024 年 8 月第 1 版
印　　张	14	**印　　次**	2024 年 8 月第 1 次印刷
字　　数	340 千字	**定　　价**	52.00 元

编　委　会

总主编

王　燕　潍坊护理职业学院

主　编

王　燕　潍坊护理职业学院

李海彦　山东省养老服务指导中心

黄加成　淄博师范高等专科学校

副主编

谷　波　济南市社会福利院

王瑞麟　潍坊护理职业学院

杨彤辉　临沂市经济学校

金　杰　辽宁经济职业技术学院

侯帅杰　乌鲁木齐职业大学

编　委

祝丽群　潍坊护理职业学院

刘香艳　潍坊护理职业学院

史东福　临沂市经济学校

武官莹　潍坊护理职业学院

李晓雪　上海垦森凯养老院有限公司

韩笑笑　潍坊护理职业学院

周建敏　潍坊馨悦养老服务有限公司

主　审

李海彦　山东省养老服务指导中心

黄加成　淄博师范高等专科学校

谷　波　济南市社会福利院

总策划

李彩琴　中国财富出版社有限公司

前　言

党的十八大以来，以习近平同志为核心的党中央高度重视老龄工作，多次对老龄工作作出一系列重要指示批示，体现了对世情国情党情的深刻把握，体现了时代性、规律性、创新性的有机统一，是今后一个时期我国加快老龄事业高质量发展的重要指导思想。党的二十大报告指出：发展养老事业和养老产业，优化孤寡老人服务，推动实现全体老年人享有基本养老服务。实施积极应对人口老龄化国家战略，必须坚持人才是第一资源，坚持人才引领驱动。2020 年，中共中央、国务院印发了《深化新时代教育评价改革总体方案》，明确提出了“教育评价事关教育发展方向，有什么样的评价指挥棒，就有什么样的办学导向”的指导性纲领。2021 年，中共中央、国务院印发的《关于加强新时代老龄工作的意见》要求：加快建设适应新时代老龄工作需要的专业技术、社会服务、经营管理、科学研究人才和志愿者队伍。为落实国家职业教育改革实施方案中“三教”改革，教育部办公厅印发了《“十四五”职业教育规划教材建设实施方案》，明确指出开发服务国家战略和民生需求紧缺领域专业教材。

养老服务人才队伍是推进养老服务高质量发展的重要支撑。我国自进入人口老龄化社会以来，国家发展和改革委员会、人力资源和社会保障部、民政部、全国老龄工作委员会、国家卫生健康委员会、地方各级政府部门等发布涉老文件逾千项，涉及服务标准、行业标准、国家标准等，而智慧健康养老服务与管理专业涉及的学科有医学、护理学、管理学、心理学、社会学、经济学、法学等。本教材编写人员从浩瀚的多学科知识体系中提炼出符合智慧健康养老服务与管理专业学生所需要的岗位能力框架，搭建由浅入深、由易到难、岗位能力梯级递进的知识层阶，总结了十余年教学及参加各类大赛积累的经验，形成了《老年人能力评估》《老年人生活照护理论》《老年人生活照护技术》《老年人基础照护理论》《老年人康复服务理论》《老年人康复服务技术》《老年社会工作》《养老机构管理基础》等一系列按照职业功能工作内容组成的模块化教材。

本教材主要具备以下特点：

1．对标国家最新标准，铸就从事服务与管理的基石

教材将国家最新颁布实施的养老服务政策、法规、国家标准、地方标准等规定进行汇编解释，引导学生建立养老服务的大职业观，培养学生成为既懂管理，又会服务的专业人才，同时能把信息传递给有需要的老年人，促进各项文件在基层层面的落实，让老年人享受社会发展进步的成果。

2．强化政策指引方向，夯实技能，使目标落实于行动

政策指引方向，方向铸就目标，目标落实于行动。养老服务政策与法规是开启从事养老服务的行动导向。在当下科技进步飞速发展的新时代，中国共产党第二十次全国代表大会明确提出，“实施积极应对人口老龄化国家战略，发展养老事业和养老产业，优化孤寡老人服务，推动实现全体老年人享有基本养老服务”。如何把国家的政

策、法规落实于每一个老年人，如何将服务质量规范标准落地于每一次照护服务中，需要将学到的政策法规付之于实践，落实于行动。

3. 担当社会责任，点亮老年人及自己的未来

老吾老以及人之老，老年人也是社会财富的缔造者和创造者，让老年人安享幸福晚年，既是“家事”，也是“国事”。政策与法规是国家层面的“红线”“底线”“基准线”“等级线”，能使养老服务法治化、专业化、精细化、人性化，有利于让当下老年人及未来老年人享受高品质养老生活，在全社会弘扬尊老敬老的孝道文化，引领行业发展。

本教材既可作为职业院校智慧健康养老服务与管理专业教材，也可作为公办及民办养老机构、老年公寓、养老社区、医养结合和居家养老照护人员的参考用书。

本教材由潍坊护理职业学院王燕、山东省养老服务指导中心李海彦、淄博师范高等专科学校黄加成任主编，济南市社会福利院谷波、潍坊护理职业学院王瑞麟、临沂市经济学校杨彤辉、辽宁经济职业技术学院金杰、乌鲁木齐职业大学侯帅杰任副主编，潍坊护理职业学院祝丽群、潍坊护理职业学院刘香艳、临沂市经济学校史东福、潍坊护理职业学院武官莹、上海垦森凯养老院有限公司李晓雪、潍坊护理职业学院韩笑笑、潍坊馨悦养老服务有限公司周建敏参与编写。其中，第一章、第二章、第五章与第二十二章由武官莹编写，第三章由武官莹、金杰编写，第四章与第十八章由谷波编写，第六章与第九章由韩笑笑编写，第七章与第十三章由侯帅杰、祝丽群编写，第八章与第二十四章由刘香艳编写，第十章与第二十三章由王瑞麟编写，第十一章与第十二章由黄加成编写，第十四章与第二十一章由李海彦、史东福编写，第十五章由王燕编写，第十六章与第十七章由杨彤辉编写，第十九章与第二十章由李晓雪编写。

尽管我们在教材编写过程中做出了许多努力，但是由于对接最新版的各类标准，加之编写团队水平有限，使本书在一些具体问题的处理上难免有不尽如人意之处，敬请广大读者批评指正，以便我们不断完善！另外，请登录网址 http：//www. cfpress. com. cn/download 下载本教材配套电子资源。

本教材编写组

2024 年 6 月

目　录

第一部分　养老服务政策与法规相关规范及解读

第二部分　养老服务相关法律法规及解读

第一部分　养老服务政策与法规相关规范及解读

第一章　养老服务政策与法规的联系与区别

扫码查看课程资源

案例导入

小李刚迈入大学校园，成为一所高职院校智慧健康养老服务与管理专业大一的学生。一天，小李通过媒体了解到一则“百岁老人追索赡养费纠纷执行案”，他认为，如今我国人口老龄化不断加剧，如何保障老龄人口的合法权益，关系到中国特色社会主义法治社会的建设大局。在第一节“养老服务政策与法规”课上，小李需要在认识养老服务政策与法规内涵的基础上，掌握养老服务政策与法规的联系与区别，并理解养老服务政策与法规制定的意义。

如果你是小李，你将如何完成此项任务？

学习目标

知识要求：

1. 理解养老服务政策与法规的内涵。
2. 掌握养老服务政策与法规的联系与区别。
3. 理解养老服务政策与法规制定的意义。

能力目标：

1. 能解释养老服务政策与法规的含义。
2. 能区分养老服务政策与养老服务法规。

素质要求：

1. 具有从事养老服务工作的责任感，在以后的工作中积极践行，学以致用。
2. 树立专业化、精细化、规范化的服务态度，为养老服务事业贡献自己的一份力量。

要学习养老服务政策与法规，首先要了解养老服务政策与法规的内涵，分清养老服务政策与法规的联系与区别，了解养老服务政策与法规对于我国社会与人民的重要意义。

第一节　养老服务政策与法规的内涵

1. 养老服务政策的内涵

早在2003年，全国老龄工作委员会办公室出版的《老龄工作干部读本》中便明确提出，老龄政策是“指党和政府为解决老龄问题，从而制定的行为规范和准则或开展的一些老龄工作和活动过程”。也有学者将老龄政策界定为“养老领域中政府所提出的建议、做出的行为，而这些建议和行为体现社会和政府的老年价值观”。从宏观意义上来说，老龄政策是一种特殊的公共产品，是符合具体国情、体现人民意愿、顺应人口老龄化科学规律的政策，老龄政策的执行是公共权力机关治理人口老龄化问题的一种常规手段。老龄政策包含了养老服务政策。养老服务政策是指国家为满足老年人对养老服务的需求而建立和出台的服务体系、措施等。

政策性文件是指以权威形式标准化地规定在一定的历史时期内，应该达到的奋斗目标、遵循的行动原则、要完成的明确任务、实行的工作方式、采取的一般步骤和具体措施的文件，如意见、通知、实施方案等。本书解读的政策文件包含国务院及其组成部门所发布的国家政策文件，山东省人民政府及其组成部门所发布的山东省政策文件。

2. 养老服务法规的内涵

养老服务法规是指与老年人相关的法律与规章制度。作为社会上的弱势群体，老年人权利与利益的保障，需要从政策、法律、经济、文化、道德等社会的各个方面来维护。其中，法律保障是其他各种保障的基础。养老服务法规是指依靠一系列的法律法规保障老年人的合法权利不受侵犯，对侵害老年人的违法行为进行处罚，运用公权力从立法、执法、司法三个层面保障老年人基本层次的生存性需要、较高层次的发展性需要和价值性需要，改善老年人的生活质量。因此，养老服务法规不仅涉及一般公民所普遍拥有的权益，而且包括根据老年人的特点和需求所特殊享有的权益，包括从国家和社会获取特殊照顾的权利、被赡养权和被扶助的权利、共享社会发展成果的权利、退休权、社会优待的权利，以及宪法和法律规定的其他权利和义务。

近年来，我国的老龄事业取得较大的发展。国家对老龄问题的认识也经历了由关注到重视逐步深化的过程，养老服务政策法规体系建设经历了初步探索到不断完善、全面发展的过程，国家和地方先后制定了大量的有关保护老年人权益的法律法规，逐渐构成了有中国特色的养老服务政策法规体系。中国养老相关的法律法规以《中华人民共和国宪法》为基础，以《中华人民共和国老年人权益保障法》为主体，包括法律、行政法规、地方性法规、国务院部门规章和地方政府规章等部分。

第二节　养老服务政策与法规的联系与区别

1. 养老服务政策与法规的联系

总体来说，政策与法规在本质上是一致的，两者互为依据，都是统治阶级意志的体现。一方面，法规的制定要以政策为指导，是政策的具体化、条文化。另一方面，许多政策又是根据宪法和法律制定的，政策不能违背宪法和法律，不能借口执行政策而违反法律的规定。因此，在一定条件下，政策经过一定步骤也可以转化为法律，这也就是立法的过程。我国的养老服务政策与法规相辅相成，不断完善，使对老年人的权利与利益保障由"雪中送炭"向着"锦上添花"发展。

2. 养老服务政策与法规的区别

同时，政策与法规也存在一定区别，主要体现在制定主体、表现形式、实施方式、调整范围、稳定程度等方面。具体见表 1-1。养老服务政策与法规的区别，基本上就是这些区别在养老服务领域的体现。

表 1-1 政策与法规的区别

项目	政策	法规
制定主体	制定主体更加宽泛，政府及其各级组织以及个人都有可能成为养老服务政策制定的主体	通常由立法机关制定或认可，具有国家意志的属性
表现形式	多以路线、战略、方针、规划、计划、方案、措施等红头文件的形式传达	由宪法、法律、行政法规、部门规章、地方性法规、自治条例、单行条例等法律规范性形式表现
实施方式	可以通过政府号召、党组织等保障来加以实施	以国家强制力作为后盾保证实施，在法规的背后，有法庭、警察、监狱等作为辅助
调整范围	调整范围相对较大	更加具体、明确地规范行为人的权利与义务
稳定程度	变化较快	相对稳定

第三节 养老服务政策与法规的意义

第七次全国人口普查数据显示，我国 60 岁及以上人口已达 2. 64 亿人，占总人口数的 18. 70%。"十四五"时期这一数字将突破 3 亿人，我国将从轻度老龄化进入中度老龄化阶段。在此背景下，养老服务政策与法规的制定和完善在文化、社会、法治层面上均具有重大意义。

1. 文化意义

养老服务政策与法规背后有着深厚的传统文化底蕴作支撑。"孝文化"、家本位思想、"出礼入刑"礼法融合思想为养老服务政策与法规的制定奠定了深厚的根基。我国传统社会通过设置尊老的律令，贯穿了长幼有序的等级精神，确认了老年人在家庭、家族、宗族层面的家长地位，保障了老年人在法律中的特权地位，构成了我国传统社会老年人权益保障的基础。经历了几千年的变化发展，我国仍维系着一种以家族伦理为中心价值的文化体系，家本位的法律政治理论逐渐延伸拓展为齐家治国的法律理论，维持着国家和社会的稳定。无论将来社会发展到什么水平，传统文化这一基于人性而产生的情感内容，仍然具有超越时代的普适性和共通性。当今我们注重保障老年人的合法权益，汲取中华民族的优良传统，赋予其新的时代精神，通过制度的引进建构，重塑尊老、敬老、助老的传统伦理道德。这种理性的文化观念不仅对老年人权益的法律保障有着深远的社会意义和现实指导作用，同时也对我国民族文化的传承、对社会主义法治建设具有重要作用。

2. 社会意义

养老服务政策与法规的制定有着急切的社会需求。我国自 1999 年进入老龄化社会以来，人口老龄化步伐逐步加快，老年人数量迅速增加，目前已经进入了快速增长时期。2012—2023 年，全国 60 岁及以上老年人口由 19390 万人增至 29697 万人，平均每年增加将近 1000 万人，最高年份甚至突破 1600 万人。2023 年我国 60 岁及以上的人口数量达到了 2. 96 亿人，占全国人口的 21. 1%。其中，65 岁及以上的人口数量为 2. 17 亿人，占全国人口的 15. 4%。可见，最近十几年，我国人口老龄化水平是随着时间的推移而逐渐增长的，并将对国家未来的可持续发展造成长期的、不可逆转的影响。经济转型期的人口老龄化问题，伴随着人口高龄化和家庭空巢化等各种矛盾，汹涌而来。人口老龄化会大大提高劳动力成本，直接影响到生产发展的速度，通过分配和再分配影响到政治、经济、社会、文化各个方面，从而影响到家庭关系、代际关系，以及社会和谐、国家安定团结。面对我国人口老龄化的严峻形势，如何安顿好老年人，保护好老年人的普遍权益，应对好老龄化风险所面临的挑战，是一项关乎我们国家未来的重大议题。

3. 法治意义

养老服务政策与法规顺应了我国法治社会及人权保障要求。一方面，人权是老年人权利与利益保障的价值基础，将老年人这一特殊权益主体从普遍全体中抽离出来加以保护，运用法律的国家强制力、政策手段、行政手段等不同于道德等乡规民约的方式对老年群体加以保护，具有特殊性、稳定性，这有效完善了我国法律体系，有利于健全中国特色社会主义法律体系，实现全民全方位依法治国的目标。另一方面，也将人权的普遍性和特殊性相结合，对处于弱势地位的老年人权益提供保护，更能体现我国人权发展的水平，进一步充分调动全国各族各界人民参与社会主义建设的积极性、主动性和创造性，构造一个平等友爱、融洽相处的和谐稳定社会。因而，解决好老年人的问题，确保老年人的权利公平、机会公平、收入分配公平，是缓解人与人之间的矛盾、促进社会发展、构建和谐社会公平正义的应有之义。同时，我国对老年人权益保护的重视，也是弘扬社会主义法治理念的体现，是社会主义法治进步的标志。

因此，养老服务政策是国家为满足老年人对养老服务的需求而建立和出台的服务体系、措施等。养老服务法规指与老年人相关的法律与规章制度。养老服务政策与法规之间有着千丝万缕的联系，也存在一定区别。在人口老龄化日趋加剧背景下，养老服务政策与法规的制定和完善在文化、社会、法治层面上均具有重大意义。

思维导图

第二章《养老服务基本术语》及解读

扫码查看课程资源

案例导入

小李现在是高职院校智慧健康养老服务与管理专业大三的学生。本学期，他被分配到校企合作的养老机构进行顶岗实习。来到工作岗位后，带教老师安排小李为失能老人提供修饰服务。但是，小李却不清楚什么是修饰服务，也不好意思向带教老师提问，顿时感到手足无措。

同学们，你们能为小李解答疑惑吗？你们知道带教老师布置给小李的任务，具体需要提供哪些服务吗？

学习目标

知识要求：

1. 掌握《养老服务基本术语》的使用范围、基础术语、养老相关术语、外来术语。
2. 了解《养老服务基本术语》的英文对照及含义。

能力目标：

1. 能区分养老服务基本术语的释义。
2. 能识别养老服务基本术语。

素质要求：

1. 树立规范意识，在工作中注意规范术语的使用。
2. 树立养老服务专业思维。

《养老服务基本术语》（DB 37/T 2891—2016）文件中规定了养老服务领域中的基本术语及定义，内容包括基础术语、养老场所术语、养老服务人员术语、养老服务项目术语、养老产业术语、外来术语6个方面。其中，基础术语包括老年人、养老服务、养老服务体系、监护人、公办民营、公建民营6类；养老场所术语包括老年人住宅、养老设施、养老机构、床单位4类；养老服务人员术语共12个，包括养老护理员、陪护员、康复医师、康复治疗师、保健按摩师、心理咨询师、营养师、执业医师、注册护士、老年社会工作者、评估员、机关第三方；养老服务项目术语包括设施服务类项目、机构服务类项目、其他服务类项目3类；养老产业术语包括养老地产、养老社区、金融养老、养老金融4类；外来术语5个，包括介助、介护、入户介护服务、入户护理服务、入户康复指导。该标准主要适用于养老服务业的经营、管理、科研等活动。

《养老服务基本术语》及解读

1 范围

本标准规定了养老服务领域中的基本术语及定义。

【解读1】“本标准”是指山东省地方标准《养老服务基本术语》(DB 37/T 2891—2016)。

本标准主要适用于养老服务业的经营、管理、科研等活动。

2 基础术语

2.1 老年人 elderly

是指六十周岁以上的公民。

【解读2】按国际规定，60岁（周岁）及以上的人确定为老年人，《中华人民共和国老年人权益保障法》第二条规定老年人是指60周岁以上的公民。

2.1.1 自理老人 self-helping aged people

生活行为基本可以独立进行，自己可以照料自己的老年人。(GB 50867—2013，2.0.7)

【解读3】GB 50867—2013是中华人民共和国国家标准《养老设施建筑设计规范》。

2.1.2 介助老人 device-helping aged people

生活行为需依赖他人和扶助设施帮助的老年人，主要指半失能老年人。(GB 50867—2013，2.0.8)

2.1.3 介护老人 under-nursing aged people

生活行为需部分依赖他人护理的老年人，主要指失智和失能老年人。(GB 50867—2013，2.0.9)

2.1.4 高龄老人 senior at advanced aged

年满80周岁及以上的老人。

2.1.5 空巢老人 empty nester

未与其法定赡养人共同生活或无法定赡养人、抚养关系的老年人，包括夫妻共同居住和单身居住。

2.1.6 孤寡老人 elderly without family

是指无配偶、无子女，没人照顾，且丧失劳动能力的老年人。

【解读4】独居、丧偶的一位老人，但有儿子给付生活费，由女儿照顾生活起居，这样的老人不算是孤寡老人。

2.1.7 失独老人 elderly lost the only child

独生子女死亡的老年人。

【解读5】因为家中唯一的子女不幸离世，且其父母不再生育、不能再生育和不愿意收养子女，这样的家庭被称为失独家庭。失独家庭中的老人即被称为失独老人。

2.1.8 特困老人 extremely poor elderly

是指无劳动能力和独立生活条件、无生活来源和无法定赡养、抚养、扶养义务人或者其法定赡养、抚养、扶养义务人无赡养、抚养、扶养能力的老年人。

2.1.9 低保老人 social-secured elderly

低保家庭中的老年人。

2.1.10 居家老年人

指长期在家居住的老年人。

【解读6】10种老年人类型区分（见表2-1）。

表2-1 10种老年人类型区分

序号	术语	关键词
1	自理老人	基本独立；自我照料
2	介助老人	依赖他人和扶助设施；半失能
3	介护老人	部分依赖他人护理；失智和失能
4	高龄老人	80周岁及以上
5	空巢老人	没有法定赡养人、抚养关系或未与其法定赡养人共同生活
6	孤寡老人	无人照顾，且丧失劳动能力
7	失独老人	独生子女死亡
8	特困老人	“三无”
9	低保老人	低保家庭
10	居家老年人	长期在家居住

2.2 养老服务 elderly care service

为老年人提供服务的总称。

2.3 养老服务体系 elderly care service system

是与经济社会发展水平相适应，以满足老年人养老服务需求、提升老年人生活质量为目标，面向所有老年人，提供生活照料、康复护理、精神慰藉、紧急救援和社会参与等法规、制度、设施、组织、人才和技术要素形成的网络，以及配套的服务标准、运行机制和监管制度。

2.3.1 居家养老 home-based elderly care

为居家老年人提供生活照料、家政服务、康复护理、医疗保健、精神慰藉等服务的一种养老模式。

2.3.2 社区养老 community elderly care

利用社区资源，为老年人提供适宜服务的一种养老模式。

2.3.3 机构养老 institution elderly care

由养老机构为入住老年人提供生活照料、康复护理、精神慰藉、文化娱乐等综合性服务的一种养老模式。

【解读7】3种养老服务体系区分（见表2-2）。

表 2-2　　3 种养老服务体系区分

序号	术语	关键词
1	居家养老	居家老年人
2	社区养老	社区资源
3	机构养老	养老机构；入住老年人

2.4　监护人 guardian

指按照有关法律规定对老年人具有法定监护义务的人员，或老年人在近亲属及其他与自己关系密切、愿意承担监护责任的个人、组织中协商确定的负有监护职责的人员。

2.5　公办民营 government-constructed private operation

由社会力量采取承包、租赁、合营等方式经营政府建非营利性老年人社会福利机构的运营模式。

2.6　公建民营 government-owned private operation

指政府通过承包、委托、联合经营等方式，将政府拥有所有权但尚未投入运营的新建养老设施运营权交由企业、社会组织或个人的运营模式。

3　养老场所术语

3.1　老年人住宅 house for the aged

供以老年人为核心的家庭居住使用的专用住宅。老年人住宅以套为单位，普通住宅楼栋中可配套设置若干套老年人住宅。（GB/T 50340—2003，2.0.3）

3.2　养老设施 elderly facilities

为老年人提供居住、生活照料、医疗保健、文化娱乐等方面专项或综合服务的建筑通称，包括老年养护院、养老院、老年日间照料中心等。（GB 50867—2013，2.0.1）

3.2.1　社区老年人日间照料中心 community day-care center for the elderly

是指以生活不能完全自理、日常生活需要一定照料的半失能老年人为主的日托老年人提供膳食供应、个人照顾、保健康复、娱乐和交通接送等日间服务的设施。（建标 143—2010，第三条）

3.2.2　社区养老服务驿站 community elderly care service station

是充分利用社区资源，就近为有需求的居家老年人提供生活照料、陪伴护理、心理支持、社会交流等服务，由法人或具有法人资质的专业团队运营的为老服务机构。

3.2.3　农村幸福院 happy village home

由村民委员会主办和管理，在农村中心社区或较大的行政村设立，为农村老年人提供膳食服务、日间休息、文化娱乐等服务的互助性、公益性养老场所。

3.2.4　老年活动中心 recreation center for the elderly

为老年人提供综合性文化娱乐活动的机构或场所。

3.2.5　老年学校（大学）school for the elderly

为老年人提供继续学习和交流的机构或场所。

【解读 8】5 种养老设施区分（见表 2-3）。

表 2-3　　5 种养老设施区分

序号	术语	关键词
1	社区老年人日间照料中心	半失能老年人；日间服务
2	社区养老服务驿站	社区资源；就近；专业团队运营
3	农村幸福院	村民委员会；农村老年人；互助性、公益性
4	老年活动中心	综合性文化娱乐活动
5	老年学校（大学）	继续学习和交流

3.3　养老机构 senior care organization

为老年人提供生活照料、膳食、康复、护理、医疗保健等综合性服务的各类组织。(GB/T 29353—2012，3.1)

3.3.1　老年养护院 nursing home for the aged

为介助、介护老年人提供生活照料、健康护理、康复娱乐、社会工作等服务的专业照料机构。(GB 50867—2013，2.0.2)

3.3.2　养老院 home for the elderly

为自理、介助和介护老年人提供生活照料、医疗保健、文化娱乐等综合服务的养老机构，包括社会福利院的老人部、敬老院等。(GB 50867—2013，2.0.3)

3.3.3　老年社会福利院 social welfare institution for the elderly

由国家出资举办、管理的综合接待特困老人、自理老人、介助老人、介护老人安度晚年而设置的社会养老服务机构，设有生活起居、文化娱乐、康复训练、医疗保健等多项服务设施。

3.3.4　敬老院 home for the elderly in the rural areas

在农村乡（镇）、村（社区）设置的供养特困老人和接待社会上的老年人安度晚年的社会养老服务机构，设有生活起居、文化娱乐、康复训练、医疗保健等多项服务设施。

3.3.5　老年福利服务中心 welfare service center for the aged

由政府或社会投资建设，为老年人提供集中居住和照料服务的机构或场所。

3.3.6　老年公寓 apartment for the elderly

专供老年人集中居住，符合老年体能心态特征，配备生活照料、医疗保健、康复养生等老年人适用的设施设备，并且能够提供餐饮、清洁、医疗护理、养生保健、文化娱乐、老年教育、心理慰藉等服务的养老服务机构。

3.3.7　护理院 nursing home

为无自理能力的老年人提供居住、医疗、保健、康复和护理的专业服务机构。(GB/T 50340—2003，2.0.6)

3.3.8　康复医院 rehabilitation hospital

是为因严重的生理或心理障碍导致功能丧失，需要医学康复的患者提供诊疗、功能训练及其他相关服务的医疗卫生机构。

【解读 9】8 种养老机构区分（见表 2-4）。

表 2-4　　8 种养老机构区分

序号	术语	关键词
1	老年养护院	介助、介护老年人；专业照料机构
2	养老院	自理、介助和介护老年人
3	老年社会福利院	国家出资；特困老人、自理老人、介助老人、介护老人；安度晚年
4	敬老院	农村乡（镇）、村（社区）；特困老人；社会上的老年人；安度晚年
5	老年福利服务中心	集中居住和照料服务
6	老年公寓	集中居住
7	护理院	无自理能力
8	康复医院	严重的生理或心理障碍；需要医学康复

3.4　床单位 bed unit

病床及附属设备的总称。

4　养老服务人员术语

4.1　养老护理员 gerontological caregiver

对老年人生活进行照料、护理的服务人员。

4.2　陪护员 companion caregiver

是指运用一定的生活照护技能和相关医疗知识，在医疗机构、社区、家庭为需要健康照护的老年人提供生活和身心照料的服务人员。

4.3　康复医师 therapist for rehabilitation

是指能够综合、协调地应用医学、教育学、社会学等，并利用物理因子和方法（包括电、光、热、声、机械设备和主动活动）诊断、治疗和预防残疾和疾病（包括疼痛），使病、伤、残老年人已经丧失的功能尽可能地得到恢复和重建的执业医师。

4.4　康复治疗师 rehabilitation therapist

以应用功能训练为主要手段，对患病老年人进行综合康复治疗，恢复或改善其功能，提高其生活质量的专业人员。

4.5　保健按摩师 healthcare masseur

是指根据老年人的生理特点和需求，运用以保健为目的的按摩技术，在人体体表特定部位施以有一定力量的、有目的的、有规律的手法操作活动的专业人员。

4.6　心理咨询师 psychological counselor

是指运用心理学及相关知识，遵循心理学原则，通过心理咨询等技术与方法，帮助求助老年人解除心理问题的专业技术人员。

4.7　营养师 nutritionist

是指通过严格营养基础理论学习和专业营养技能修炼，并能设计好方案和跟踪服务的营养专业人才。

4.8 执业医师 licensed physician

依法取得执业医师资格并注册从业的专业医务人员。

4.9 注册护士 registered nurse

依法取得《中华人民共和国护士执业证书》并注册从业的护理专业人员。

4.10 老年社会工作者 the gerontological social worker

从事老年社会工作服务且具有资质的社会工作人员。(MZ/T 064—2016，3.2)

4.11 评估员 assessment officer

指经养老服务行业管理部门培训并获得有关机构的资格认定，从事养老服务相关评估工作的专业服务人员。

4.12 相关第三方 relevant third party

为老人提供资金担保，监护或委托代理责任的个人或组织。(GB/T 29353—2012，3.2)

5 养老服务项目术语

5.1 设施服务类项目

5.1.1 适老化环境改造 environmental transformation for the elderly

针对老年人的身体机能及特点，设计和改造适合老年人生活的住宅、公共设施和社区环境等活动。(MZ/T 064—2016，3.3)

5.1.2 盲道 tactile ground surface indicator

在人行道上或其他场所铺设的一种固定形态的地面砖，使视觉障碍者产生盲杖触觉及脚感，引导视觉障碍者向前行走和辨别方向以到达目的地的通道。(GB 50763—2012，2.0.2)

5.1.3 无障碍出入口 accessible entrance

在坡度、宽度、高度上以及地面材质、扶手形式等方面方便行动障碍者通行的出入口。(GB 50763—2012，2.0.5)

5.1.4 轮椅回转空间 wheelchair turning space

为方便乘轮椅者旋转以改变方向而设置的空间。(GB 50763—2012，2.0.7)

5.1.5 轮椅坡道 wheelchair ramp

在坡度、宽度、高度、地面材质、扶手形式等方面方便乘轮椅者通行的坡道。(GB 50763—2012，2.0.8)

5.1.6 无障碍通道 accessible route

在坡度、宽度、高度、地面材质、扶手形式等方面方便行动障碍者通行的通道。(GB 50763—2012，2.0.9)

5.1.7 安全抓杆 grab bar

在无障碍厕位、厕所、浴间内，方便行动障碍者安全移动和支撑的一种设施。(GB 50763—2012，2.0.14)

5.1.8 无障碍厕所 individual washroom for wheelchair users

出入口、室内空间及地面材质等方面方便行动障碍者使用且无障碍设施齐全的小型无性别厕所。(GB 50763—2012，2.0.16)

【解读 10】8 种设施服务类项目区分（见表 2-5）。

表 2-5 8种设施服务类项目区分

序号	术语	关键词
1	适老化环境改造	针对老年人的身体机能及特点
2	盲道	固定形态的地面砖；视觉障碍者
3	无障碍出入口	行动障碍者
4	轮椅回转空间	乘轮椅者；改变方向；空间
5	轮椅坡道	乘轮椅者；坡道
6	无障碍通道	行动障碍者
7	安全抓杆	行动障碍者；安全移动和支撑
8	无障碍厕所	无障碍设施齐全；小型；无性别；厕所

5.2 机构服务类项目

5.2.1 生活照料服务 daily living care service

向老年人提供穿脱衣、修饰、口腔清洁、排泄护理、皮肤清洁护理、压疮预防等的服务活动。

5.2.1.1 穿脱衣服务 dressing service

协助老年人穿衣、脱衣，并帮助老年人更换衣物、整理衣物等的服务活动。

5.2.1.2 修饰服务 grooming service

保持老年人外表整洁、干净的服务活动，包括洗头、洗脸、理发、梳头、化妆、修剪指甲、剃须等。

5.2.1.3 口腔清洁 oral cleaning

利用牙齿清洁工具，对老年人口腔进行清洁，维护老年人口腔健康的护理活动，例如刷牙、漱口、清理义齿等。

5.2.1.4 排泄护理 elimination care

提醒老年人如厕，或协助老年人使用便器、帮助排便与排尿，并清洗与更换相关用品等的护理活动。

5.2.1.5 皮肤清洁护理 skin cleaning care

为老年人清洗、擦拭身体，保持皮肤清洁、干燥，促进其身心舒适，有效预防皮肤感染和压疮发生的护理活动。

5.2.1.6 助浴服务 bath service

是指服务机构利用专门的洗浴设施设备，为老年人提供洗浴服务的活动。

5.2.1.7 压疮 pressure ulcers

或称压力性溃疡、褥疮，是由于局部组织长期受压，发生持续缺血、缺氧、营养不良而致组织溃烂坏死。

5.2.1.8 压疮预防 pressure ulcer prevention

一切有助于改善老年人血液循环，减轻局部皮肤受压，防止压疮发生的有效措施。

5.2.1.9 变换体位服务 position change

是指帮助不能自主变换体位的老年人改变体位的服务活动。

5.2.1.10　专人护理 one to one care

是指养老护理员与老年人按照1∶1配置，且相对固定，并由护理人员全权负责该老人的一切生活照料与护理的活动。

【解读11】10种生活照料服务区分（见表2–6）。

表2–6　　10种生活照料服务区分

序号	术语	关键词
1	穿脱衣服务	穿衣、脱衣；更换衣物、整理衣物
2	修饰服务	外表整洁、干净
3	口腔清洁	牙齿清洁工具；口腔健康
4	排泄护理	如厕；清洗与更换相关用品
5	皮肤清洁护理	清洗、擦拭身体；预防皮肤感染和压疮
6	助浴服务	专门设施设备；洗浴服务
7	压疮	压力性溃疡、褥疮
8	压疮预防	血液循环；防止压疮发生
9	变换体位服务	不能自主变换体位
10	专人护理	1∶1配置；相对固定；全权负责

5.2.2　膳食服务 catering service

根据营养学、卫生学要求，向老年人提供均衡饮食的服务活动。

5.2.2.1　配餐服务 food distributing service

为老年人提供分配、加热、切分食物等的服务活动。

5.2.2.2　送餐服务 meal delivery service

将配餐送达老年人的服务活动。

5.2.2.3　助餐服务 meal service

为老年人提供餐饮制作、送餐服务或集中就餐的活动。

5.2.2.4　饮食照料服务 diet care service

是指通过协助进食、饮水或喂饭、管饲等方式，满足老年人饮食需求的服务活动。

5.2.2.5　鼻饲 nasogastric gavage

是将导管经鼻腔插入胃内，从而灌注流质食物、水分和药物的方法。

【解读12】5种膳食服务类型区分（见表2–7）。

表2–7　　5种膳食服务类型区分

序号	术语	关键词
1	配餐服务	分配、加热、切分食物
2	送餐服务	配餐送达
3	助餐服务	餐饮制作、送餐服务或集中就餐

续表

序号	术语	关键词
4	饮食照料服务	满足老年人饮食需求
5	鼻饲	将导管经鼻腔插入胃内

5.2.3 清洁卫生服务 cleaning and sanitation service

是指服务人员通过使用专门清洁设施设备及其他相关用品，对老年人生活的居室、床单位及配套设施设备等进行清扫保洁的服务活动。

5.2.4 洗涤服务 laundry service

为老年人提供织物的收集、登记、分类、消毒、洗涤、干燥、整理和返还等的服务活动。

5.2.5 老年医疗护理服务 medical and nursing service for the elderly

通过医疗护理的干预，为老年人提供综合的医疗护理及其他健康照顾的服务活动。

5.2.5.1 老年人能力 elderly ability

是指老年人日常生活活动能力、心理状态以及社会参与程度等多种因素综合作用的结果。

5.2.5.2 老年人能力评估 elderly competency assessment

依据标准对老年人生理、心理和社会状态进行评价的过程。

5.2.5.3 床边照料服务 bedside care service

在失能、半失能老年人卧具周边提供的照料护理服务，包括协助穿衣、个人卫生清洁、床铺整理、变换体位、排泄护理、饮食照料、体征监测、床上康复训练等。

5.2.5.4 康复护理服务 rehabilitation nursing service

根据个人康复护理计划，围绕全面康复（躯体的、精神的和社会的）目标，在专业养老护理员或/和护士的引导、鼓励、帮助和训练下，安全进行日常生活护理或借助专门器械进行物理康复和功能训练，帮助居家老年人发挥其身体残余功能和潜在功能，以补偿丧失的部分能力，从而使其在生活质量、体格、精神及社会生活等方面得到恢复的服务活动。

5.2.5.5 心理护理服务 psychological nursing service

根据老年人的心理活动规律和反应特点，并针对老年人的心理活动，采取一系列的心理护理措施，影响和改变老年人的心理状态和行为，帮助老年人适应新的人际关系以及医疗环境，尽可能为老年人创造有益于治疗和康复的最佳心理状态的过程。

5.2.5.6 慢性病管理 chronic disease management

养老机构为老人提供的慢性疾病的预防、诊疗、护理、监控等管理服务。

5.2.5.7 院前救护 pre-hospital care

老年人出现突发疾病或意外时由医护人员完成的转院前的医疗救助工作。

5.2.5.8 卫生保健服务 health care service

对老年人提供预防、保健、康复、医疗等方面综合性卫生照料的服务活动。

5.2.5.9 健康管理 health management

是指对老年人群体或个人的健康危险因素进行全面管理的过程。

5.2.5.10　健康教育 health education

是通过有计划、有组织、有系统的社会教育活动，促使老年人自觉采纳有益健康的行为和生活方式，消除或减轻影响健康的危害因素，预防疾病、促进健康、提高生活质量。

5.2.5.11　院内感染监测 surveillance of nosocomial infection

长期、系统、连续收集和分析院内感染在养老机构一定人群中的发生和分布及其影响因素，并将监测结果报送和反馈给有关部门和人员，为感染的预防控制和宏观管理提供科学依据。

5.2.5.12　医疗养老结合服务 gerontological care service

通过医疗资源与养老资源的整合，实现医疗服务和养老服务的有机融合，为老年人提供专业医疗服务和养老服务的服务活动。

5.2.5.13　家庭病房 home-based ward

是指对需要连续治疗，又需依靠医护人员上门服务的老年人，在其家中设立病床，由指定医护人员定期查床、治疗、护理，并在特定病历上记录服务过程的一种医疗服务形式。

【解读13】13种老年医疗护理服务类型区分（见表2-8）。

表2-8　13种老年医疗护理服务类型区分

序号	术语	关键词
1	老年人能力	日常生活活动能力、心理状态、社会参与程度
2	老年人能力评估	依据标准；生理、心理和社会状态
3	床边照料服务	失能、半失能老年人；卧具周边
4	康复护理服务	物理康复和功能训练
5	心理护理服务	心理活动规律和反应特点；有益于治疗和康复
6	慢性病管理	养老机构；预防、诊疗、护理、监控
7	院前救护	突发疾病或意外；转院前的
8	卫生保健服务	综合性卫生照料
9	健康管理	健康危险因素；全面管理
10	健康教育	有计划、有组织、有系统；社会教育活动
11	院内感染监测	长期、系统、连续收集和分析；预防控制和宏观管理
12	医疗养老结合服务	医疗服务和养老服务的有机融合
13	家庭病房	上门服务；家中设立病床

5.2.6　心理/精神支持服务 mental support service

通过语言、文字等媒介，使老人的认识、情感和态度有所变化，增强适应性，保持和增进身心健康的服务活动。

5.2.6.1　情绪疏导 emotional counseling

通过沟通与交流，引导和帮助老年人进行不良情绪的宣泄与排解。

5.2.6.2　心理咨询 psychological counseling

是指运用心理学的方法，对心理适应方面出现问题并企求解决问题的老年人提供心理援助的过程。

5.2.6.3　危机干预 crisis intervention

是指针对处于心理危机状态的老年人及时给予适当的心理援助，使之尽快摆脱困难的服务活动。

【解读 14】3 种心理/精神支持服务区分（见表 2-9）。

表 2-9　3 种心理/精神支持服务区分

序号	术语	关键词
1	情绪疏导	沟通与交流；不良情绪；宣泄与排解
2	心理咨询	心理适应方面；心理援助
3	危机干预	心理危机状态；给予适当的心理援助

5.2.7　文化娱乐服务 recreational service

向老人开展各种类型、有益于身心健康的文化体育娱乐的服务活动。

5.2.8　咨询服务 consultation service

针对老年人提出的问题或疑难给出建议或解决方案的服务活动。

5.2.9　安全保护服务 safety and security service

根据老年人的需求，在医护人员的指导下，采取适当的安全防护措施的服务活动。

5.2.9.1　紧急救助呼叫器 emergency call device

是指当老年人突发疾病或遇紧急情况时，通过按动快捷键或报警按钮，即可快速发送呼叫信号的一种终端呼叫装置。

5.2.9.2　防走失手环 anti-lost bracelet

为老年人提供的一种防止走失，以保障其人身安全的智能化手环。防走失手环一般应具备实时定位、紧急呼叫、活动轨迹、电子围栏等功能。

5.2.9.3　约束物品 restraints

是指为限制老年人活动以尽量减少其对自己和/或他人所造成伤害而特别设计的物品。

【解读 15】3 种安全保护服务区分（见表 2-10）。

表 2-10　3 种安全保护服务区分

序号	术语	关键词
1	紧急救助呼叫器	突发疾病或遇紧急情况；终端呼叫装置
2	防走失手环	防止走失；智能化手环
3	约束物品	限制老年人活动

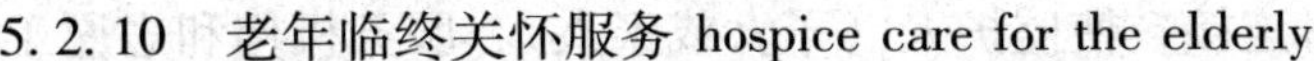

5.2.10　老年临终关怀服务 hospice care for the elderly

为满足临终老年人及其家属的生理、心理、人际关系及信念等方面的需要，开展的医疗、护理、心理支持、哀伤辅导、法律咨询等服务。（MZ/T 064—2016，3.4）

5.2.10.1　姑息照料服务 palliative care service

通过预防、评估和有效控制疼痛及其他躯体症状，处理心理、社会和精神方面的一系列问题，最大可能地提高临终老年人及其家属生活质量的服务活动。

5.2.10.2　支持性服务 support service

针对临终老年人家属，提供包括护理指导、情感关怀、心理疏导等的服务活动。

5.3　其他服务类项目

5.3.1　老年社会工作服务 the gerontological social work

以老年人及其家庭为对象，旨在维持和改善老年人的社会功能、提高老年人生活和生命质量的社会工作服务。（MZ/T 064—2016，3.1）

5.3.2　通讯服务 communication service

提供通讯设备，协助老年人与家人和社会联系的服务活动。

5.3.3　教育服务 education service

是指以提高老年人思想道德和科学文化素质，使受教育者增长知识、丰富生活、陶冶情操、增进健康、服务社会为目的所实施的非学历的老年人学校教育和其他形式的老年人教育活动。

5.3.4　陪同就医服务 medical service companion

陪同老人到医疗卫生机构就医的服务活动，包括预约挂号服务、接送服务以及诊疗阶段服务等。

5.3.5　转运服务 transportation service

一般是指使用带有升降设备的车辆将卧床老人从家到机构之间的转送服务。

5.3.6　购物服务 shopping service

根据老年人需求，协助或帮助老人购买生活用品的服务活动。

5.3.7　委托服务 trustee service

接受老人委托，帮助解决生活不便，满足其日常生活需求的服务活动。

5.3.8　助行服务 outdoor activity service

根据老年人需求，帮助老年人代购商品、代缴公用事业费，以及陪同老年人散步、购物等的服务活动。

5.3.9　助急服务 emergency aid service

根据老年人需求，为老年人提供家电维修、下水道疏通等的服务活动。

5.3.10　信息化养老服务 information service for the elderly

利用互联网、物联网、云计算等信息技术手段，整合社会各类资源，为政府、社会、企业和老年人等服务对象提供安全、舒适、便利的现代化、信息化、智能化养老服务的活动。

5.3.10.1　远程监护服务 remote monitoring service

利用互联网、云计算和物联网等先进技术，通过智能感知设备、互联网服务等手段，最大限度地实现老人的位置信息、生理健康指标、活动量等数据信息与各类传感器和互联网、数据中心的实时连接，使监护人（子女或家人）、服务机构和志愿工作者等远程自动实现对居家老年人的安全看护、健康监测、精神关爱和生活服务等。

5.3.10.2 智能穿戴服务 smart wearing service

老年人通过佩戴手表、手环等可穿戴智能设备，依靠植入的定位、脉搏等传感器和无线数据传输网络，24 小时自动采集和上传其位置信息、生理健康数据和活动量数据等，并使监护人、专业人员等能够通过终端设备进行监测，做到出现紧急情况时主动预警、主动干预，使老年人第一时间得到紧急救援或生活帮助的服务活动。

5.3.10.3 社区居家养老服务综合信息平台 comprehensive information platform for community home care services

是依托信息化手段和标准化建设，整合公共服务信息资源，采取窗口服务、电话服务和网络服务等形式，面向社区居家老年人提供基本公共服务的平台。

【解读 16】3 种信息化养老服务区分（见表 2-11）。

表 2-11 3 种信息化养老服务区分

序号	术语	关键词
1	远程监护服务	智能感知设备、互联网服务；远程
2	智能穿戴服务	24 小时自动采集和上传；第一时间得到紧急救援或生活帮助
3	社区居家养老服务综合信息平台	依托信息化手段和标准化建设；居家老年人

5.3.11 异地养老 off-site elderly care

指根据老年人身体状况，随着季节变化，选择不同地方生活的养老模式。

5.3.12 异地季节性养老 seasonal elderly care in different places

俗称候鸟式养老，是指老年人像候鸟一样随着气候变换选择不同地域环境养老的一种异地养老模式。

5.3.13 旅游养老 tourism elderly care

是指老年人离开自己的常住地（或国家）到异地开展的连续时间不超过一年的休闲、度假和养老等旅游活动的总称。

6 养老产业术语

6.1 养老地产 elderly care real estate

是以老年人为目标客户群体而进行建筑设计、设施配套和服务跟进的房地产项目。

6.2 养老社区 elderly care community

以老年人为主的住宅小区，通过医疗、护理等配套设施，为老年人提供从健康阶段到护理阶段全过程的养老服务。

6.3 金融养老 financial support for the elderly

是指通过金融服务和产品全方位满足人们的养老服务需求，为其养老生活提供便利，提高养老生活质量。

6.4 养老金融 elderly funds

为养老服务的一切金融服务和产品，包括养老储蓄、养老保险、养老信托、养老基金等。

6.4.1 长期护理保险 long term care insurance

被保险人因功能丧失，生活无法自理，需要入住护理机构或在家中接受他人护理时，提供护理保障和经济补偿的一种健康保险。

6.4.2 老年人意外伤害保险 accident injury insurance for the elderly

为保障老年人日常生活中乘坐交通工具、各种自然灾害和其他因意外事故导致的意外伤害给付身故、残疾、骨折/关节脱位保险金，以及意外医疗及住院津贴的一种意外保险。

6.4.3 养老机构综合责任保险 comprehensive liability insurance for the elderly

为提升养老机构责任意识和风险意识、维护老年人合法权益，提高养老机构发生意外责任风险时的应对能力和善后处置能力，面向养老机构提供的由责任险和意外险组合而成的一种责任保险。

6.4.4 养老一卡通 unified card system for the elderly care

跨行业、跨系统、跨城市使用的，实现多种养老功能的集成卡片。

6.4.5 以房养老 mortgage-based elderly care

也称“住房反向抵押贷款”或“倒按揭”。是指拥有房产的老年人将自己的房屋产权抵押给保险公司或相应的金融机构，并由保险公司或金融机构对房屋价值进行评估和计算后，按月或按年向投保老年人支付费用的金融形式。

【解读 17】5 种养老金融类型区分（见表 2-12）。

表 2-12 5 种养老金融类型区分

序号	术语	关键词
1	长期护理保险	生活无法自理；护理保障和经济补偿
2	老年人意外伤害保险	意外事故导致的；保险金、住院津贴
3	养老机构综合责任保险	养老机构；责任险和意外险组合
4	养老一卡通	三跨；多种功能集成
5	以房养老	拥有房产；抵押

7 外来术语

7.1 介助 themobility

在旁边辅助、帮助。

7.2 介护 assisted nursing

是指针对由于身体或精神上出现障碍给日常生活造成困扰的老年人，在移动、入浴、排泄、饮食等日常生活中所给予的各种援助的总称。

【解读 18】介助 VS 介护。

介助侧重于帮助；介护则是针对由于身体或精神上出现障碍给日常生活造成困扰

的老年人给予的各种援助的总称。

7.3 入户介护服务 assisted homecare service

是指派遣服务人员上门为老年人提供入浴、排泄、饮食等的介护服务，或提供洗衣、做饭等家务服务、建议等生活照料。包括巡回式和长期入驻式。

7.4 入户护理服务 homecare service

是指由护理人员、护工、保健师、物理治疗师、作业治疗师等上门为居家接受介护服务的老年人提供必要的诊疗辅助等的服务活动。

7.5 入户康复指导 visiting rehabilitation guidance

是指为了让老年人恢复身心机能，帮助他们实现日常生活能够自理，在其家中所实施的物理疗法、作业疗法及其他必要的康复训练指导。

【解读 19】入户介护服务 VS 入户护理服务 VS 入户康复指导。

入户介护服务是指派遣服务人员上门提供介护服务。

入户护理服务则在介护服务的基础上为老年人提供必要的诊疗辅助等的服务活动。

入户康复指导侧重于帮助老年人恢复身心机能。

思维导图

第三章 《养老机构岗位设置及人员配备规范》及解读

小李现在是高职院校智慧健康养老服务与管理专业大三的学生。本学期，他被分配到校企合作的养老机构进行顶岗实习。来到工作岗位上，带教老师安排小李做一下机构内部的岗位和人员配比情况的调研。但是小李不知道人员配比的依据是什么。

同学们，你们能为小李解答疑惑吗？

知识要求：

1. 了解养老机构工作岗位人员配比的依据。
2. 掌握养老机构岗位设置的基本要求。
3. 掌握养老机构岗位人员配备的基本要求。

能力目标：

1. 能熟悉养老机构岗位设置。
2. 能熟悉养老机构人员配备规划。

素质要求：

1. 树立规范意识，在工作中遵循养老机构岗位设置与人员配备要求。
2. 树立养老服务专业思维。

《养老机构岗位设置及人员配备规范》（MZ/T 187—2021）规定了养老机构岗位设置及人员配备的基本要求。其中对直接提供护理服务的专职养老护理员提出了服务自理、部分自理、完全不能自理老年人时的下限值，也就是不得低于相应比例，对养老机构构建服务人才梯队体系、开展人才培养与整合人力资源提供了参考依据。

《养老机构岗位设置及人员配备规范》及解读

1 范围

本文件规定了养老机构岗位设置及人员配备的基本要求、岗位设置要求和人员配备要求。

【解读】“本文件”指《养老机构岗位设置及人员配备规范》。

本文件适用于为老年人提供全日集中住宿和照料护理服务，床位数在10张以上的养老机构。

2　规范性引用文件

下列文件中的内容通过文中的规范性引用而构成本文件必不可少的条款。其中，注日期的引用文件，仅该日期对应的版本适用于本文件；不注日期的引用文件，其最新版本（包括所有的修改单）适用于本文件。

GB/T 37276—2018　养老机构等级划分与评定

3　术语和定义

本文件没有需要界定的术语和定义。

4　基本要求

4.1　养老机构应根据规模大小和功能定位，科学设置内部机构及岗位，明确工作责任。

4.2　养老机构应根据入住老年人人数和能力状况、服务质量要求，结合服务需求合理配备管理、专业技术和工勤技能人员，相应岗位人员应定期参加业务培训。

4.3　养老机构应建立岗位设置及人员配备相关管理制度并有效实施，包括但不限于岗位职责说明书与任职条件、人员聘用制度、教育和培训制度、薪酬与福利制度、绩效考核制度、人事合同与档案制度。

4.4　养老机构所有提供生活照料、膳食、医疗护理等服务的人员均应持有与其岗位要求相适应的健康证明。

4.5　养老机构宜设立岗位设置及人员配备管理的部门。

5　岗位设置要求

5.1　岗位类型

养老机构应根据行业特点设置管理岗位、专业技术岗位和工勤技能岗位等岗位。

5.2　岗位要求

5.2.1　管理岗位

管理岗位为承担领导职责或管理任务的工作岗位，包括但不限于养老机构院长、副院长、内设部门负责人岗位。养老机构院长、副院长文化程度应符合 GB/T 37276—2018 中第 5 章的相关要求，具有养老服务专业知识；养老机构内设部门负责人应具有相关资质及专业知识技能。

5.2.2　专业技术岗位

专业技术岗位为承担专业技术工作职责、具有相应专业技术水平和能力要求的工作岗位，包括但不限于医疗、护理、康复、社会工作、健康管理岗位。

5.2.3　工勤技能岗位

工勤技能岗位为承担技能操作和维护、后勤保障、服务等职责的工作岗位，包括但不限于养老护理、维修维护、保洁绿化、特种作业、消防设施操作、信息管理、档案管理、接待管理、会计、出纳、厨师、门卫、洗涤岗位。

6　人员配备要求

6.1　养老机构管理岗位人员的配备数量应根据机构规模、服务对象、老年人能力状况、功能定位等进行合理配备，达到满足运营管理的需求。养老机构应配备专职院长或副院长。

6.2 养老机构专业技术岗位人员的配备数量应满足专业技术服务工作开展的需求，配备要求如下：

a. 内设医疗机构的养老机构宜配备专职医师、护（师）士、康复医师、康复治疗师等专业技术人员，人员配备比例应符合医疗机构设置的有关要求。

b. 专业技术人员应持有与岗位相适应的有效专业资格证书或执业证书。社会工作者、健康管理师应取得相应的职业资格证书。

c. 养老机构应每 200 名老年人（不足 200 名的按 200 名计算）配备 1 名社会工作者。

d. 养老机构宜配备专职或兼职健康管理师。

6.3 养老机构工勤技能岗位人员的配备数量应根据机构规模、老年人能力状况、入住老年人人数、服务需求、功能定位等进行合理配备，达到满足技能操作和维护、后勤保障和服务工作开展的要求。其中，养老机构应按照实际入住老年人数量配备提供直接护理服务的专职养老护理员，配备比例应不低于表 3-1 中下限值的要求。养老护理员应经培训合格后上岗。特种作业人员、消防设施操作人员和会计等应具备相应上岗资质。

表 3-1　养老护理员配备比例表

自理老年人	部分自理老年人	完全不能自理老年人
1：15~1：20	1：12~1：18	1：3~1：5

《养老机构岗位设置及人员配备规范》为实现科学合理的养老机构岗位设置及人员配备提供了标准依据，是推进行业标准化建设的基础条件和必要前提，也是推进养老服务业标准化体系建设的重要组成部分。

思维导图

第四章 《养老机构服务礼仪规范》及解读

扫码查看课程资源

小李是一名健康与社会照护专业的大三学生，平时刻苦学习，热爱养老事业。根据教学要求，近期学习了《养老机构服务礼仪规范》，经考核，成绩优异。为了让学生更好地理解《养老机构服务礼仪规范》中的内容，学校安排大家到养老机构顶岗实习，小李所在的区域是自理区，老年人的身体情况较好，能交流，子女都比较孝顺，经常来院里探望老年人。

如果你是小李，你在与老年人沟通交流、接待老年人家属时应该怎样做？需要注意哪些问题？

知识要求：

1. 了解养老机构服务人员礼仪的基本要求。
2. 掌握主要岗位人员服务礼仪规范。
3. 熟悉服务评价与改进内容。

能力目标：

1. 能掌握养老机构服务人员的基本要求。
2. 能熟悉各岗位人员服务礼仪规范。

素质要求：

1. 具有严谨求实的工作态度，对老年人关心体贴，确保安全。
2. 具有评判性思维，以服务对象为中心，获得老年人及家属的满意。

《养老机构服务礼仪规范》（MZ/T 190—2021）规定了服务人员礼仪的基本要求、主要岗位人员服务礼仪要求等方面内容。尊老敬老是养老服务的基本道德要求，也是养老机构最显著的文化特征。规范养老服务中的服务礼仪，有助于全面贯彻尊老敬老理念要求，树立良好的服务意识，展现良好的服务形象，培养良好的养老服务文化，有效提升老年人及其家属的满意度。

养老护理工作和其他服务行业一样，其服务对象是人。为了建立和谐的人际关系，达到高水准的服务目标，需要养老工作人员不断提升自身素质，因为规范到位的文明服务在尊重别人的同时也会赢得别人的尊重，更会赢得理解、好感和信任。

《养老机构服务礼仪规范》及解读

1 范围

本文件规定了养老机构服务礼仪的基本要求、基本礼仪规范、主要岗位服务礼仪要求、服务评价与改进。

【解读】“本文件”指的是2021年12月10日，民政部发布的《养老机构服务礼仪规范》行业标准。

本文件适用于养老机构的服务人员。

2 规范性引用文件

本文件没有规范性引用文件。

3 术语和定义

下列术语和定义适用于本文件。

3.1 服务礼仪 service etiquette

服务人员在服务全过程中所具备的基本素质和应遵守的行为规范。

3.2 服务人员 service personnel

在养老机构内从事接待、护理、膳食及其他服务岗位的工作人员。

4 基本要求

4.1 服务人员应遵守职业道德，具有良好的职业素养。

4.2 服务人员应形象端庄，遵守服务礼仪规范，并注意个人卫生。

4.3 服务人员应精神饱满、主动热情、亲切自然、举止得体，并使用规范的服务用语。如“您”“请”“谢谢”“请稍等”“再见”“请问”“食物烫口，请小心慢用”等。

4.4 服务人员应尊重和保护老年人的个人信息和隐私，尊重老年人的宗教信仰和风俗习惯，及时回应老年人提出的服务要求。

4.5 养老机构应对服务人员开展服务礼仪培训，合格后上岗，并定期进行考核。

5 基本礼仪规范

5.1 仪容规范

5.1.1 保持面部洁净、口腔卫生。男员工应剃净胡须（因民族习俗而留胡须的少数民族除外）；女员工可适度化妆，妆容淡雅，符合岗位要求。

5.1.2 保持头发干净、长短适宜，发型符合岗位要求。

5.1.3 保持手部清洁，指甲修剪整齐，长度适宜，不涂有色指甲油（特殊岗位禁止涂指甲油）。

5.1.4 不应使用香味过于浓烈的香水（特殊岗位禁止使用香水）。

5.2 仪表规范

5.2.1 统一着装、佩戴工牌。工装应整洁、平整，穿戴整齐。

5.2.2 鞋面干净，符合岗位要求。除特殊工作，不应穿着拖鞋或其他可能影响工作的鞋子。

5.2.3 不应佩戴夸张饰品。

5.3 仪态规范

5.3.1 表情自然大方，保持微笑，眼神温和、亲切。

5.3.2 站姿端正、挺拔、稳重。站立时，应头正肩平，身体立直，根据不同站姿调整手位和脚位。双手不应叉在腰间，不应抱在胸口或插入口袋；双腿不应抖动；不应靠墙或倚在其他支撑物上。

5.3.3 走动时，不应弯腰驼背、摇头摆脑、慌张奔跑或与他人勾肩搭背。

5.4 沟通礼仪规范

5.4.1 与老年人及相关人员沟通时，应相距适宜，目视对方脸部眼鼻三角区，专心、耐心倾听并回应，以示尊重与诚意。根据老年人及相关人员实际情况使用易懂的语言及规范的服务用语，声调自然、清晰、柔和、亲切，并合理调整音量。

5.4.2 沟通过程中严禁出现以下行为：

a. 使用污蔑和侮辱性的语言、质问式语言、命令式语言；

b. 使用语气强硬、态度不耐烦、推卸责任等语言；

c. 评论老年人的处事风格、老年人家庭问题及其子女的经济等隐私问题；

d. 评论老年人个人宗教信仰与风俗习惯；

e. 对老年人的服装、形貌、不同习惯和动作等品头论足；

f. 其他不符合沟通礼仪的禁止行为。

5.5 其他礼仪规范

5.5.1 机构内应保持安静，合理安排服务时间，禁止嬉笑打闹、大声喧哗。

5.5.2 工作过程中，应随时关注周边老年人的身体、精神状态。如发现有身体不适的，及时通知相关人员并采取必要的应急措施。发现老年人有禁止和危险行为时，应使用礼貌用语劝阻，保持耐心。

5.5.3 在机构内见到老年人及相关人员，应主动打招呼、避让，并提供力所能及的帮助，如开关门、提重物等。

5.5.4 接递物品时，应使用双手，并与对方进行目光交流，保持微笑。

5.5.5 咳嗽或打喷嚏时，应用手或纸巾捂住口鼻面向一旁并及时清理。

6 主要岗位人员服务礼仪要求

6.1 前台接待人员

6.1.1 来访者进门时，应主动起身迎接，使用礼貌用语问候，了解需求，针对性地提供相应解答。

6.1.2 有较多来访者抵达时，应依次办理，并关注每位来访者，宜请等候人员落座。

6.1.3 当来访者提出的服务要求一时无法满足时，应主动讲清原因，并表达歉意；当来访者情绪激动时，应先安抚，不应以任何借口顶撞、讽刺、挖苦来访者。

6.1.4 来访者在公共区域吸烟，应主动劝阻。

6.1.5 办理手续时，应认真核对证件、填写资料。结束后，应及时交还证件。

6.1.6 来访者离开时，应起身送客，提醒收好随身物品。

6.2 护理人员

6.2.1 进入老年人房间服务时，应用手轻轻敲门，连敲 3 下为宜，音量适宜，不

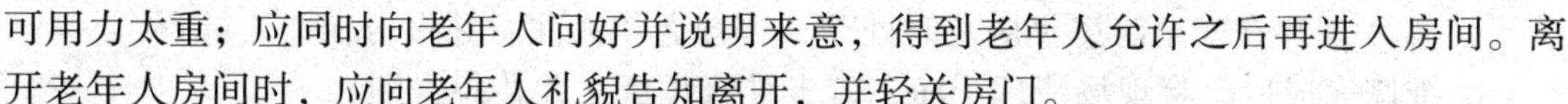

可用力太重；应同时向老年人问好并说明来意，得到老年人允许之后再进入房间。离开老年人房间时，应向老年人礼貌告知离开，并轻关房门。

6.2.2 为失能（半失能）老年人提供服务时，动作、语言应规范、温和。

6.2.3 夜间服务时，应脚步轻盈，动作轻缓。

6.3 膳食服务人员

6.3.1 从事食品加工工作的员工应佩戴专用的工作帽、口罩、手套等，不佩戴任何饰品。

6.3.2 遇行动不便老年人时，餐厅服务人员应主动协助找座、介绍当日菜品种类，并将菜品及餐具准备齐全送至老年人餐桌前。

6.3.3 老年人就餐或离开时，应随时关注其就餐状况、身体状态，及时提醒或处置特殊情况。

6.3.4 上门送餐时，将膳食、餐具等放置在妥当位置；收取餐具时，应避免洒溢，并将餐具周边收拾干净。

6.4 保洁人员

6.4.1 合理安排清洁时间，避免打扰老年人休息。

6.4.2 清洁公共区域时，应在醒目处摆放告示牌。

6.4.3 工作时，如遇行人走近，应暂停清洁，靠一侧站立并微笑问候，提示注意安全并提供力所能及的帮助，待行人走过后再进行清洁。

6.4.4 进行房间内部清洁时，不应随意动用、挪动私人物品。如有必要动用、挪动时，应取得老年人的同意。若发现存在安全隐患，应及时处理、告知老年人注意并报告相关人员。

6.4.5 清洁卫生间、浴室时，先确认是否有人，确认无人后方可清洁。

6.4.6 清洁设备、工具应整洁完好、不乱堆乱放；提拿方式安全、得当，遇行人应进行避让。

6.5 安保人员

6.5.1 坐岗服务时，有人前来时应立即起立，并问好或敬礼。

6.5.2 老年人家属探视或相关人员来访时，应主动询问、确认，协助登记，并指引车辆停放。引领时，宜走在被引领者左前方，距离保持 2~3 步，随着对方的步伐轻松前进。遇有安全隐患时，应回头提醒“请小心台阶”“请小心碰头”“请注意安全”等。离开时应礼貌性道别。

6.5.3 老年人外出时，应主动问候、询问并查看相关证件或外出凭证。

6.5.4 劝阻老年人停止禁止行为或不文明行为时，应使用礼貌用语，保持耐心。

6.6 维修人员

6.6.1 接到维修需求时，应立即赶到现场或预约维修时间。

6.6.2 预约上门维修的，应遵守以下规范：

a. 应按时上门，并应戴鞋套。

b. 所带维修设备、工具应整洁、齐全。维修时，应将设备、工具摆放在铺垫布上。

c. 不应随意动用、挪动私人物品。如有必要动用、挪动时，应取得老年人的同意。

d. 维修卫生间时，应询问老年人是否需要使用，并说明预计维修时长。

e. 若发现存在安全隐患，应及时处理、告知老年人注意并报告相关人员。

f. 维修完成后，将现场清理干净，带走维修垃圾，并礼貌告别。

6.6.3 公共区域维修时，如遇行人走近，应暂停维修进行避让，提示注意安全并提供力所能及的帮助，待行人走出安全距离后再继续维修。

6.6.4 开展挖掘道路等存在安全隐患的维修项目时，应设围挡并在醒目位置设置提醒标识。

7 服务评价与改进

7.1 应以多种方式收集老年人及相关人员对服务礼仪的反馈信息，调研满意度情况，并及时进行总结、分析、改进，不断规范服务质量。

7.2 信息收集方式包括但不限于：

a. 直接与老年人及相关人员沟通；

b. 向老年人及相关人员发放调查问卷；

c. 公布投诉渠道，及时全面收集老年人及相关人员的投诉。

7.3 接到投诉，应认真核实情况，及时处理并对投诉处理结果进行反馈。

服务礼仪是服务行业从业人员向服务对象表达尊重与友好的方式，也是从业人员素养的现实表现，更是从业人员的个人品位、信心、仪态、形象的具体反映。服务礼仪有助于满足服务对象的心理需求，使从业人员与服务对象之间能够更好地进行服务与交流，有助于妥善处理纠纷问题。《养老机构服务礼仪规范》的实施，对养老服务行业的规范发展起到了积极的推动作用。

思维导图

第五章 《养老服务常用图形符号及标志》及解读

扫码查看课程资源

案例导入

小李现在是高职院校智慧健康养老服务与管理专业大一的学生。本学期，他被分配到校企合作的养老机构进行顶岗实习。来到工作岗位上，养老机构负责人告诉小李，目前机构正在进行适老化装修，曾经的一些标志在设计时未能充分考虑到机构的老年群体，采用了不适宜的设计手法和设计元素，造成了标志信息不易被老年人识别，要把设计新图形符号与标志的任务交给小李。

如果你是小李，在养老服务行业，该如何设计图形符号与标志，才能达到浅显易懂、便于识别的目的呢？

学习目标

知识要求：

1. 了解《养老服务常用图形符号及标志》的使用范围、规范性引用文件、术语和定义。
2. 掌握《养老服务常用图形符号及标志》的设计要求、设置与安装、管理与维护。

能力目标：

1. 能辨别养老服务图形符号及标志的含义。
2. 能设计合乎规范的养老服务图形符号及标志。

素质要求：

1. 具有从事养老工作的责任感，深入了解并开发老年人的潜在需求和特质。
2. 树立敬老爱老的意识，设计出更加丰满、灵动、鲜活、有爱的标志。

《养老服务常用图形符号及标志》（MZ/T 131—2019）是中华人民共和国民政部发布的行业标准，自 2019 年 12 月 12 日实施，共包含 7 部分内容，分别为范围、规范性引用文件、术语与定义、基本要求、设计要求、设置与安装、管理与维护。

《养老服务常用图形符号及标志》及解读

1 范围

本标准规定了养老服务常用图形符号及标志的基本要求、设计要求、设置与安装、管理与维护。

【解读1】“本标准”指的是中华人民共和国民政行业标准《养老服务常用图形符号及标志》。

本标准适用于提供养老服务的场所。

【解读2】《养老服务常用图形符号及标志》规定了基本要求、设计要求、设置与安装、管理与维护4个方面的内容。其中基本要求包括养老服务使用的公共信息图形符号、安全标志、行车导向使用的道路交通标志、文字标志以及其他涉及养老服务的标志5个种类。设计要求包括尺寸、颜色、文字、材质4个方面。设置与安装分别从设置和安装2个方面进行说明。管理与维护包括管理规范、清洁、修整与更换3个方面。本标准适用于提供养老服务的场所。

2　规范性引用文件

下列文件对于本文件的应用是必不可少的。凡是注日期的引用文件，仅注日期的版本适用于本文件。凡是不注日期的引用文件，其最新版本（包括所有的修改单）适用于本文件。

GB/T 2893.1　图形符号 安全色和安全标志　第1部分：安全标志和安全标记的设计原则

【解读3】2013年11月30日实施，为GB/T 2893的第一部分。本部分规定了不同类型安全标志和安全标记的安全色和设计原则，这些安全标志和安全标记在工作区域和公共场所中主要用于预防事故、防止火灾、传递危险情况信息和紧急疏散等。本部分适用于需要关注与人身相关的安全问题的所有场所。

GB 2894　安全标志及其使用导则

【解读4】国家质量监督检验检疫总局（现为国家市场监督管理总局）、国家标准化管理委员会2008年12月11日发布《安全标志及其使用导则》（GB 2894—2008），2009年10月1日起实施。本标准规定了传递安全信息的标志及其设置、使用的原则。适用于公共场所、工业企业、建筑工地和其他有必要提醒人们注意安全的场所。涉及如禁止推动、禁止伸出窗外、禁止倚靠、禁止坐卧、禁止蹬踏、禁止伸入、禁止佩戴心脏起搏器者靠近、禁止植入金属材料者靠近、禁止游泳、禁止滑冰，当心自动启动、当心碰头、当心挤压、当心夹手、当心有犬、当心高温表面、当心低温、当心磁场、当心叉车、当心跌落、当心落水、当心缝隙、必须配戴遮光护目镜、必须洗手、必须接地、必须拔出插头、应急避难场所、击碎板面、急救点、应急电话、紧急医疗站等标志。

GB 5768.2　道路交通标志和标线　第2部分：道路交通标志

【解读5】国家标准《道路交通标志和标线 第2部分：道路交通标志》（GB 5768.2—2022）于2022年3月15日发布，并于2022年10月1日起实施。从保障道路交通安全畅通的角度出发，对道路交通标志原则、分类、定义、颜色、图形及设置位置等内容进行了增减和调整，以更好地满足公安交通管理部门的实际应用需要和道路使用者的认读需求。

GB/T 10001.1　公共信息图形符号　第1部分：通用符号

【解读6】2024年1月1日起实施，GB/T 10001.1—2023规定了通用的标志用公共信息图形符号，适用于公共场所、服务设施及运输工具等，也适用于出版物及其他信息载体。

GB/T 10001.2　标志用公共信息图形符号　第2部分：旅游休闲符号

【解读7】《标志用公共信息图形符号　第2部分：旅游休闲符号》（GB/T 10001.2—2006）已于2021年10月1日废止。GB/T 10001.2—2021于2021年10月1日起实施，规定了旅游休闲方面的公共信息图形符号。适用于宾馆、饭店、旅游景区等旅游休闲场所及相关设施，具体用于公共信息导向系统中的位置标志、导向标志、信息索引标志、平面示意图、街区导向图、便携印刷品及其他信息载体中的导向要素的设计。

GB/T 10001.4　标志用公共信息图形符号　第4部分：运动健身符号

【解读8】《标志用公共信息图形符号　第4部分：运动健身符号》（GB/T 10001.4—2009）已于2021年10月1日废止。GB/T 10001.4—2021于2021年10月1日起实施，规定了大众运动健身方面的公共信息图形符号。适用于各类运动场馆、健身娱乐中心、宾馆饭店、公园景点等公共场所，具体用于公共信息导向系统中的位置标志、导向标志、信息索引标志、平面示意图、街区导向图、便携印刷品及其他信息载体中的导向要素的设计。

GB/T 10001.6　标志用公共信息图形符号　第6部分：医疗保健符号

【解读9】《标志用公共信息图形符号　第6部分：医疗保健符号》（GB/T 10001.6—2006）已于2021年10月1日废止。GB/T 10001.6—2021于2021年10月1日起实施，规定了医疗保健方面的公共信息图形符号，适用于医院、急救中心、卫生所、体检中心等医疗保健场所及相关设施，具体用于公共信息导向系统中的位置标志、导向标志、信息索引标志、平面示意图、街区导向图、便携印刷品及其他信息载体中的导向要素的设计。

GB/T 10001.9　标志用公共信息图形符号　第9部分：无障碍设施符号

【解读10】国家质量监督检验检疫总局（现为国家市场监督管理总局）和国家标准化管理委员会2008年7月16日发布《标志用公共信息图形符号　第9部分：无障碍设施符号》（GB/T 10001.9—2008），并于2021年10月1日废止。GB/T 10001.9—2021于2021年10月1日起实施。本部分界定了供残疾人、老年人、伤病人及其他有特殊需求的人群使用的无障碍设施的公共信息图形符号，给出了图形符号的含义及说明，并规定了有关的应用要求。本部分适用于医院、急救中心、卫生所、体检中心、办公楼、写字楼、学校等公共场所及相关设施。

GB 13495.1　消防安全标志　第1部分：标志

【解读11】国家质量监督检验检疫总局（现为国家市场监督管理总局）和国家标准化管理委员会2015年6月2日发布《消防安全标志　第1部分：标志》（GB 13495.1—2015），2015年8月1日起实施。本部分规定了用于消防安全领域的标志。适用于所有需要设置消防安全标志的场所。

GB/T 15566.1　公共信息导向系统　设置原则与要求　第1部分：总则

【解读12】2020年10月1日起实施，本部分规定了公共信息导向系统的构成、总体的设置原则和要求、各导向要素的具体设置要求。适用于民用机场、铁路旅客车站、公共交通车站、购物场所、医疗场所、运动场所、宾馆饭店、公园景点、停车场和街区等公共场所中公共信息导向系统的设置。

GB/T 16903.1 标志用图形符号表示规则 第1部分：公共信息图形符号的设计原则

【解读13】《标志用图形符号表示规则 第1部分：公共信息图形符号的设计原则》（GB/T 16903.01）已于2021年10月1日被GB/T 16903—2021（《标志用图形符号表示规则 公共信息图形符号的设计原则与要求》）代替，新标准规定了公共信息图形符号的设计程序、设计模板、设计原则以及具体图形设计要求。适用于公共信息图形符号的设计。

GB/T 20501.1 公共信息导向系统 导向要素的设计原则与要求 第1部分：总则

【解读14】GB/T 20501.1—2013界定了构成公共信息导向系统的导向要素和组成导向要素的导向信息元素，确立了导向要素设计中需要遵循的一般原则，规定了设计导向要素时图形符号、方向符号、文字和颜色等导向信息元素的使用要求以及相关尺寸要求。适用于民用机场、铁路旅客车站、公共交通枢纽和场站、购物场所、医疗场所、运动场所、宾馆饭店、旅游景区及街区等公共场所中公共信息导向系统的导向要素的设计。

GB/T 20501.2—2013 公共信息导向系统 导向要素的设计原则与要求 第2部分：位置标志

【解读15】GB/T 20501.2—2013规定了公共信息导向系统中由图形符号构成的位置标志、文字构成的位置标志、带有辅助文字的图形符号构成的位置标志以及位置标志相互组合时的设计原则和要求。适用于民用机场、铁路旅客车站、公共交通枢纽和场站、购物场所、医疗场所、运动场所、宾馆饭店、旅游景区及街区等公共场所的公共信息导向系统中位置标志的设计。

GB/T 20501.3 公共信息导向系统 导向要素的设计原则与要求 第3部分：平面示意图

【解读16】GB/T 20501.3—2017规定了公共信息导向系统中导向要素平面示意图的设计原则及其组成部分，包括图名、主图、图例、概览图等的设计要求，并给出了对平面示意图的设计进行测试时可供选择的测试方法。本部分适用于城市出入口（如民用机场、铁路旅客车站）、市内交通（如公共交通枢纽和场站）、市内公共服务和休闲设施（如购物场所、医疗场所、运动场所、娱乐场所、宾馆饭店、旅游景区、停车场）等公共场所中平面示意图的设计。工作场所中平面示意图的设计可参照使用。

GB/T 20501.6 公共信息导向系统 导向要素的设计原则与要求 第6部分：导向标志

【解读17】GB/T 20501.6—2013规定了公共信息导向系统中由箭头符号与图形符号构成的导向标志、箭头符号与文字符号构成的导向标志、箭头符号与带有辅助文字的图形符号构成的导向标志以及导向标志相互组合时的设计原则和要求。适用于民用机场、铁路旅客车站、公共交通枢纽和场站、购物场所、医疗场所、运动场所、宾馆饭店、旅游景区及街区等公共场所的公共信息导向系统中导向标志的设计。

GB/T 20501.7 公共信息导向系统 导向要素的设计原则与要求 第7部分：信

息索引标志

【解读18】GB/T 20501.7—2014界定了信息索引标志的构成，规定了信息索引标志的设计原则、内容要求和布局要求。适用于城市出入口（如民用机场、铁路旅客车站）、市内交通（如公共交通枢纽和场站、街区）、市内公共服务和休闲设施（如购物场所、医疗场所、运动场所、娱乐场所、宾馆饭店、旅游景区、停车场）等公共场所中信息索引标志的设计。工作场所中信息索引标志的设计可参照使用。

GB/T 31521 公共信息标志 材料、构造和电气装置的一般要求

【解读19】2015年12月1日起实施，GB/T 31521—2015适用于设置在室内和室外的各种类型的公共信息标志的设计和制作，包括发光标志、非发光标志、固定标志和可移动标志等。

3 术语与定义

下列术语和定义适用于本文件。

3.1 符号 symbol

表达一定事物或概念，具有简化特征的视觉形象。

（GB/T 15565.1—2008，定义2.3）

3.2 图形符号 graphical symbol

以图形为主要特征，信息传递不依赖于语言的符号。

（GB/T 15565.1—2008，定义2.5）

3.3 公共信息图形符号 public information graphical symbol

向公众传递信息，无须专业培训或训练即可理解的标志用图形符号。

（GB/T 15565.1—2008，定义2.5.14.1）

3.4 标志 sign

由符号、文字、颜色和几何形状（或边框）等组合形成的传递特定信息的视觉形象。

（GB/T 15565.2—2008，定义2.1.1）

3.5 图形标志 graphical sign

由标志用图形符号、颜色、几何形状（或边框）等组合形成的标志。

（GB/T 15565.2—2008，定义2.1.2）

3.6 公共信息图形标志 public information graphical sign

传递公共场所、公共设施及服务功能等信息的图形标志。

（GB/T 15565.2—2008，定义2.1.10）

3.7 文字标志 letter sign

由文字、颜色或边框等组合形成的矩形标志。

（GB/T 15565.2—2008，定义2.1.3）

3.8 安全色 safety colour

传递安全信息含义的颜色，包括红、蓝、黄、绿四种颜色。

（GB 2893—2008，定义3.1）

3.9 安全标志 safety sign

由安全符号与安全色、安全形状等组合形成，传递特定安全信息的标志。

（GB/T 15565.2—2008，定义 2.1.12）

3.10　位置标志 location sign

由图形标志和文字标志形成，用于标明服务设施或服务功能所在位置的公共信息图形标志。

（GB/T 15565.2—2008，定义 3.2.1）

3.11　导向标志 direction sign

由图形标志和（或）文字标志与箭头符号组合形成，用于指示通往预期目的地路线的公共信息图形标志。

（GB/T 15565.2—2008，定义 3.2.2）

4　基本要求

4.1　养老服务使用的公共信息图形符号应符合 GB/T 10001.1、GB/T 10001.2、GB/T 10001.4、GB/T 10001.6、GB/T 10001.9 的要求。养老服务常用公共信息图形符号参见附录 A 中表 A.1。（因本书篇幅有限，附录略）

4.2　养老服务使用的安全标志，应符合 GB 2894 和 GB 13495.1 的要求。养老服务常用安全标志参见附录 A 中表 A.2。

4.3　行车导向使用的道路交通标志应符合 GB 5768.2 的要求。养老服务常用道路交通标志参见附录 A 中表 A.3。

4.4　文字标志应符合 GB/T 20501.2—2013 第 6 章的要求。养老服务常用文字标志参见附录 A 中表 A.4。

4.5　其他涉及养老服务的楼层号、门牌号、平面示意图、导向标志等可自行设计，应符合 GB/T 20501.1、GB/T 20501.2、GB/T 20501.3 和 GB/T 20501.6 的要求。

5　设计要求

5.1　尺寸

5.1.1　公共信息图形符号的尺寸应符合 GB/T 16903.1 的要求。

5.1.2　安全标志中禁止、警告、指令等标志的尺寸应符合 GB 2894 的要求，消防安全标志的尺寸应符合 GB 13495.1 的要求。

5.1.3　由公共信息图形符号和文字形成的位置标志、平面示意图、导向标志和信息索引标志，其设计应分别符合 GB/T 20501.1、GB/T 20501.2、GB/T 20501.3、GB/T 20501.6 和 GB/T 20501.7 的要求。

5.2　颜色

5.2.1　公共信息图形标志及文字标志（楼层号、内部门牌号等）的颜色应具有足够的对比度，图形符号和文字清晰可辨，应避免使用安全标志中规定的红、蓝、黄、绿安全色。

5.2.2　安全标志的颜色应符合 GB/T 2893.1 和 GB 2894 的要求。

5.2.3　道路交通标志的颜色应符合 GB 5768.2 的要求。

5.3　文字

5.3.1　图形符号或标志需配文字解释说明或传递附加信息的，文字应在其下方或侧方。

5.3.2　文字应使用简体汉字。

5.3.3 文字的大小应充分考虑老年人辨识的需要。

5.4 材质

5.4.1 应按 GB/T 31521 的要求，根据不同安装场所的要求，公共信息标志应选择坚固、防水、防潮、防腐蚀、防火、耐磨、抗风压的环保材质。

5.4.2 标志牌材质应在使用期限内外观良好，结构不损坏。

5.4.3 受风压影响的区域，标志牌应选用防风压的材质。

5.4.4 户外使用的标志牌，应选用耐受紫外线照射及防锈蚀的材质。

6 设置与安装

6.1 设置

6.1.1 公共信息标志应设置在包括但不限于公共区域、办公区域、医疗区域、老年人居住区域、老年人活动区域、仓储和操作区域，并应符合 GB/T 15566.1 的要求。

6.1.2 安全标志应设置在包括但不限于公共区域、办公区域、医疗区域、老年人居住区域、老年人活动区域、仓储和操作区域。

6.2 安装

6.2.1 安全标志的安装应符合 GB 2894 的要求。

6.2.2 悬挂式和附着式标志的安装高度应符合 GB/T 15566.1 的要求。

6.2.3 标志安装应坚固、结实、安全。

7 管理与维护

7.1 应建立标志管理规范，明确管理维护人员。

7.2 应定期对标志进行清洁，保持图形符号和文字的清晰和完整。

7.3 应定期检查标志，发现破损或内容不清，及时修整或更换。

《养老服务常用图形符号及标志》为养老服务企业相关机构的视觉设计提供了标准与指导，有助于规范和统一养老机构日常管理过程中所使用的图形符号及标志。

思维导图

第二部分　养老服务相关法律法规及解读

第六章　《中华人民共和国老年人权益保障法》及解读

扫码查看课程资源

案例导入

老年人权益一方面取决于老年人的合理需求是否应当得到满足，另一方面取决于一个国家和社会的发展程度和对老年群体的关注程度。一般而言，老年人权益是指老年人依据我国的法律法规所享有的各种合法的权利和利益。

小王是一名高职院校智慧健康养老服务与管理专业的大一学生，他想要了解有关老年人的一系列法律，老师推荐他阅读《中华人民共和国老年人权益保障法》。这天顶岗实习的任务是探究养老机构中老年人权益保障的方式和途径，他需要在掌握《中华人民共和国老年人权益保障法》理论知识的基础上再到养老机构进行实际观察和应用，并能以老年人和养老服务人员的工作内容为出发点，找出养老服务与老年人权益保障的内在联系，完成实践报告。

如果你是小王，你将如何完成此项任务？

学习目标

知识要求：

1. 理解《中华人民共和国老年人权益保障法》的内容。
2. 了解养老服务中《中华人民共和国老年人权益保障法》的意义。
3. 了解养老服务中老年人权益保障的主要环节。
4. 掌握《中华人民共和国老年人权益保障法》的主要内容。

能力目标：

1. 能够把握我国养老服务与老年人权益保障宏观政策。
2. 能够协助老年人分析、解决赡养扶助纠纷。
3. 能够协助老年人处理结婚、离婚中的问题。
4. 能够协助老年人分析继承关系、订立遗嘱以及处理老年人的遗产。
5. 能够协助老年人参与并享受养老保险。

6. 能够协助老年人参与并享受基本医疗保险、医疗救助。

7. 能够协助老年人参与社会发展、享受社会优待。

素质要求：

1. 具有严谨求实的工作态度，树立为老维权的意识。

2. 以服务对象为中心，获得老年人及家属的满意。

《中华人民共和国老年人权益保障法》是我国历史上第一部保护老年人权益的专门法律，也是第一部针对老年人实施的专门性法律，它的制定和实施标志着我国老年人权益保障工作走上了法治化的轨道，为我国亿万老年人权益的保护起到了巨大的作用，也反映了我国社会发展的巨大进步。《中华人民共和国老年人权益保障法》有九章、共八十五条，概括来说，就是二十个字：养老支持、精神慰藉、疾病风险、住行方便、维权保障。

《中华人民共和国老年人权益保障法》及解读

（1996 年 8 月 29 日第八届全国人民代表大会常务委员会第二十一次会议通过　根据 2009 年 8 月 27 日第十一届全国人民代表大会常务委员会第十次会议《关于修改部分法律的决定》第一次修正　2012 年 12 月 28 日第十一届全国人民代表大会常务委员会第三十次会议修订　根据 2015 年 4 月 24 日第十二届全国人民代表大会常务委员会第十四次会议《关于修改〈中华人民共和国电力法〉等六部法律的决定》第二次修正　根据 2018 年 12 月 29 日第十三届全国人民代表大会常务委员会第七次会议《关于修改〈中华人民共和国劳动法〉等七部法律的决定》第三次修正）

第一章　总　　则

第一条　为了保障老年人合法权益，发展老龄事业，弘扬中华民族敬老、养老、助老的美德，根据宪法，制定本法。

第二条　本法所称老年人是指 60 周岁以上的公民。

【解读 1】第二条对老年人进行了界定。老年人权益的主体是老年人，在法律层面，何谓老年人？一般而言，判断一个人是否老年人的标准很多，包括年代年龄、生理年龄、心理年龄、社会年龄等。本法中所称的老年人是指 60 周岁以上的公民，是以年代年龄作为指标来确定的。

第三条　国家保障老年人依法享有的权益。

老年人有从国家和社会获得物质帮助的权利，有享受社会服务和社会优待的权利，有参与社会发展和共享发展成果的权利。

禁止歧视、侮辱、虐待或者遗弃老年人。

第四条　积极应对人口老龄化是国家的一项长期战略任务。

国家和社会应当采取措施，健全保障老年人权益的各项制度，逐步改善保障老年人生活、健康、安全以及参与社会发展的条件，实现老有所养、老有所医、老有所为、老有所学、老有所乐。

第五条　国家建立多层次的社会保障体系，逐步提高对老年人的保障水平。

国家建立和完善以居家为基础、社区为依托、机构为支撑的社会养老服务体系。

倡导全社会优待老年人。

第六条　各级人民政府应当将老龄事业纳入国民经济和社会发展规划，将老龄事业经费列入财政预算，建立稳定的经费保障机制，并鼓励社会各方面投入，使老龄事业与经济、社会协调发展。

国务院制定国家老龄事业发展规划。县级以上地方人民政府根据国家老龄事业发展规划，制定本行政区域的老龄事业发展规划和年度计划。

县级以上人民政府负责老龄工作的机构，负责组织、协调、指导、督促有关部门做好老年人权益保障工作。

第七条　保障老年人合法权益是全社会的共同责任。

国家机关、社会团体、企业事业单位和其他组织应当按照各自职责，做好老年人权益保障工作。

基层群众性自治组织和依法设立的老年人组织应当反映老年人的要求，维护老年人合法权益，为老年人服务。

提倡、鼓励义务为老年人服务。

第八条　国家进行人口老龄化国情教育，增强全社会积极应对人口老龄化意识。

全社会应当广泛开展敬老、养老、助老宣传教育活动，树立尊重、关心、帮助老年人的社会风尚。

青少年组织、学校和幼儿园应当对青少年和儿童进行敬老、养老、助老的道德教育和维护老年人合法权益的法制教育。

广播、电影、电视、报刊、网络等应当反映老年人的生活，开展维护老年人合法权益的宣传，为老年人服务。

第九条　国家支持老龄科学研究，建立老年人状况统计调查和发布制度。

第十条　各级人民政府和有关部门对维护老年人合法权益和敬老、养老、助老成绩显著的组织、家庭或者个人，对参与社会发展做出突出贡献的老年人，按照国家有关规定给予表彰或者奖励。

第十一条　老年人应当遵纪守法，履行法律规定的义务。

第十二条　每年农历九月初九为老年节。

【解读2】第十二条明确规定每年农历九月初九为老年节。2006 年 5 月 20 日，重阳节也被国务院列入首批国家级非物质文化遗产名录。

第二章　家庭赡养与扶养

第十三条　老年人养老以居家为基础，家庭成员应当尊重、关心和照料老年人。

第十四条　赡养人应当履行对老年人经济上供养、生活上照料和精神上慰藉的义务，照顾老年人的特殊需要。

赡养人是指老年人的子女以及其他依法负有赡养义务的人。

赡养人的配偶应当协助赡养人履行赡养义务。

第十五条　赡养人应当使患病的老年人及时得到治疗和护理；对经济困难的老年人，应当提供医疗费用。

对生活不能自理的老年人，赡养人应当承担照料责任；不能亲自照料的，可以按照老年人的意愿委托他人或者养老机构等照料。

第十六条　赡养人应当妥善安排老年人的住房，不得强迫老年人居住或者迁居条件低劣的房屋。

老年人自有的或者承租的住房，子女或者其他亲属不得侵占，不得擅自改变产权关系或者租赁关系。

老年人自有的住房，赡养人有维修的义务。

第十七条　赡养人有义务耕种或者委托他人耕种老年人承包的田地，照管或者委托他人照管老年人的林木和牲畜等，收益归老年人所有。

第十八条　家庭成员应当关心老年人的精神需求，不得忽视、冷落老年人。

与老年人分开居住的家庭成员，应当经常看望或者问候老年人。

用人单位应当按照国家有关规定保障赡养人探亲休假的权利。

第十九条　赡养人不得以放弃继承权或者其他理由，拒绝履行赡养义务。

赡养人不履行赡养义务，老年人有要求赡养人付给赡养费等权利。

赡养人不得要求老年人承担力不能及的劳动。

第二十条　经老年人同意，赡养人之间可以就履行赡养义务签订协议。赡养协议的内容不得违反法律的规定和老年人的意愿。

基层群众性自治组织、老年人组织或者赡养人所在单位监督协议的履行。

第二十一条　老年人的婚姻自由受法律保护。子女或者其他亲属不得干涉老年人离婚、再婚及婚后的生活。

赡养人的赡养义务不因老年人的婚姻关系变化而消除。

第二十二条　老年人对个人的财产，依法享有占有、使用、收益和处分的权利，子女或者其他亲属不得干涉，不得以窃取、骗取、强行索取等方式侵犯老年人的财产权益。

老年人有依法继承父母、配偶、子女或者其他亲属遗产的权利，有接受赠与的权利。子女或者其他亲属不得侵占、抢夺、转移、隐匿或者损毁应当由老年人继承或者接受赠与的财产。

老年人以遗嘱处分财产，应当依法为老年配偶保留必要的份额。

第二十三条　老年人与配偶有相互扶养的义务。

由兄、姐扶养的弟、妹成年后，有负担能力的，对年老无赡养人的兄、姐有扶养的义务。

第二十四条　赡养人、扶养人不履行赡养、扶养义务的，基层群众性自治组织、老年人组织或者赡养人、扶养人所在单位应当督促其履行。

第二十五条　禁止对老年人实施家庭暴力。

第二十六条　具备完全民事行为能力的老年人，可以在近亲属或者其他与自己关系密切、愿意承担监护责任的个人、组织中协商确定自己的监护人。监护人在老年人丧失或者部分丧失民事行为能力时，依法承担监护责任。

老年人未事先确定监护人的，其丧失或者部分丧失民事行为能力时，依照有关法律的规定确定监护人。

第二十七条　国家建立健全家庭养老支持政策，鼓励家庭成员与老年人共同生活或者就近居住，为老年人随配偶或者赡养人迁徙提供条件，为家庭成员照料老年人提供帮助。

第三章　社会保障

第二十八条　国家通过基本养老保险制度，保障老年人的基本生活。

第二十九条　国家通过基本医疗保险制度，保障老年人的基本医疗需要。享受最低生活保障的老年人和符合条件的低收入家庭中的老年人参加新型农村合作医疗和城镇居民基本医疗保险所需个人缴费部分，由政府给予补贴。

有关部门制定医疗保险办法，应当对老年人给予照顾。

【解读3】养老保险有广义和狭义之分。广义的养老保险是指公民为保障晚年基本生活而根据国家的法律法规，按照强制或自愿的原则缴纳养老保险费，并在达到国家规定的解除劳动义务的年限或者因年老丧失劳动能力退出劳动岗位后，定期领取保险金的养老方式。狭义的养老保险专指作为社会保障重要手段的基本养老保险。所谓基本养老保险制度，是国家和社会根据一定的法律和法规，为解决劳动者在达到国家规定的解除劳动义务的劳动年龄界限，或因年老丧失劳动能力退出劳动岗位后的基本生活而建立的一种社会保险制度。第二十八条指出国家通过基本养老保险制度，来保障老年人的基本生活。

基本医疗保险制度是为补偿劳动者因疾病风险造成的经济损失而建立的一项社会保险制度，通过用人单位和个人缴费，建立医疗保险基金，参保人员患病就诊发生医疗费用后，由医疗保险经办机构给予一定的经济补偿，以避免或减轻劳动者因患病、治疗等所带来的经济风险。

第三十条　国家逐步开展长期护理保障工作，保障老年人的护理需求。

对生活长期不能自理、经济困难的老年人，地方各级人民政府应当根据其失能程度等情况给予护理补贴。

第三十一条　国家对经济困难的老年人给予基本生活、医疗、居住或者其他救助。

老年人无劳动能力、无生活来源、无赡养人和抚养人，或者其赡养人和抚养人确无赡养能力或者扶养能力的，由地方各级人民政府依照有关规定给予供养或者救助。

对流浪乞讨、遭受遗弃等生活无着的老年人，由地方各级人民政府依照有关规定给予救助。

第三十二条　地方各级人民政府在实施廉租住房、公共租赁住房等住房保障制度或者进行危旧房屋改造时，应当优先照顾符合条件的老年人。

第三十三条　国家建立和完善老年人福利制度，根据经济社会发展水平和老年人的实际需要，增加老年人的社会福利。

国家鼓励地方建立八十周岁以上低收入老年人高龄津贴制度。

国家建立和完善计划生育家庭老年人扶助制度。

农村可以将未承包的集体所有的部分土地、山林、水面、滩涂等作为养老基地，收益供老年人养老。

第三十四条　老年人依法享有的养老金、医疗待遇和其他待遇应当得到保障，有关机构必须按时足额支付，不得克扣、拖欠或者挪用。

国家根据经济发展以及职工平均工资增长、物价上涨等情况，适时提高养老保障水平。

第三十五条　国家鼓励慈善组织以及其他组织和个人为老年人提供物质帮助。

第三十六条　老年人可以与集体经济组织、基层群众性自治组织、养老机构等组织或者个人签订遗赠扶养协议或者其他扶助协议。

负有扶养义务的组织或者个人按照遗赠扶养协议，承担该老年人生养死葬的义务，享有受遗赠的权利。

第四章　社会服务

第三十七条　地方各级人民政府和有关部门应当采取措施，发展城乡社区养老服务，鼓励、扶持专业服务机构及其他组织和个人，为居家的老年人提供生活照料、紧急救援、医疗护理、精神慰藉、心理咨询等多种形式的服务。

对经济困难的老年人，地方各级人民政府应当逐步给予养老服务补贴。

第三十八条　地方各级人民政府和有关部门、基层群众性自治组织，应当将养老服务设施纳入城乡社区配套设施建设规划，建立适应老年人需要的生活服务、文化体育活动、日间照料、疾病护理与康复等服务设施和网点，就近为老年人提供服务。

发扬邻里互助的传统，提倡邻里间关心、帮助有困难的老年人。

鼓励慈善组织、志愿者为老年人服务。倡导老年人互助服务。

第三十九条　各级人民政府应当根据经济发展水平和老年人服务需求，逐步增加对养老服务的投入。

各级人民政府和有关部门在财政、税费、土地、融资等方面采取措施，鼓励、扶持企业事业单位、社会组织或者个人兴办、运营养老、老年人日间照料、老年文化体育活动等设施。

第四十条　地方各级人民政府和有关部门应当按照老年人口比例及分布情况，将养老服务设施建设纳入城乡规划和土地利用总体规划，统筹安排养老服务设施建设用地及所需物资。

公益性养老服务设施用地，可以依法使用国有划拨土地或者农民集体所有的土地。

养老服务设施用地，非经法定程序不得改变用途。

第四十一条　政府投资兴办的养老机构，应当优先保障经济困难的孤寡、失能、高龄等老年人的服务需求。

第四十二条　国务院有关部门制定养老服务设施建设、养老服务质量和养老服务职业等标准，建立健全养老机构分类管理和养老服务评估制度。

各级人民政府应当规范养老服务收费项目和标准，加强监督和管理。

第四十三条　设立公益性养老机构，应当依法办理相应的登记。

设立经营性养老机构，应当在市场监督管理部门办理登记。

养老机构登记后即可开展服务活动，并向县级以上人民政府民政部门备案。

第四十四条　地方各级人民政府加强对本行政区域养老机构管理工作的领导，建立养老机构综合监管制度。

县级以上人民政府民政部门负责养老机构的指导、监督和管理，其他有关部门依照职责分工对养老机构实施监督。

第四十五条　县级以上人民政府民政部门依法履行监督检查职责，可以采取以下措施：

（一）向养老机构和个人了解情况；

（二）进入涉嫌违法的养老机构进行现场检查；

（三）查阅或者复制有关合同、票据、账簿及其他有关资料；

（四）发现养老机构存在可能危及人身健康和生命财产安全风险的，责令限期改正，逾期不改正的，责令停业整顿。

县级以上人民政府民政部门调查养老机构涉嫌违法的行为，应当遵守《中华人民共和国行政强制法》和其他有关法律、行政法规的规定。

第四十六条　养老机构变更或者终止的，应当妥善安置收住的老年人，并依照规定到有关部门办理手续。有关部门应当为养老机构妥善安置老年人提供帮助。

第四十七条　国家建立健全养老服务人才培养、使用、评价和激励制度，依法规范用工，促进从业人员劳动报酬合理增长，发展专职、兼职和志愿者相结合的养老服务队伍。

国家鼓励高等学校、中等职业学校和职业培训机构设置相关专业或者培训项目，培养养老服务专业人才。

第四十八条　养老机构应当与接受服务的老年人或者其代理人签订服务协议，明确双方的权利、义务。

养老机构及其工作人员不得以任何方式侵害老年人的权益。

第四十九条　国家鼓励养老机构投保责任保险，鼓励保险公司承保责任保险。

第五十条　各级人民政府和有关部门应当将老年医疗卫生服务纳入城乡医疗卫生服务规划，将老年人健康管理和常见病预防等纳入国家基本公共卫生服务项目。鼓励为老年人提供保健、护理、临终关怀等服务。

国家鼓励医疗机构开设针对老年病的专科或者门诊。

医疗卫生机构应当开展老年人的健康服务和疾病防治工作。

第五十一条　国家采取措施，加强老年医学的研究和人才培养，提高老年病的预防、治疗、科研水平，促进老年病的早期发现、诊断和治疗。

国家和社会采取措施，开展各种形式的健康教育，普及老年保健知识，增强老年人自我保健意识。

第五十二条　国家采取措施，发展老龄产业，将老龄产业列入国家扶持行业目录。扶持和引导企业开发、生产、经营适应老年人需要的用品和提供相关的服务。

第五章　社会优待

第五十三条　县级以上人民政府及其有关部门根据经济社会发展情况和老年人的特殊需要，制定优待老年人的办法，逐步提高优待水平。

对常住在本行政区域内的外埠老年人给予同等优待。

第五十四条　各级人民政府和有关部门应当为老年人及时、便利地领取养老金、结算医疗费和享受其他物质帮助提供条件。

第五十五条　各级人民政府和有关部门办理房屋权属关系变更、户口迁移等涉及老年人权益的重大事项时，应当就办理事项是否为老年人的真实意思表示进行询问，并依法优先办理。

第五十六条　老年人因其合法权益受侵害提起诉讼交纳诉讼费确有困难的，可以缓交、减交或者免交；需要获得律师帮助，但无力支付律师费用的，可以获得法律援助。

鼓励律师事务所、公证处、基层法律服务所和其他法律服务机构为经济困难的老年人提供免费或者优惠服务。

第五十七条　医疗机构应当为老年人就医提供方便，对老年人就医予以优先。有条件的地方，可以为老年人设立家庭病床，开展巡回医疗、护理、康复、免费体检等服务。

提倡为老年人义诊。

第五十八条　提倡与老年人日常生活密切相关的服务行业为老年人提供优先、优惠服务。

城市公共交通、公路、铁路、水路和航空客运，应当为老年人提供优待和照顾。

第五十九条　博物馆、美术馆、科技馆、纪念馆、公共图书馆、文化馆、影剧院、体育场馆、公园、旅游景点等场所，应当对老年人免费或者优惠开放。

第六十条　农村老年人不承担兴办公益事业的筹劳义务。

第六章　宜居环境

第六十一条　国家采取措施，推进宜居环境建设，为老年人提供安全、便利和舒适的环境。

第六十二条　各级人民政府在制定城乡规划时，应当根据人口老龄化发展趋势、老年人口分布和老年人的特点，统筹考虑适合老年人的公共基础设施、生活服务设施、医疗卫生设施和文化体育设施建设。

第六十三条　国家制定和完善涉及老年人的工程建设标准体系，在规划、设计、施工、监理、验收、运行、维护、管理等环节加强相关标准的实施与监督。

第六十四条　国家制定无障碍设施工程建设标准。新建、改建和扩建道路、公共交通设施、建筑物、居住区等，应当符合国家无障碍设施工程建设标准。

各级人民政府和有关部门应当按照国家无障碍设施工程建设标准，优先推进与老年人日常生活密切相关的公共服务设施的改造。

无障碍设施的所有人和管理人应当保障无障碍设施正常使用。

第六十五条　国家推动老年宜居社区建设，引导、支持老年宜居住宅的开发，推动和扶持老年人家庭无障碍设施的改造，为老年人创造无障碍居住环境。

第七章　参与社会发展

第六十六条　国家和社会应当重视、珍惜老年人的知识、技能、经验和优良品德，发挥老年人的专长和作用，保障老年人参与经济、政治、文化和社会生活。

第六十七条　老年人可以通过老年人组织，开展有益身心健康的活动。

第六十八条　制定法律、法规、规章和公共政策，涉及老年人权益重大问题的，应当听取老年人和老年人组织的意见。

老年人和老年人组织有权向国家机关提出老年人权益保障、老龄事业发展等方面的意见和建议。

第六十九条　国家为老年人参与社会发展创造条件。根据社会需要和可能，鼓励老年人在自愿和量力的情况下，从事下列活动：

（一）对青少年和儿童进行社会主义、爱国主义、集体主义和艰苦奋斗等优良传统教育；

（二）传授文化和科技知识；

（三）提供咨询服务；

（四）依法参与科技开发和应用；

（五）依法从事经营和生产活动；

（六）参加志愿服务、兴办社会公益事业；

（七）参与维护社会治安、协助调解民间纠纷；

（八）参加其他社会活动。

第七十条　老年人参加劳动的合法收入受法律保护。

任何单位和个人不得安排老年人从事危害其身心健康的劳动或者危险作业。

第七十一条　老年人有继续受教育的权利。

国家发展老年教育，把老年教育纳入终身教育体系，鼓励社会办好各类老年学校。

各级人民政府对老年教育应当加强领导，统一规划，加大投入。

第七十二条　国家和社会采取措施，开展适合老年人的群众性文化、体育、娱乐活动，丰富老年人的精神文化生活。

第八章　法律责任

第七十三条　老年人合法权益受到侵害的，被侵害人或者其代理人有权要求有关部门处理，或者依法向人民法院提起诉讼。

人民法院和有关部门，对侵犯老年人合法权益的申诉、控告和检举，应当依法及时受理，不得推诿、拖延。

第七十四条　不履行保护老年人合法权益职责的部门或者组织，其上级主管部门应当给予批评教育，责令改正。

国家工作人员违法失职，致使老年人合法权益受到损害的，由其所在单位或者上级机关责令改正，或者依法给予处分；构成犯罪的，依法追究刑事责任。

第七十五条　老年人与家庭成员因赡养、扶养或者住房、财产等发生纠纷，可以申请人民调解委员会或者其他有关组织进行调解，也可以直接向人民法院提起诉讼。

人民调解委员会或者其他有关组织调解前款纠纷时，应当通过说服、疏导等方式化解矛盾和纠纷；对有过错的家庭成员，应当给予批评教育。

人民法院对老年人追索赡养费或者扶养费的申请，可以依法裁定先予执行。

第七十六条　干涉老年人婚姻自由，对老年人负有赡养义务、扶养义务而拒绝赡养、扶养，虐待老年人或者对老年人实施家庭暴力的，由有关单位给予批评教育；构成违反治安管理行为的，依法给予治安管理处罚；构成犯罪的，依法追究刑事责任。

第七十七条　家庭成员盗窃、诈骗、抢夺、侵占、勒索、故意损毁老年人财物，构成违反治安管理行为的，依法给予治安管理处罚；构成犯罪的，依法追究刑事责任。

第七十八条　侮辱、诽谤老年人，构成违反治安管理行为的，依法给予治安管理处罚；构成犯罪的，依法追究刑事责任。

第七十九条　养老机构及其工作人员侵害老年人人身和财产权益，或者未按照约定提供服务的，依法承担民事责任；有关主管部门依法给予行政处罚；构成犯罪的，依法追究刑事责任。

第八十条　对养老机构负有管理和监督职责的部门及其工作人员滥用职权、玩忽职守、徇私舞弊的，对直接负责的主管人员和其他直接责任人员依法给予处分；构成犯罪的，依法追究刑事责任。

第八十一条　不按规定履行优待老年人义务的，由有关主管部门责令改正。

第八十二条　涉及老年人的工程不符合国家规定的标准或者无障碍设施所有人、管理人未尽到维护和管理职责的，由有关主管部门责令改正；造成损害的，依法承担民事责任；对有关单位、个人依法给予行政处罚；构成犯罪的，依法追究刑事责任。

第九章　附　　则

第八十三条　民族自治地方的人民代表大会，可以根据本法的原则，结合当地民族风俗习惯的具体情况，依照法定程序制定变通的或者补充的规定。

第八十四条　本法施行前设立的养老机构不符合本法规定条件的，应当限期整改。具体办法由国务院民政部门制定。

第八十五条　本法自 2013 年 7 月 1 日起施行。

《中华人民共和国老年人权益保障法》是我国历史上第一部保护老年人权益的专门法律，也是第一部针对老年人实施的专门性法律，为维护老年人合法权益，发展老年事业，弘扬中华民族敬老、养老的美德提供了法律层面的保障，它的制定和实施标志着我国老年人权益保障工作走上了法治化的轨道。

思维导图

第七章 《养老机构管理办法》及解读

扫码查看课程资源

案例导入

小李现在是一名高职院校智慧健康养老服务与管理专业大一的学生。从小在爷爷奶奶身边长大的他对养老服务产生了浓厚的兴趣，他觉得应该担负起家庭养老乃至社会养老的责任。这天顶岗实习的任务是学习《养老机构管理办法》，他需要在掌握《养老机构管理办法》理论知识的基础上到养老机构进行实地查看，并将查看到的结果与基本配置规范进行对比，完成实践报告。

如果你是小李，你将如何完成此项任务？

学习目标

知识要求：

1. 掌握与《养老机构管理办法》相关的法律法规。
2. 掌握与《养老机构管理办法》相关的规章制度。
3. 熟悉与《养老机构管理办法》相关的运营管理。

能力目标：

1. 从政策法规层面对养老机构备案办理、服务规范做到熟练掌握。
2. 根据办法需求，依据政策法规进行养老机构的运营事务管理。
3. 满足老年人机构养老需求，促进养老服务事业健康发展。

素质要求：

1. 严格遵守法律法规，杜绝违法乱纪行为。
2. 具有严谨求实的工作态度，严格遵守各项规章制度。

机构养老是我国养老服务体系的重要组成部分，提高养老机构服务水平是推进养老服务发展的重要内容。为了加强对养老机构的管理，提高养老机构服务水平，《养老机构管理办法》一方面对养老机构服务活动进行规范，另一方面也对养老机构内部运营管理，诸如消防安全、食品安全、人员配备等提出要求。同时，为了确保对养老机构的管理落实落细，丰富了监督检查和法律责任部分的内容。

《养老机构管理办法》明确，养老机构及工作人员应当依法保障老年人的人身权、财产权等合法权益；养老机构必须与老年人或者其代理人签订服务协议，并按照协议约定提供服务；老年人照料护理等级确定和调整，必须征得老年人或者其代理人同意；老年人在机构内突发危重疾病的，养老机构应当及时转送医疗机构救治；等等。

中华人民共和国民政部令
第66号

《养老机构管理办法》已经2020年8月21日民政部部务会议通过，现予公布，自2020年11月1日起施行。

2020年9月1日

第一章　总　　则

第一条　为了规范对养老机构的管理，促进养老服务健康发展，根据《中华人民共和国老年人权益保障法》和有关法律、行政法规，制定本办法。

第二条　本办法所称养老机构是指依法办理登记，为老年人提供全日集中住宿和照料护理服务，床位数在10张以上的机构。

【解读1】这主要考虑到：第一，规章对养老机构的服务和运营提出了诸多制度性要求，床位数量过低的主体很难达到要求。第二，《养老机构设立许可办法》（2019年5月废止）对养老机构床位数的要求也是“10张以上”，延续相关内容便于有关优惠扶持政策的有序衔接，更好地保持政策连续性。第三，对床位数量在9张及以下的主体并不会出现监管真空，下一步可作为社区养老服务机构和设施进行管理。

养老机构包括营利性养老机构和非营利性养老机构。

第三条　县级以上人民政府民政部门负责养老机构的指导、监督和管理。其他有关部门依照职责分工对养老机构实施监督。

第四条　养老机构应当按照建筑、消防、食品安全、医疗卫生、特种设备等法律、法规和强制性标准开展服务活动。

养老机构及其工作人员应当依法保障收住老年人的人身权、财产权等合法权益。

第五条　入住养老机构的老年人及其代理人应当遵守养老机构的规章制度，维护养老机构正常服务秩序。

第六条　政府投资兴办的养老机构在满足特困人员集中供养需求的前提下，优先保障经济困难的孤寡、失能、高龄、计划生育特殊家庭等老年人的服务需求。

政府投资兴办的养老机构，可以采取委托管理、租赁经营等方式，交由社会力量运营管理。

第七条　民政部门应当会同有关部门采取措施，鼓励、支持企业事业单位、社会组织或者个人兴办、运营养老机构。

鼓励自然人、法人或者其他组织依法为养老机构提供捐赠和志愿服务。

第八条　鼓励养老机构加入养老服务行业组织，加强行业自律和诚信建设，促进行业规范有序发展。

第二章　备案办理

第九条　设立营利性养老机构，应当在市场监督管理部门办理登记。设立非营利性养老机构，应当依法办理相应的登记。

养老机构登记后即可开展服务活动。

第十条　营利性养老机构办理备案，应当在收住老年人后 10 个工作日以内向服务场所所在地的县级人民政府民政部门提出。非营利性养老机构办理备案，应当在收住老年人后 10 个工作日以内向登记管理机关同级的人民政府民政部门提出。

第十一条　养老机构办理备案，应当向民政部门提交备案申请书、养老机构登记证书、符合本办法第四条要求的承诺书等材料，并对真实性负责。

备案申请书应当包括下列内容：

（一）养老机构基本情况，包括名称、住所、法定代表人或者主要负责人信息等；

（二）服务场所权属；

（三）养老床位数量；

（四）服务设施面积；

（五）联系人和联系方式。

民政部门应当加强信息化建设，逐步实现网上备案。

第十二条　民政部门收到养老机构备案材料后，对材料齐全的，应当出具备案回执；材料不齐全的，应当指导养老机构补正。

第十三条　已经备案的养老机构变更名称、法定代表人或者主要负责人等登记事项，或者变更服务场所权属、养老床位数量、服务设施面积等事项的，应当及时向原备案民政部门办理变更备案。

养老机构在原备案机关辖区内变更服务场所的，应当及时向原备案民政部门办理变更备案。营利性养老机构跨原备案机关辖区变更服务场所的，应当及时向变更后的服务场所所在地县级人民政府民政部门办理备案。

第十四条　民政部门应当通过政府网站、政务新媒体、办事大厅公示栏、服务窗口等途径向社会公开备案事项及流程、材料清单等信息。

民政部门应当依托全国一体化在线政务服务平台，推进登记管理机关、备案机关信息系统互联互通、数据共享。

第三章　服务规范

第十五条　养老机构应当建立入院评估制度，对老年人的身心状况进行评估，并根据评估结果确定照料护理等级。

老年人身心状况发生变化，需要变更照料护理等级的，养老机构应当重新进行评估。

养老机构确定或者变更老年人照料护理等级，应当经老年人或者其代理人同意。

【解读 2】应当经老年人或者其代理人同意。跟踪评估有利于更好地服务老年人，老年人或者其代理人也要积极配合开展评估。

第十六条　养老机构应当与老年人或者其代理人签订服务协议，明确当事人的权利和义务。

服务协议一般包括下列条款：

（一）养老机构的名称、住所、法定代表人或者主要负责人、联系方式；

（二）老年人或者其代理人和紧急联系人的姓名、住址、身份证明、联系方式；

（三）照料护理等级和服务内容、服务方式；

（四）收费标准和费用支付方式；

（五）服务期限和场所；

（六）协议变更、解除与终止的条件；

（七）暂停或者终止服务时老年人安置方式；

（八）违约责任和争议解决方式；

（九）当事人协商一致的其他内容。

【解读3】这是为了预防养老机构因各种原因暂停或者终止服务时，出现入住老年人不能妥善安排的问题，老年人或者其代理人要在合同签订和执行中与机构商议好。

第十七条　养老机构按照服务协议为老年人提供生活照料、康复护理、精神慰藉、文化娱乐等服务。

第十八条　养老机构应当为老年人提供饮食、起居、清洁、卫生等生活照料服务。

养老机构应当提供符合老年人住宿条件的居住用房，并配备适合老年人安全保护要求的设施、设备及用具，定期对老年人的活动场所和物品进行消毒和清洗。

养老机构提供的饮食应当符合食品安全要求、适宜老年人食用、有利于老年人营养平衡、符合民族风俗习惯。

第十九条　养老机构应当为老年人建立健康档案，开展日常保健知识宣传，做好疾病预防工作。养老机构在老年人突发危重疾病时，应当及时转送医疗机构救治并通知其紧急联系人。

养老机构可以通过设立医疗机构或者采取与周边医疗机构合作的方式，为老年人提供医疗服务。养老机构设立医疗机构的，应当按照医疗机构管理相关法律法规进行管理。

【解读4】这体现了老年人生命健康权利优先的原则，避免因为无法联系到代理人或者经常联系人而延误救治时机，但这也不代表免除了家属的救治义务。

第二十条　养老机构发现老年人为传染病病人或者疑似传染病病人的，应当及时向附近的疾病预防控制机构或者医疗机构报告，配合实施卫生处理、隔离等预防控制措施。

养老机构发现老年人为疑似精神障碍患者的，应当依照精神卫生相关法律法规的规定处理。

【解读5】第二十条的规定“养老机构发现老年人为传染病病人或者疑似传染病病人的，应当及时向附近的疾病预防控制机构或者医疗机构报告，配合实施卫生处理、隔离等预防控制措施”，进一步明确养老服务机构责任，能够更好地落实疫情防控的最新要求，让老年人能够在养老服务机构享受良好服务的同时，保证足够的健康防护。

第二十一条　养老机构应当根据需要为老年人提供情绪疏导、心理咨询、危机干预等精神慰藉服务。

第二十二条　养老机构应当开展适合老年人的文化、教育、体育、娱乐活动，丰富老年人的精神文化生活。

养老机构开展文化、教育、体育、娱乐活动时，应当为老年人提供必要的安全防护措施。

第二十三条　养老机构应当为老年人家庭成员看望或者问候老年人提供便利，为老年人联系家庭成员提供帮助。

【解读6】养老机构应当为老年人家庭成员看望或者问候老年人提供便利，为老年人联系家庭成员提供帮助。这是要求养老机构做好协助工作，家属也应该积极履行赡养义务，加强对入住养老机构老年人的精神关爱，不能“一送了之”。

第二十四条　鼓励养老机构运营社区养老服务设施，或者上门为居家老年人提供助餐、助浴、助洁等服务。

第四章　运营管理

第二十五条　养老机构应当按照国家有关规定建立健全安全、消防、食品、卫生、财务、档案管理等规章制度，制定服务标准和工作流程，并予以公开。

第二十六条　养老机构应当配备与服务和运营相适应的工作人员，并依法与其签订聘用合同或者劳动合同，定期开展职业道德教育和业务培训。

养老机构中从事医疗、康复、消防等服务的人员，应当具备相应的职业资格。

养老机构应当加强对养老护理人员的职业技能培训，建立健全体现职业技能等级等因素的薪酬制度。

第二十七条　养老机构应当依照其登记类型、经营性质、运营方式、设施设备条件、管理水平、服务质量、照料护理等级等因素合理确定服务项目的收费标准，并遵守国家和地方政府价格管理有关规定。

养老机构应当在醒目位置公示各类服务项目收费标准和收费依据，接受社会监督。

第二十八条　养老机构应当实行24小时值班，做好老年人安全保障工作。

养老机构应当在各出入口、接待大厅、值班室、楼道、食堂等公共场所安装视频监控设施，并妥善保管视频监控记录。

第二十九条　养老机构内设食堂的，应当取得市场监督管理部门颁发的食品经营许可证，严格遵守相关法律、法规和食品安全标准，执行原料控制、餐具饮具清洗消毒、食品留样等制度，并依法开展食堂食品安全自查。

养老机构从供餐单位订餐的，应当从取得食品生产经营许可的供餐单位订购，并按照要求对订购的食品进行查验。

第三十条　养老机构应当依法履行消防安全职责，健全消防安全管理制度，实行消防工作责任制，配置消防设施、器材并定期检测、维修，开展日常防火巡查、检查，定期组织灭火和应急疏散消防安全培训。

养老机构的法定代表人或者主要负责人对本单位消防安全工作全面负责，属于消防安全重点单位的养老机构应当确定消防安全管理人，负责组织实施本单位消防安全管理工作，并报告当地消防救援机构。

第三十一条　养老机构应当依法制定自然灾害、事故灾难、公共卫生事件、社会安全事件等突发事件应急预案，在场所内配备报警装置和必要的应急救援设备、设施，定期开展突发事件应急演练。

突发事件发生后，养老机构应当立即启动应急预案，采取防止危害扩大的必要处置措施，同时根据突发事件应对管理职责分工向有关部门和民政部门报告。

第三十二条　养老机构应当建立老年人信息档案，收集和妥善保管服务协议等相关资料。档案的保管期限不少于服务协议期满后五年。

养老机构及其工作人员应当保护老年人的个人信息和隐私。

第三十三条　养老机构应当按照国家有关规定接受、使用捐赠、资助。

鼓励养老机构为社会工作者、志愿者在机构内开展服务提供便利。

第三十四条　鼓励养老机构投保责任保险，降低机构运营风险。

第三十五条　养老机构因变更或者终止等原因暂停、终止服务的，应当在合理期限内提前书面通知老年人或者其代理人，并书面告知民政部门。

老年人需要安置的，养老机构应当根据服务协议约定与老年人或者其代理人协商确定安置事宜。民政部门应当为养老机构妥善安置老年人提供帮助。

养老机构终止服务后，应当依法清算并办理注销登记。

第五章　监督检查

第三十六条　民政部门应当加强对养老机构服务和运营的监督检查，发现违反本办法规定的，及时依法予以处理并向社会公布。

民政部门在监督检查中发现养老机构存在应当由其他部门查处的违法违规行为的，及时通报有关部门处理。

第三十七条　民政部门依法履行监督检查职责，可以采取以下措施：

（一）向养老机构和个人了解情况；

（二）进入涉嫌违法的养老机构进行现场检查；

（三）查阅或者复制有关合同、票据、账簿及其他有关资料；

（四）发现养老机构存在可能危及人身健康和生命财产安全风险的，责令限期改正，逾期不改正的，责令停业整顿。

民政部门实施监督检查时，监督检查人员不得少于2人，应当出示执法证件。

对民政部门依法进行的监督检查，养老机构应当配合，如实提供相关资料和信息，不得隐瞒、拒绝、阻碍。

第三十八条　对已经备案的养老机构，备案民政部门应当自备案之日起20个工作日以内进行现场检查，并核实备案信息；对未备案的养老机构，服务场所所在地的县级人民政府民政部门应当自发现其收住老年人之日起20个工作日以内进行现场检查，并督促及时备案。

民政部门应当每年对养老机构服务安全和质量进行不少于一次的现场检查。

第三十九条　民政部门应当采取随机抽取检查对象、随机选派检查人员的方式对养老机构实施监督检查。抽查情况及查处结果应当及时向社会公布。

民政部门应当结合养老机构的服务规模、信用记录、风险程度等情况，确定抽查比例和频次。对违法失信、风险高的养老机构，适当提高抽查比例和频次，依法依规实施严管和惩戒。

第四十条　民政部门应当加强对养老机构非法集资的防范、监测和预警工作，发现养老机构涉嫌非法集资的，按照有关规定及时移交相关部门。

第四十一条　民政部门应当充分利用信息技术手段，加强对养老机构的监督检查，提高监管能力和水平。

第四十二条　民政部门应当定期开展养老服务行业统计工作，养老机构应当及时准确报送相关信息。

第四十三条　养老机构应当听取老年人或者其代理人的意见和建议，发挥其对养老机构服务和运营的监督促进作用。

第四十四条　民政部门应当畅通对养老机构的举报投诉渠道，依法及时处理有关举报投诉。

第四十五条　民政部门发现个人或者组织未经登记以养老机构名义开展活动的，应当书面通报相关登记管理机关，并配合做好查处工作。

第六章　法律责任

第四十六条　养老机构有下列行为之一的，由民政部门责令改正，给予警告；情节严重的，处以3万元以下的罚款：

（一）未建立入院评估制度或者未按照规定开展评估活动的；

（二）未与老年人或者其代理人签订服务协议，或者未按照协议约定提供服务的；

（三）未按照有关强制性国家标准提供服务的；

（四）工作人员的资格不符合规定的；

（五）利用养老机构的房屋、场地、设施开展与养老服务宗旨无关的活动的；

（六）未依照本办法规定预防和处置突发事件的；

（七）歧视、侮辱、虐待老年人以及其他侵害老年人人身和财产权益行为的；

（八）向负责监督检查的民政部门隐瞒有关情况、提供虚假材料或者拒绝提供反映其活动情况真实材料的；

（九）法律、法规、规章规定的其他违法行为。

养老机构及其工作人员违反本办法有关规定，构成违反治安管理行为的，依法给予治安管理处罚；构成犯罪的，依法追究刑事责任。

第四十七条　民政部门及其工作人员在监督管理工作中滥用职权、玩忽职守、徇私舞弊的，对直接负责的主管人员和其他责任人员依法依规给予处分；构成犯罪的，依法追究刑事责任。

第七章　附　　则

第四十八条　国家对农村五保供养服务机构的管理有特别规定的，依照其规定办理。

第四十九条　本办法自2020年11月1日起施行。2013年6月28日民政部发布的《养老机构管理办法》同时废止。

思维导图

第八章 《农村五保供养工作条例》及解读

扫码查看课程资源

案例导入

小刘是一名养老服务专业的应届毕业生，现入职家乡县城一家养老机构，该养老机构同时负责相应农村片区的五保户养老工作。小刘在接手该项工作时有些无所适从，不是很明确农村五保户是指哪类人群，政府对这类人群有哪些保障措施。主管领导面对小刘的疑惑，建议她了解一下《农村五保供养工作条例》。在详细了解该工作条例后，小刘豁然开朗，对农村五保户的供养工作便了然于胸。

你作为一名养老服务专业的学生，是否了解农村老年人的供养政策呢？

学习目标

知识要求：

1. 掌握农村五保户的概念界定。
2. 掌握农村五保户的供养内容及供养形式。
3. 掌握《农村五保供养工作条例》的监督管理及法律责任。

能力目标：

1. 能准确理解并界定农村五保户。
2. 能根据《农村五保供养工作条例》对农村五保户提供供养。
3. 能根据条例中法律责任要求，合理维护农村五保户的合法权益。

素质要求：

1. 养成对所有老年人一视同仁的素养。
2. 增强对于老龄服务事业的认同感与责任感。

农村五保供养制度是中华人民共和国在农村地区实施的一种社会保障制度，始于20世纪50年代。1956年出台的《高级农业生产合作社示范章程》提出要保障老、弱、孤、寡、残疾社员的吃、穿、烧（柴火的供应）、教、葬。自此，农村五保供养制度初具雏形。

1994年1月，中华人民共和国国务院颁布《农村五保供养工作条例》，将农村五保供养制度定性为“农村的集体福利事业”，并把“五保”的供养内容调整为保“吃、穿、住、医、葬（孤儿保教）”，所需经费和实物从村提留或者乡统筹中列支。

2000年起，伴随着农村税费改革的开展，农村五保供养制度的经费逐渐调整为从农业税附加列支。

2006年1月11日，《农村五保供养工作条例》经国务院第121次常务会议通过，2006年1月21日，由温家宝总理签发中华人民共和国国务院令第456号令，予以公布，自2006年3月1日起施行。条例适应我国农村经济社会改革发展的新形势，对传统农村五保供养制度进行了全面改革，将农村五保供养对象纳入了公共财政的保障范围，完善了管理与监督措施，强化了法律责任，确立了新型农村五保供养制度的框架，对于保障农村五保供养对象正常生活，促进社会主义新农村建设具有重要意义。2009年山东省人民政府发布《山东省农村五保供养办法》，自2010年1月1日起施行。

《农村五保供养工作条例》及解读

第一章 总 则

第一条 为了做好农村五保供养工作，保障农村五保供养对象的正常生活，促进农村社会保障制度的发展，制定本条例。

第二条 本条例所称农村五保供养，是指依照本条例规定，在吃、穿、住、医、葬方面给予村民的生活照顾和物质帮助。

第三条 国务院民政部门主管全国的农村五保供养工作；县级以上地方各级人民政府民政部门主管本行政区域内的农村五保供养工作。

乡、民族乡、镇人民政府管理本行政区域内的农村五保供养工作。

村民委员会协助乡、民族乡、镇人民政府开展农村五保供养工作。

第四条 国家鼓励社会组织和个人为农村五保供养对象和农村五保供养工作提供捐助和服务。

第五条 国家对在农村五保供养工作中做出显著成绩的单位和个人，给予表彰和奖励。

第二章 供养对象

第六条 老年、残疾或者未满16周岁的村民，无劳动能力、无生活来源又无法定赡养、抚养、扶养义务人，或者其法定赡养、抚养、扶养义务人无赡养、抚养、扶养能力的，享受农村五保供养待遇。

第七条 享受农村五保供养待遇，应当由村民本人向村民委员会提出申请；因年幼或者智力残疾无法表达意愿的，由村民小组或者其他村民代为提出申请。经村民委员会民主评议，对符合本条例第六条规定条件的，在本村范围内公告；无重大异议的，由村民委员会将评议意见和有关材料报送乡、民族乡、镇人民政府审核。

乡、民族乡、镇人民政府应当自收到评议意见之日起20日内提出审核意见，并将审核意见和有关材料报送县级人民政府民政部门审批。县级人民政府民政部门应当自收到审核意见和有关材料之日起20日内作出审批决定。对批准给予农村五保供养待遇的，发给《农村五保供养证书》；对不符合条件不予批准的，应当书面说明理由。

乡、民族乡、镇人民政府应当对申请人的家庭状况和经济条件进行调查核实；必要时，县级人民政府民政部门可以进行复核。申请人、有关组织或者个人应当配合、接受调查，如实提供有关情况。

第八条　农村五保供养对象不再符合本条例第六条规定条件的，村民委员会或者敬老院等农村五保供养服务机构（以下简称农村五保供养服务机构）应当向乡、民族乡、镇人民政府报告，由乡、民族乡、镇人民政府审核并报县级人民政府民政部门核准后，核销其《农村五保供养证书》。

农村五保供养对象死亡，丧葬事宜办理完毕后，村民委员会或者农村五保供养服务机构应当向乡、民族乡、镇人民政府报告，由乡、民族乡、镇人民政府报县级人民政府民政部门核准后，核销其《农村五保供养证书》。

第三章　供养内容

第九条　农村五保供养包括下列供养内容：

（一）供给粮油、副食品和生活用燃料；

（二）供给服装、被褥等生活用品和零用钱；

（三）提供符合基本居住条件的住房；

（四）提供疾病治疗，对生活不能自理的给予照料；

（五）办理丧葬事宜。

农村五保供养对象未满16周岁或者已满16周岁仍在接受义务教育的，应当保障他们依法接受义务教育所需费用。

农村五保供养对象的疾病治疗，应当与当地农村合作医疗和农村医疗救助制度相衔接。

第十条　农村五保供养标准不得低于当地村民的平均生活水平，并根据当地村民平均生活水平的提高适时调整。

农村五保供养标准，可以由省、自治区、直辖市人民政府制定，在本行政区域内公布执行，也可以由设区的市级或者县级人民政府制定，报所在的省、自治区、直辖市人民政府备案后公布执行。

国务院民政部门、国务院财政部门应当加强对农村五保供养标准制定工作的指导。

第十一条　农村五保供养资金，在地方人民政府财政预算中安排。有农村集体经营等收入的地方，可以从农村集体经营等收入中安排资金，用于补助和改善农村五保供养对象的生活。农村五保供养对象将承包土地交由他人代耕的，其收益归该农村五保供养对象所有。具体办法由省、自治区、直辖市人民政府规定。

中央财政对财政困难地区的农村五保供养，在资金上给予适当补助。

农村五保供养资金，应当专门用于农村五保供养对象的生活，任何组织或者个人不得贪污、挪用、截留或者私分。

第四章　供养形式

第十二条　农村五保供养对象可以在当地的农村五保供养服务机构集中供养，也可以在家分散供养。农村五保供养对象可以自行选择供养形式。

第十三条　集中供养的农村五保供养对象，由农村五保供养服务机构提供供养服务；分散供养的农村五保供养对象，可以由村民委员会提供照料，也可以由农村五保供养服务机构提供有关供养服务。

第十四条　各级人民政府应当把农村五保供养服务机构建设纳入经济社会发展规划。

县级人民政府和乡、民族乡、镇人民政府应当为农村五保供养服务机构提供必要的设备、管理资金，并配备必要的工作人员。

第十五条　农村五保供养服务机构应当建立健全内部民主管理和服务管理制度。

农村五保供养服务机构工作人员应当经过必要的培训。

第十六条　农村五保供养服务机构可以开展以改善农村五保供养对象生活条件为目的的农副业生产。地方各级人民政府及其有关部门应当对农村五保供养服务机构开展农副业生产给予必要的扶持。

第十七条　乡、民族乡、镇人民政府应当与村民委员会或者农村五保供养服务机构签订供养服务协议，保证农村五保供养对象享受符合要求的供养。

村民委员会可以委托村民对分散供养的农村五保供养对象提供照料。

第五章　监督管理

第十八条　县级以上人民政府应当依法加强对农村五保供养工作的监督管理。县级以上地方各级人民政府民政部门和乡、民族乡、镇人民政府应当制定农村五保供养工作的管理制度，并负责督促实施。

第十九条　财政部门应当按时足额拨付农村五保供养资金，确保资金到位，并加强对资金使用情况的监督管理。

审计机关应当依法加强对农村五保供养资金使用情况的审计。

第二十条　农村五保供养待遇的申请条件、程序、民主评议情况以及农村五保供养的标准和资金使用情况等，应当向社会公告，接受社会监督。

第二十一条　农村五保供养服务机构应当遵守治安、消防、卫生、财务会计等方面的法律、法规和国家有关规定，向农村五保供养对象提供符合要求的供养服务，并接受地方人民政府及其有关部门的监督管理。

第六章　法律责任

第二十二条　违反本条例规定，有关行政机关及其工作人员有下列行为之一的，对直接负责的主管人员以及其他直接责任人员依法给予行政处分；构成犯罪的，依法追究刑事责任：

（一）对符合农村五保供养条件的村民不予批准享受农村五保供养待遇的，或者对不符合农村五保供养条件的村民批准其享受农村五保供养待遇的；

（二）贪污、挪用、截留、私分农村五保供养款物的；

（三）有其他滥用职权、玩忽职守、徇私舞弊行为的。

第二十三条　违反本条例规定，村民委员会组成人员贪污、挪用、截留农村五保供养款物的，依法予以罢免；构成犯罪的，依法追究刑事责任。

违反本条例规定，农村五保供养服务机构工作人员私分、挪用、截留农村五保供养款物的，予以辞退；构成犯罪的，依法追究刑事责任。

第二十四条　违反本条例规定，村民委员会或者农村五保供养服务机构对农村五保供养对象提供的供养服务不符合要求的，由乡、民族乡、镇人民政府责令限期改正；逾期不改正的，乡、民族乡、镇人民政府有权终止供养服务协议；造成损失的，依法承担赔偿责任。

第七章　附　　则

第二十五条　《农村五保供养证书》由国务院民政部门规定式样，由省、自治区、直辖市人民政府民政部门监制。

第二十六条　本条例自2006年3月1日起施行。1994年1月23日国务院发布的《农村五保供养工作条例》同时废止。

“民生无小事，枝叶总关情”“对各类困难群众，我们要格外关注、格外关爱、格外关心，时刻把他们的安危冷暖放在心上，关心他们的疾苦，千方百计帮助他们排忧解难”“只要还有一家一户乃至一个人没有解决基本生活问题，我们就不能安之若素；只要群众对幸福生活的憧憬还没有变成现实，我们就要毫不懈怠团结带领群众一起奋斗”。党的十八大以来，以习近平同志为核心的党中央始终坚持人民至上，把社会救助工作摆在更加突出的位置，作出了一系列重大决策部署，不断推动我国社会救助工作蓬勃发展。《农村五保供养工作条例》对农村地区困难群众，尤其是农村孤寡老人起到了重要保障作用，是各地开展农村五保人员救助工作的指导文件，使农村困难群众的基本生活得到了制度性保障。

思维导图

第九章　中国共产党第二十次全国代表大会中的养老服务政策（节选）及解读

案例导入

小李现在是一名高职院校2022级智慧健康养老服务与管理专业大一的学生，从小对养老服务产生了浓厚的兴趣，他深知养老服务关系千家万户，事关百姓福祉，是一项重要的民生工作。适逢党的二十大召开，他认真学习党的二十大报告中有关养老服务的内容，学习体会很深。

请问：作为养老服务与管理专业的学生，学习完二十大报告后，你有什么体会？

知识要求：

1. 熟悉二十大报告中关于养老服务的相关政策。
2. 熟悉专家对二十大报告的解读。

能力目标：

1. 能对今后养老发展方向有大体了解。
2. 能认识党的二十大的指导作用。

素质要求：

1. 具有大局观念，对老年人关心尊重、关怀。
2. 树立从国家整体角度思考认识养老问题的意识。

老龄化是全球性人口发展大趋势，也是我国发展面临的重大挑战。当前，我国人口老龄化进程加快，有效应对人口老龄化问题，事关国家发展全局，事关亿万百姓福祉。2022年10月16日，中国共产党第二十次全国代表大会开幕。大会报告从“健全社会保障体系”“增进民生福祉，提高人民生活品质”的角度阐述了完善基本养老保险全国统筹制度，发展多层次、多支柱养老保险体系，指明了养老事业和养老产业的发展方向。实施积极应对人口老龄化国家战略，就要坚持党委领导、政府主导、社会参与、全民行动，以加快完善社会保障、养老服务、健康支撑体系为重点，把积极老龄观、健康老龄化理念融入经济社会发展全过程。要深化改革、综合施策，加大制度创新、政策供给、财政投入力度，在老有所养、老有所医、老有所教、老有所学、老有所为、老有所乐上不断取得新进展，让老年人共享改革发展成果、安享幸福晚年。

中国共产党第二十次全国代表大会中的养老服务政策（节选）及解读

九、增进民生福祉，提高人民生活品质

（三）健全社会保障体系。社会保障体系是人民生活的安全网和社会运行的稳定器。健全覆盖全民、统筹城乡、公平统一、安全规范、可持续的多层次社会保障体系。完善基本养老保险全国统筹制度，发展多层次、多支柱养老保险体系。实施渐进式延迟法定退休年龄。扩大社会保险覆盖面，健全基本养老、基本医疗保险筹资和待遇调整机制，推动基本医疗保险、失业保险、工伤保险省级统筹。促进多层次医疗保障有序衔接，完善大病保险和医疗救助制度，落实异地就医结算，建立长期护理保险制度，积极发展商业医疗保险。加快完善全国统一的社会保险公共服务平台。健全社保基金保值增值和安全监管体系。健全分层分类的社会救助体系。坚持男女平等基本国策，保障妇女儿童合法权益。完善残疾人社会保障制度和关爱服务体系，促进残疾人事业全面发展。坚持房子是用来住的、不是用来炒的定位，加快建立多主体供给、多渠道保障、租购并举的住房制度。

（四）推进健康中国建设。人民健康是民族昌盛和国家强盛的重要标志。把保障人民健康放在优先发展的战略位置，完善人民健康促进政策。优化人口发展战略，建立生育支持政策体系，降低生育、养育、教育成本。实施积极应对人口老龄化国家战略，发展养老事业和养老产业，优化孤寡老人服务，推动实现全体老年人享有基本养老服务。深化医药卫生体制改革，促进医保、医疗、医药协同发展和治理。促进优质医疗资源扩容和区域均衡布局，坚持预防为主，加强重大慢性病健康管理，提高基层防病治病和健康管理能力。深化以公益性为导向的公立医院改革，规范民营医院发展。发展壮大医疗卫生队伍，把工作重点放在农村和社区。重视心理健康和精神卫生。促进中医药传承创新发展。创新医防协同、医防融合机制，健全公共卫生体系，提高重大疫情早发现能力，加强重大疫情防控救治体系和应急能力建设，有效遏制重大传染性疾病传播。深入开展健康中国行动和爱国卫生运动，倡导文明健康生活方式。

【解读】党的二十大报告关于实施积极应对人口老龄化国家战略的重要部署，为今后5年乃至更长时期我国老龄工作指明了方向和重点。党的二十大报告提出“社会保障体系是人民生活的安全网和社会运行的稳定器”，要完善基本养老保险全国统筹制度，发展多支柱养老保险体系。为此，须尽快补齐短板，夯实养老保险可持续发展的基础，为实现广大民众“老有所依、老有所养”提供更坚实可靠的制度保障。党的二十大报告中“发展养老事业和养老产业”的提法，意味着养老事业和养老产业这两方面将协同发展；“推动实现全体老年人享有基本养老服务”的表述，意味着要分清不同老龄化阶段、不同消费人群、不同活力状态的老年人，随之，养老服务和养老产业的需求会形成差异，行业也会更为细分、多样。随着积极应对人口老龄化国家战略的实施，国家在养老服务体系等方面制定并推行了诸多扶持政策，促进了养老事业和养老

产业协同健康发展，未来“银发经济”将成为巨大蓝海，养老产业也将迎来发展黄金期。

制度保障基础夯实。养老保险制度和长期护理保险制度，是实现老有所养、老有所护的基本制度安排，也是提升老年人支付能力的根本制度依托。党的二十大报告指出，要完善基本养老保险全国统筹制度，发展多层次、多支柱养老保险体系；健全基本养老保险筹资和待遇调整机制；建立长期护理保险制度。这意味着中国特色养老服务体系支付端的两项基本制度将进一步健全，必将加快促进养老服务潜在需求向有效需求转化，推动我国养老服务业走向内需驱动的可持续发展道路。

事业和产业协同发展。养老服务事业主要满足老年人的兜底性、基础性、普惠性养老服务需求，而养老服务产业主要满足老年人的个性化、多样化、高层次养老服务需求。按照发达国家人口老龄化经验，我国养老服务产业发展将由成长期进入成熟期，也将进入与养老服务事业协同发展、更加注重养老服务产业质量效益提升的时期。党的二十大报告作出发展养老事业和产业的部署，既符合我国经济社会发展的阶段性特征，也契合了国际养老产业发展的一般规律，有利于发挥养老服务事业和产业“1+1>2”的协同发展效应，更好满足老年群体不断升级的幸福养老生活需要。

多层次服务协调推进。养老服务体系是贯彻落实积极应对人口老龄化国家战略的三大体系之一，是实现“老有所养”的重要支撑。党的二十大报告关于发展养老事业和产业，以及推动实现全体老年人享有基本养老服务的重要部署，有利于进一步扩大覆盖城乡、惠及全民、均衡合理、优质高效的养老服务供给，加快形成兜底供养有保障、普惠养老能满足、中高端市场可选择的多层次养老服务供给格局，确保广大老年人共享中国式现代化建设成果。

道路彰显中国特色。党的二十大报告关于中国式现代化道路的论述令人耳目一新、振聋发聩。中国特色养老服务体系建设道路是中国式现代化道路的重要组成部分，应以中国式现代化为中国特色养老服务体系建设提供战略指引。应深刻认识到，全体人民共同富裕的现代化，必然要求不断缩小区域、城乡和不同身份老年群体之间的基本养老保障和服务差距；物质文明和精神文明相协调的现代化，必然要求创新破解养老服务难题的新思维，推进“养身”与“养心”的结合，实现物质赡养、生活照料和精神赡养的协调，全方位提高老年人的物质文化生活质量；人与自然和谐共生的现代化，必然要求树立全龄、全域、全生命周期友好的理念，在为老年人提供高质量服务的同时，也要注重为老年人打造安全、便捷、舒适、绿色、健康的宜居环境；走和平发展道路的现代化，必然要求高举和平发展合作共赢的旗帜，加强养老服务领域的国际合作与交流，携手世界各国和地区，特别是发展中国家走出一条成功破解养老难题、积极应对人口老龄化的国际合作道路。

遵循“六个坚持”开新局。党的二十大报告把习近平新时代中国特色社会主义思想的世界观和方法论概括为“六个坚持”，这是推进中国特色养老服务体系建设必须遵循的“本”和“道”。坚持人民至上，这是养老服务体系建设的基本价值和立场。在具体实践中，既要把老年人看作需要照顾服务的客体，着力解决其在养老服务领域的急难愁盼问题；也要把老年人视为积极能动的社会主体，充分发挥其在养老服务体系建设中的积极性、主动性、创造性，助力建设不分年龄、人人共建共享的理想老龄社会。坚持自信自立，就是坚持中国养老服务难题的破解必须从中国基本国情出发、由中国人自己来解答，坚持依靠自身力量解决世界上规模最大老年群体的养老服务问题，坚定成功破解中国养老难题的理论自觉、思想自觉和行动自觉。坚持守正创新，就是既要执着坚守新时代我国养老服务发展取得历史性成就的宝贵经验，更要结合新征程不断变化的形势，持续推动养老服务工作理论创新、制度创新、实践创新，增强养老服务体系建设的内在动力和活力。坚持问题导向，就是要聚焦我国农村养老服务发展滞后、居家社区养老服务薄弱、优质普惠服务供给不足、专业人才短缺、科技支撑不强、事业产业发展协同不够等发展中的不平衡不充分问题，精准施策，促进养老服务体系建设更加充分、更加优质、更加均衡、更可持续。坚持系统观念，就是从整体和系统的视角出发，前瞻性思考、全局性谋划、整体性推进养老服务体系建设，推进养老服务问题的治理由碎片化治理向整体化治理转变。坚持胸怀天下，就是要展现负责任大国担当，不断拓展携手破解养老服务这一世界性难题的中国“朋友圈”，拓展与世界各国和地区在养老服务领域理念、经验、项目、政策等方面的交流互鉴，提供更多国际公共产品，为世界贡献出更多中国方案、中国智慧。

面向新征程，要以党的二十大精神为引领，明确养老服务工作的历史方位，坚定继续走中国特色养老服务体系建设道路的历史自信，增强实施积极应对人口老龄化国家战略的历史主动，进一步健全居家社区机构相协调、医养康养相结合、兜底普惠多样化相融合的养老服务体系，确保全体老年人同步实现共同富裕，确保全体中青年人拥有可期的幸福晚年。确保人口老龄化程度不断加深条件下我国经济社会发展更具韧性、更富活力、更有可持续性，为全面建设社会主义现代化国家、全面推进中华民族伟大复兴提供坚实基础和持久动力。

党的二十大报告把发展质量摆在更突出的位置，经济、社会、文化、生态等各方面都要体现高质量发展的要求，养老服务领域的建设和发展也不例外，也应以高质量为根本要求和指向，重点做好如下几项工作。

第一，始终坚持以老年人的需求为中心。养老服务领域发展的根本目标，就是增强老年人的福祉、获得感、满意度，因此，养老服务领域高质量发展就必须基于老年人及其家庭的实际需求来制定政策、确定服务包，增强政策及服务的精准性、有效性。

第二，加快建立健全基本养老服务制度。基本养老服务制度是促进我国养老服务领域高质量发展的关键举措。当前，我国正在大力推进基本养老服务制度，基本养老服务法治化进程也在加快推进，国家层面的基本养老服务制度及清单出台，将进一步推进我国基本养老服务规范化、跨越式发展。通过基本养老服务及清单制度，在一定程度上规范了地方基本养老服务实践探索工作，明确国家、家庭、社会等各方的责任边界，对于稳定养老预期、做好养老准备、促进养老事业产业协同发展，都具有重要的现实意义。

第三，大力推进农村养老服务发展。农村养老服务领域是我国养老服务体系建设的难点和重点。应将农村养老服务发展与乡村振兴有效衔接，围绕农村老年人刚性需求，优化、激活农村基层三级养老服务网络，规范互助养老服务发展，加快优化农村养老服务供给，形成个人、家庭、互助网络、地方政府等多主体协同发展局面，实现农村老年人老有所养、老有所依，共享经济社会发展成果。

第四，完善养老服务领域治理体系、提升治理能力。一方面，加快完善养老服务领域的法律政策体系建设，优化顶层设计，特别是优化部门分工、协同机制，以及相关政策、资源和行动的融合性。另一方面，加强养老服务基层力量，通过完善治理机制、提升服务能力等多种方式，促进基层各类养老服务协调发展。此外，还应在继续落实居家社区机构相协调、医养康养相结合的基础上，加强养老服务质量管理，通过体制改革、科技赋能推进养老服务高质量发展。

党的二十大报告从“健全社会保障体系”“增进民生福祉，提高人民生活品质”的角度阐述了完善基本养老保险全国统筹制度，发展多层次、多支柱养老保险体系。党的二十大报告关于实施积极应对人口老龄化国家战略的重要部署，为今后5年乃至更长时期我国老龄工作指明了方向和重点。

思维导图

第十章 《中华人民共和国国民经济和社会发展第十四个五年规划和2035年远景目标纲要》中的养老服务政策（节选）及解读

扫码查看课程资源

案例导入

小王是一名智慧健康养老服务与管理专业的大一学生。上周他们小组接到了老师布置的一个任务：假如你是一家中等规模养老机构的负责人，根据《中华人民共和国国民经济和社会发展第十四个五年规划和2035年远景目标纲要》中与养老服务相关的政策，你应该做出何种战略调整，让机构跟上国家的政策发展？

如果你是小王，你将如何完成这项任务？

学习目标

知识要求：

1. 知悉《中华人民共和国国民经济和社会发展第十四个五年规划和2035年远景目标纲要》中的养老服务相关政策。

2. 掌握国家应对老龄化的具体举措。

能力目标：

1. 能说出目前我国人口老龄化所处阶段。

2. 能列举出国家应对老龄化的具体举措。

素质要求：

具有大局观和批判思维，能意识到我们所处的时代阶段的任务。

中华人民共和国国民经济和社会发展第十四个五年（2021—2025年）规划和2035年远景目标纲要（以下简称“十四五”规划和2035远景目标纲要），根据《中共中央关于制定国民经济和社会发展第十四个五年规划和二〇三五年远景目标的建议》编制，主要阐明国家战略意图，明确政府工作重点，引导规范市场主体行为，是我国开启全面建设社会主义现代化国家新征程的宏伟蓝图，是全国各族人民共同的行动纲领。

想要确定未来的发展方向，必须清楚地意识到我们当前的历史站位和所处的发展阶段。“十四五”规划和2035远景目标纲要立足于新发展阶段，充分贯彻党的十九届五中全会精神，全面落实“立足新发展阶段、贯彻新发展理念、构建新发展格局”要求，擘画了全面建设社会主义现代化国家的宏伟蓝图。

这一次，是“五年规划”首次将积极应对人口老龄化提上战略日程，上升为国家高度。回顾过去十年，中国的养老服务业在政策扶持与需求驱动的两驾马车驱动下经历了从无到有的历史性变革与跨越式发展，完成了从单一产业到多元化服务的变革，基本实现了全方位布局。但是，随着市场的发展，矛盾与问题也日益凸显，如今的服务也越来越难以满足不断变化升级的市场需求。

“十四五”规划和2035远景目标纲要明确提出，国家实施积极政策应对人口老龄化，发展普惠托育体系，健全基本养老服务体系，推动实现全体老年人享有基本养老服务，为推动新时代养老事业指明了方向。

第一篇　开启全面建设社会主义现代化国家新征程（节选）

第一章　发展环境

第一节　决胜全面建成小康社会取得决定性成就

人民生活水平显著提高，教育公平和质量较大提升，高等教育进入普及化阶段，城镇新增就业超过6000万人，建成世界上规模最大的社会保障体系，基本医疗保险覆盖超过13亿人，基本养老保险覆盖近10亿人，城镇棚户区住房改造开工超过2300万套。

第三章　主要目标

第二节　“十四五”时期经济社会发展主要目标

——民生福祉达到新水平。实现更加充分更高质量就业，城镇调查失业率控制在5.5%以内，居民人均可支配收入增长与国内生产总值增长基本同步，分配结构明显改善，基本公共服务均等化水平明显提高，全民受教育程度不断提升，劳动年龄人口平均受教育年限提高到11.3年，多层次社会保障体系更加健全，基本养老保险参保率提高到95%，卫生健康体系更加完善，人均预期寿命提高1岁，脱贫攻坚成果巩固拓展，乡村振兴战略全面推进，全体人民共同富裕迈出坚实步伐。

【解读1】回顾过去的五年，我们取得了举世瞩目的成就。特别值得我们注意的是，我国已经建成世界上规模最大的社会保障体系，基本医疗保险覆盖超过13亿人，基本养老保险覆盖近10亿人。这里，我们详述一下什么是基本养老保险。

基本养老保险是国家根据法律、法规的规定，强制建立和实施的一种社会保险制度。在这一制度下，用人单位和劳动者必须依法缴纳养老保险费，在劳动者达到国家规定的退休年龄或因其他原因而退出劳动岗位后，社会保险经办机构依法向其支付养老金等待遇，从而保障其基本生活。基本养老保险与失业保险、基本医疗保险、工伤保险、生育保险等共同构成现代社会保险制度，并且是社会保险制度中的重要险种之一。1991年，《国务院关于企业职工养老保险制度改革的决定》中明确提出：“随着经济的发展，逐步建立起基本养老保险与企业补充养老保险和职工个人储蓄性养老保险相结合的制度。”从此，我国逐步建立起多层次的养老保险体系。

这里，再补充一下我国现行的养老保险制度。社会统筹与个人账户相结合的基本养老保险制度是我国在世界上首创的一种新型的基本养老保险制度。这个制度在基本养老保险基金的筹集上采用传统型的基本养老保险费用的筹集模式，即由国家、单位和个人共同负担；基本养老保险基金实行社会互济；在基本养老金的计发上采用结构式的计发办法，强调个人账户养老金的激励因素和劳动贡献差别。因此，该制度既吸收了传统型的养老保险制度的优点，又借鉴了个人账户模式的长处；既体现了传统意义上的社会保险的社会互济、分散风险、保障性强的特点，又强调了职工的自我保障意识和激励机制。

然后，我们再来看一下第一篇第三章的第二节。国家将基本养老保险参保率和覆盖范围提升到了新的战略高度。预计到2025年，基本养老保险参保率提高到95%，人均预期寿命提高1岁。这些战略规划与目标，彰显了国家实现全体老年人享有养老基本服务的决心。参保率的提高，意味着越来越多的老年人能实现老有所养、老有所依，越来越多的老年人有能力享受养老服务、度过高品质的晚年生活，这也就对养老服务事业提出两点基本要求：①扩大规模，加速发展；②推动高质量、多样化发展，以满足更多老年人的需要。

第三篇　加快发展现代产业体系 巩固壮大实体经济根基（节选）

坚持把发展经济着力点放在实体经济上，加快推进制造强国、质量强国建设，促进先进制造业和现代服务业深度融合，强化基础设施支撑引领作用，构建实体经济、科技创新、现代金融、人力资源协同发展的现代产业体系。

第十章　促进服务业繁荣发展

第二节　加快生活性服务业品质化发展

以提升便利度和改善服务体验为导向，推动生活性服务业向高品质和多样化升级。加快发展健康、养老、托育、文化、旅游、体育、物业等服务业，加强公益性、基础性服务业供给，扩大覆盖全生命期的各类服务供给。持续推动家政服务业提质扩容，与智慧社区、养老托育等融合发展。鼓励商贸流通业态与模式创新，推进数字化智能化改造和跨界融合，线上线下全渠道满足消费需求。加快完善养老、家政等服务标准，健全生活性服务业认证认可制度，推动生活性服务业诚信化职业化发展。

【解读2】第十章第二节的标题为“加快生活性服务业品质化发展”。那么，我们首先应该了解何为“生活性服务业”。生活性服务业主要包括养老、育幼、文化、旅游、体育、家政等服务业态，是服务经济的重要组成部分，是国民经济的基础性支柱产业。它直接向居民提供物质和精神生活消费产品及服务，其产品、服务用于解决消费者生活中（非生产中）的各种需求。

近年来，我国生活性服务业蓬勃发展，对优化经济结构、扩大国内需求、促进居民就业、保障改善民生发挥了重要作用，但也存在有效供给不足、便利共享不够、质量标准不高、人才支撑不强、营商环境不优、政策落地不到位等问题。所以，“十四五”规划和2035远景目标纲要对生活性服务业的发展提出了新的要求：以提升便利度和改善服务体验为导向，推动生活性服务业向高品质和多样化升级。对于养老服务业来说，让更多老年人享有养老服务、提升顾客满意度以及从粗放发展转向高品质和多样化发展是当前行业发展的重点。

第四篇　形成强大国内市场 构建新发展格局（节选）

坚持扩大内需这个战略基点，加快培育完整内需体系，把实施扩大内需战略同深化供给侧结构性改革有机结合起来，以创新驱动、高质量供给引领和创造新需求，加快构建以国内大循环为主体、国内国际双循环相互促进的新发展格局。

第十二章　畅通国内大循环

第一节　提升供给体系适配性

深化供给侧结构性改革，提高供给适应引领创造新需求能力。适应个性化、差异化、品质化消费需求，推动生产模式和产业组织方式创新，持续扩大优质消费品、中高端产品供给和教育、医疗、养老等服务供给，提升产品服务质量和客户满意度，推动供需协调匹配。优化提升供给结构，促进农业、制造业、服务业、能源资源等产业协调发展。完善产业配套体系，加快自然垄断行业竞争性环节市场化，实现上下游、产供销有效衔接。健全市场化法治化化解过剩产能长效机制，完善企业兼并重组法律法规和配套政策。建立健全质量分级制度，加快标准升级迭代和国际标准转化应用。开展中国品牌创建行动，保护发展中华老字号，提升自主品牌影响力和竞争力，率先在化妆品、服装、家纺、电子产品等消费品领域培育一批高端品牌。

第十四章　加快培育完整内需体系

深入实施扩大内需战略，增强消费对经济发展的基础性作用和投资对优化供给结构的关键性作用，建设消费和投资需求旺盛的强大国内市场。

第一节　全面促进消费

顺应居民消费升级趋势，把扩大消费同改善人民生活品质结合起来，促进消费向绿色、健康、安全发展，稳步提高居民消费水平。提升传统消费，加快推动汽车等消费品由购买管理向使用管理转变，健全强制报废制度和废旧家电、消费电子等耐用消费品回收处理体系，促进住房消费健康发展。培育新型消费，发展信息消费、数字消费、绿色消费，鼓励定制、体验、智能、时尚消费等新模式新业态发展。发展服务消费，放宽服务消费领域市场准入，推动教育培训、医疗健康、养老托育、文旅体育等消费提质扩容，加快线上线下融合发展。适当增加公共消费，提高公共服务支出效率。扩大节假日消费，完善节假日制度，全面落实带薪休假制度。培育建设国际消费中心城市，打造一批区域消费中心。完善城乡融合消费网络，扩大电子商务进农村覆盖面，改善县域消费环境，推动农村消费梯次升级。完善市内免税店政策，规划建设一批中国特色市内免税店。采取增加居民收入与减负并举等措施，不断扩大中等收入群体，持续释放消费潜力。强化消费者权益保护，完善质量标准和后评价体系，健全缺陷产品召回、产品伤害监测、产品质量担保等制度，完善多元化消费维权机制和纠纷解决机制。

【解读3】在危机中育新机、于变局中开新局。2020年，中共中央首次提出“构建以国内大循环为主体、国内国际双循环相互促进的新发展格局”。这里，我们首先要对新发展格局有一个基本的了解。“以国内大循环为主体、国内国际双循环相互促进”指的是通过发挥内需潜力，使国内市场和国际市场更好联通，更好利用国际国内两个市场、两种资源，实现更加强劲可持续的发展。中国已成为全球第二大消费市场，但市场“大而不强”。商品要素自由流动存在隐性壁垒，规则和标准体系建设有待进一步统一，地方保护现象仍然存在。为了加快建设高效规范、公平竞争、充分开放的全国统一大市场，政府正加速建立全国统一的市场制度规则，促进商品要素资源在更大范围内畅通流动。另外，“新发展格局决不是封闭的国内循环，而是开放的国内国际双循环”。习近平总书记多次强调，“以国内大循环为主体，绝不是关起门来封闭运行，而是通过发挥内需潜力，使国内市场和国际市场更好联通，更好利用国际国内两个市场、两种资源，实现更加强劲可持续的发展。”所以，不论我们投身于何种事业，从事何种工作，这一新发展格局都是我们必须牢牢把握的。

第十二章的第二个关键词为“供给侧结构性改革”。当前和今后一个时期，我国经济发展面临的问题，在供给和需求这两侧都有，但矛盾的主要方面在供给侧。我国一些行业和产业，一方面产能严重过剩，另一方面又有大量关键装备、核心技术、高端产品还依赖进口。解决这些结构性问题，需要从供给侧发力，把改善供给侧结构作为主攻方向。供给侧结构性改革说到底，就是要使我国供给能力更好满足人民日益增长的美好生活需要。

畅通国内大循环，必然要进行供给侧结构性改革，建立高效规范、公平竞争、充分开放的全国统一大市场。随着人民生活水平的提高，基本养老金保险制度覆盖人数的增多，未来，老年人肯定不会满足于现如今还处在粗放发展阶段的养老服务。所以，对于作为一种服务供给的养老服务业来说，必须适应个性化、差异化、品质化的消费需求，不断创新，重视客户满意度，以满足更多不同类型老年人的养老需要。

第十四章的标题为“加快培育完整内需体系”，那么结合前面的新发展格局，我们可以把这些举措视为进一步畅通国内大循环的具体措施。“全面促进消费”，也是要推动国内消费市场高质量发展。作为服务消费的养老服务业，自然也要紧跟新发展格局，提质扩容。此外，此段中还提到要加快线上线下融合发展，这也是加快构建数字社会的必然要求。所以我们应该意识到，现如今我们的养老服务行业必须朝着高质量、数字化发展迈进，必须做出改革创新来适应今后的服务业发展趋势。

第五篇 加快数字化发展 建设数字中国（节选）

迎接数字时代，激活数据要素潜能，推进网络强国建设，加快建设数字经济、数字社会、数字政府，以数字化转型整体驱动生产方式、生活方式和治理方式变革。

第十六章 加快数字社会建设步伐

适应数字技术全面融入社会交往和日常生活新趋势，促进公共服务和社会运行方式创新，构筑全民畅享的数字生活。

第一节　提供智慧便捷的公共服务

聚焦教育、医疗、养老、抚幼、就业、文体、助残等重点领域，推动数字化服务普惠应用，持续提升群众获得感。推进学校、医院、养老院等公共服务机构资源数字化，加大开放共享和应用力度。推进线上线下公共服务共同发展、深度融合，积极发展在线课堂、互联网医院、智慧图书馆等，支持高水平公共服务机构对接基层、边远和欠发达地区，扩大优质公共服务资源辐射覆盖范围。加强智慧法院建设。鼓励社会力量参与“互联网+公共服务”，创新提供服务模式和产品。

第三节　构筑美好数字生活新图景

推动购物消费、居家生活、旅游休闲、交通出行等各类场景数字化，打造智慧共享、和睦共治的新型数字生活。推进智慧社区建设，依托社区数字化平台和线下社区服务机构，建设便民惠民智慧服务圈，提供线上线下融合的社区生活服务、社区治理及公共服务、智能小区等服务。丰富数字生活体验，发展数字家庭。加强全民数字技能教育和培训，普及提升公民数字素养。加快信息无障碍建设，帮助老年人、残疾人等共享数字生活。

【解读4】第十六章的标题为“加快数字社会建设步伐”。简单来说，数字社会就是以新一代信息技术为基础的全新的经济社会发展形态，是信息技术同社会转型深度融合的产物。党的十九届五中全会明确提出，加强数字社会、数字政府建设，提升公共服务、社会治理等数字化智能化水平。而这一章，正是聚焦于将数字智慧与公共服务相结合。

公共服务是由政府提供的人民群众享受的产品和劳务的统称。在我国，公共服务包括幼有所育、学有所教、劳有所得、病有所医、老有所养、住有所居、弱有所扶、优军服务保障、文体服务保障等9个方面、22大类、81个服务项目。而其中，养老一直以来都是公共服务的重点领域，事关中国上亿老年人的生活水平与质量，影响着中国人步入晚年后的获得感、满足感。在加快构建数字社会的今天，推动养老服务智能化、推动养老机构资源数字化已经是大势所趋。通过资源数字化，养老机构可以做到信息开放共享，能为老年人及时、准确链接所需的社会或医疗资源，极大提升服务效率，并且能节约大量人力成本。

第七篇　坚持农业农村优先发展 全面推进乡村振兴（节选）

第二十四章　实施乡村建设行动

第二节　提升乡村基础设施和公共服务水平

以县域为基本单元推进城乡融合发展，强化县城综合服务能力和乡镇服务农民功能。健全城乡基础设施统一规划、统一建设、统一管护机制，推动市政公用设施向郊区乡村和规模较大中心镇延伸，完善乡村水、电、路、气、邮政通信、广播电视、物流等基础设施，提升农房建设质量。推进城乡基本公共服务标准统一、制度并轨，增加农村教育、医疗、养老、文化等服务供给，推进县域内教师医生交流轮岗，鼓励社会力量兴办农村公益事业。提高农民科技文化素质，推动乡村人才振兴。

【解读5】近年来，国家正不断推行措施，弥合城乡差距，而提升乡村公共服务水平与标准也成为乡村建设行动的重点工作。所以养老服务行业也应该考虑到乡村地区对于养老服务的需求，因地制宜考虑农村养老的实际情况，探索适合农村养老的模式。

第十三篇 提升国民素质 促进人的全面发展（节选）

把提升国民素质放在突出重要位置，构建高质量的教育体系和全方位全周期的健康体系，优化人口结构，拓展人口质量红利，提升人力资本水平和人的全面发展能力。

第四十五章 实施积极应对人口老龄化国家战略

制定人口长期发展战略，优化生育政策，以“一老一小”为重点完善人口服务体系，促进人口长期均衡发展。

第一节 推动实现适度生育水平

增强生育政策包容性，推动生育政策与经济社会政策配套衔接，减轻家庭生育、养育、教育负担，释放生育政策潜力。完善幼儿养育、青少年发展、老人赡养、病残照料等政策和产假制度，探索实施父母育儿假。改善优生优育全程服务，加强孕前孕产期健康服务，提高出生人口质量。建立健全计划生育特殊困难家庭全方位帮扶保障制度。改革完善人口统计和监测体系，密切监测生育形势。深化人口发展战略研究，健全人口与发展综合决策机制。

第三节 完善养老服务体系

推动养老事业和养老产业协同发展，健全基本养老服务体系，大力发展普惠型养老服务，支持家庭承担养老功能，构建居家社区机构相协调、医养康养相结合的养老服务体系。完善社区居家养老服务网络，推进公共设施适老化改造，推动专业机构服务向社区延伸，整合利用存量资源发展社区嵌入式养老。强化对失能、部分失能特困老年人的兜底保障，积极发展农村互助幸福院等互助性养老。深化公办养老机构改革，提升服务能力和水平，完善公建民营管理机制，支持培训疗养资源转型发展养老，加强对护理型民办养老机构的政策扶持，开展普惠养老城企联动专项行动。加强老年健康服务，深入推进医养康养结合。加大养老护理型人才培养力度，扩大养老机构护理型床位供给，养老机构护理型床位占比提高到55%，更好满足高龄失能失智老年人护理服务需求。逐步提升老年人福利水平，完善经济困难高龄失能老年人补贴制度和特殊困难失能留守老年人探访关爱制度。健全养老服务综合监管制度。构建养老、孝老、敬老的社会环境，强化老年人权益保障。综合考虑人均预期寿命提高、人口老龄化趋势加快、受教育年限增加、劳动力结构变化等因素，按照小步调整、弹性实施、分类推进、统筹兼顾等原则，逐步延迟法定退休年龄，促进人力资源充分利用。发展银发经济，开发适老化技术和产品，培育智慧养老等新业态。

【解读6】“十四五”期间，人口老龄化带来的压力比过去五年要大得多。2020年，中国65岁以上老年人口达1.91亿人。预计2033年左右，中国会进入65岁及以上老年人占比超20%的超级老龄化社会。面对如此严峻的人口老龄化形势，“十四五”将积极应对人口老龄化上升为国家战略。

第四十五章第一节标题为“推动实现适度生育水平”。2022年，中国人口近61年来首次出现负增长，全年新出生人口首次低于1000万人。这样意味着国家必须实施积极的人口政策来应对人口负增长。那么显而易见，最直接有效的方法就是刺激生育。所以，国家正致力于减轻家庭生育、养育、教育负担，释放生育政策潜力，有效提高生育水平。

第四十五章第三节标题为“完善养老服务体系”，可见这一节是对养老服务发展提出具体要求。首先，我们来看一下本节中一些关键词句：

①养老事业与养老产业协同发展。养老产业，简单来说就是为老年人提供物质、精神或其他特殊需求产品和服务的行业。而与之相对，养老事业指与之相对应的各种国家保障，比如基本养老保险。养老事业和养老产业协同发展，才能让更多老年人的生活有所保障，才能更好满足今后老年人的养老需要。

②大力发展普惠型养老服务。“普惠”一词的重点，在于覆盖面广、价格可承担。在养老服务体系中，基本养老服务有国家“兜底”，高端养老服务有市场供给，而面向广大普通中低收入老年人的养老服务一直是个短板，普惠型养老服务正是切中了这一痛点。具体举措是加快建设能辐射周边的社区养老服务机构，以及能提供日间以及全托照料的养老服务中心。

③社区嵌入式养老。社区嵌入式养老就是在社区内嵌入一个市场化运营的养老机构，整合周边养老服务资源，集日间照料、临时托管、文化娱乐、精神慰藉、医疗康复、餐饮服务、全时托养、公益服务等多种功能于一体，为社区居家老年人提供助餐、助医、助洁、助浴、助行、助急服务。由此可见，国家下一步还是在大力推进以社区养老为基础的养老体系。

④扩大养老机构护理型床位供给。养老机构护理型床位是指在养老机构内部面向失能老年人的照护服务需求，体现基本生活照护功能和与生活密切相关的医疗护理服务功能的床位设施。对于健康老年人而言，养老就是要主动健康，延缓失能，降低失能率。而对于失能老年人而言，养老就是要有尊严地生活。根据中国疾控中心2022年发布的数据，我国75%的老年人患一种及以上慢性病，16%的老年人存在失能或部分失能症状，4.8%的老年人则处于完全失能状态。如果家中有一个失能老年人，那对于全家来说都是沉重的负担。所以，扩大养老机构护理型床位供给，不仅能让更多失能老年人有尊严地度过晚年，而且还能减轻家庭养老负担，释放生育潜力。

如前文所述，这是五年规划第一次将应对人口老龄化上升到国家战略高度。而本章作为专门阐释养老服务体系的章节，也是对养老服务体系的各方面提出了详尽具体的要求。国家政策和社会服务承担着兜底功能，所以国家下一步发展的重点方向就是面向中低收入老年人的养老服务。面对日趋严重的人口老龄化问题，国家也在摸索延迟退休、刺激生育的新举措。

专栏　“一老一小”服务项目
01　特殊困难家庭适老化改造 支持200万户特殊困难高龄、失能、残疾老年人家庭实施适老化改造，配备辅助器具和防走失装置等设施。
02　社区居家养老服务网络建设 支持500个区县建设连锁化运营、标准化管理的示范性社区居家养老服务网络，提供失能护理、日间照料以及助餐助浴助洁助医助行等服务。
03　养老机构服务提升 支持300个左右培训疗养机构转型为普惠养老机构、1000个左右公办养老机构增加护理型床位，支持城市依托基层医疗卫生资源建设医养结合设施。
04　普惠托育服务扩容 支持150个城市利用社会力量发展综合托育服务机构和社区托育服务设施，新增示范性普惠托位50万个以上。
05　儿童友好城市建设 开展100个儿童友好城市示范，加强校外活动场所、社区儿童之家建设和公共空间适儿化改造，完善儿童公共服务设施。

思维导图

第十一章 《智慧健康养老产业发展行动计划（2021—2025年）》及解读

扫码查看课程资源

案例导入

小李现在是一名高职院校智慧健康养老服务与管理专业的大一学生。某一堂课，老师介绍专业时说，智慧健康养老服务与管理专业是2021年教育部修订职业教育专业目录时由老年服务与管理专业更名而来，该专业是国家回应社会民生关切、服务现代养老服务业的紧缺专业。智慧养老、医养结合是养老服务的发展方向。他需要在了解掌握《智慧健康养老产业发展行动计划》相关政策基础上，了解智慧健康养老技术与产品发展动态，掌握智慧健康养老平台建设与智慧健康服务方向，提升养老服务智慧化水平和能力。

如果你是小李，你将如何完成此项任务？

学习目标

知识要求：

1. 熟悉《智慧健康养老产业发展行动计划》的内容体系。
2. 掌握《智慧健康养老产业发展行动计划》的发展愿景。
3. 掌握智慧健康养老产业发展的策略。

能力目标：

1. 能根据《智慧健康养老产业发展行动计划》，理解“十四五”国家智慧健康养老产业发展方向。
2. 能根据《智慧健康养老产业发展行动计划》，把握“十四五”国家智慧健康养老产业的工作任务。

素质要求：

1. 具有勤奋求知的精神，关注国家智慧健康养老产业发展。
2. 关注政策，学习政策，了解政策，以后在工作中会用政策。

养老产业是我国的朝阳产业。随着人口老龄化形势的不断加剧，互联网、人工智能等科技的飞速发展，“智慧健康养老”的概念走进人们视野。智慧健康养老作为现代科技与养老服务有机结合的现代养老模式，既适应国情、符合民意，也代表了未来养老的发展方向。

为了提升健康及养老服务资源利用效率，推动健康及养老服务质量升级，促进信息技术融合应用，2017年，工业和信息化部、民政部、国家卫生计生委（现国家卫生健康委）联合发布了《智慧健康养老产业发展行动计划（2017—2020年）》（以下简称《行动计划（2017—2020年）》）。自《行动计划（2017—2020年）》发布以来，智慧健康养老产品和服务不断丰富，标准体系初步建立，新业态持续涌现，智慧健康养老理念深入人心，发展环境不断优化，产业发展取得了一定成果，但仍面临技术产品供给不足、融合应用不够、产业公共服务能力薄弱等问题。

在这一背景下，为了深入贯彻落实中共中央、国务院印发的《国家积极应对人口老龄化中长期规划》《国务院关于实施健康中国行动的意见》（国发〔2019〕13号）、《国务院办公厅关于推进养老服务发展的意见》（国办发〔2019〕5号）、《国务院办公厅印发关于切实解决老年人运用智能技术困难实施方案的通知》（国办发〔2020〕45号），进一步推动智慧健康养老产业创新发展，保持政策的延续性、稳定性，进一步推动智慧健康养老产业发展，工业和信息化部、民政部、国家卫生健康委共同制定了《智慧健康养老产业发展行动计划（2021—2025年）》（工信部联电子〔2021〕154号，以下简称《行动计划》）。

《智慧健康养老产业发展行动计划（2021—2025年）》及解读

智慧健康养老产业是以智能产品和信息系统平台为载体，面向人民群众的健康及养老服务需求，深度融合应用物联网、大数据、云计算、人工智能等新一代信息技术的新兴产业形态。为进一步促进智慧健康养老产业发展，积极应对人口老龄化，打造信息技术产业发展新动能，满足人民群众日益迫切的健康及养老需求，增进人民福祉和促进经济社会可持续发展，制定本计划。

一、总体要求

（一）指导思想

以习近平新时代中国特色社会主义思想为指导，全面贯彻党的十九大和十九届二中、三中、四中、五中全会精神，立足新发展阶段、贯彻新发展理念、构建新发展格局，深入实施健康中国战略和积极应对人口老龄化国家战略，坚持以人民为中心，坚持供给侧结构性改革和需求侧管理相结合，强化科技支撑，优化产业生态，协同推进技术融合、产业融合、数据融合、标准融合，推动产业数字化发展，打造智慧健康养老新产品、新业态、新模式，为满足人民群众日益增长的健康及养老需求提供有力支撑。

（二）基本原则

需求拉动，供给升级。以满足人民群众对健康及养老的需求为出发点和落脚点，丰富智慧健康养老产品及服务供给，提升适老化水平，提高供给质量，促进供给侧与需求侧更高水平动态平衡。

创新驱动，科技赋能。加强跨学科、跨领域合作，推动物联网、大数据、云计算、人工智能、区块链、超高清视频、虚拟现实等新一代信息技术在健康及养老领域的集成创新和融合应用，提升健康养老产品及服务的智慧化水平。

政府引导，多方联动。充分发挥市场在资源配置中的决定性作用，强化政府在产业发展中的引导作用，加大政策支持，培育龙头企业，加强示范引领，推动政产学研用深度合作，打通制约产业发展的瓶颈环节，形成优势互补、协作共赢的产业生态。

统筹推进，示范引领。加强顶层设计，强化部门合作和部省联动，统筹政策、技术、资本、人才、数据等要素，促进各类要素在产业链内充分流动、优化配置。结合各地经济社会发展水平、资源禀赋及特色优势，打造典型应用场景，引导各地实现差异化发展。

（三）发展愿景

到 2025 年，智慧健康养老产业科技支撑能力显著增强，产品及服务供给能力明显提升，试点示范建设成效日益凸显，产业生态不断优化完善，老年“数字鸿沟”逐步缩小，人民群众在健康及养老方面的幸福感、获得感、安全感稳步提升。

——科技支撑能力显著增强。新一代信息技术与健康养老融合发展更加深入，芯片、传感器及操作系统等底层技术进一步夯实，行为监测、生理检测、室内外高精度定位、健康数据分析等一批关键技术的集成创新及融合应用能力大幅增强，全面满足智慧健康养老需求。

——产品及服务供给能力明显提升。健康管理、康复辅助、养老监护等智能产品种类不断丰富，产品质量与性能持续提升，应用场景进一步拓展，服务内容进一步丰富，服务模式进一步创新，跨界融合的发展局面基本形成。

——试点示范建设成效日益凸显。持续推进试点示范建设，拓展试点示范类型。在现有试点示范的基础上，面向不少于 10 个应用场景，再培育 100 个以上示范企业，50 个以上示范园区，150 个以上示范街道（乡镇）及 50 个以上示范基地，进一步强化示范引领效应。

——产业生态不断优化完善。加快构建政产学研用深度融合的产业生态，推动建设 5 个以上公共服务平台，建立智慧健康养老标准体系，研究制定 20 项以上行业急需标准，检验检测、展览展示、资本孵化等产业公共服务能力显著增强。

二、强化信息技术支撑，提升产品供给能力

（一）推动智慧健康养老新技术研发。发展适用于健康管理的智能化、微型化、高灵敏度生物传感技术，大容量、微型化电池技术和快速充电技术，高性能、低功耗微处理器和轻量级操作系统。开发适用于养老照护的多模态行为监测技术、跌倒防护技术、高精度定位技术。支持突破康复干预技术、神经调控技术、运动功能康复评估与反馈等核心技术。攻关适用于家庭服务机器人的环境感知、脑机接口、自主学习等关键技术。

（二）拓展智慧健康养老产品供给。推动多学科交叉融合发展与技术集成创新，丰富智慧健康养老产品种类，提升健康养老产品的智慧化水平。重点发展具有趋势分析、智能预警等功能的健康管理类产品。加强康复训练型、功能代偿型等康复辅助器具类产品的设计与研发。大力发展具有行为监护、安全看护等功能的养老监护类产品。支

持发展具有健康状态辨识、中医诊断治疗功能的中医数字化智能产品。支持发展能够提高老年人生活质量的家庭服务机器人。

专栏1 智慧健康养老产品供给工程
1. 健康管理类智能产品。重点发展具备血压、血糖、血氧、体重、体脂、心电、骨密度等检测监测功能的可穿戴设备、健康监测设备、家庭医生随访工具包以及社区自助式健康检测设备。 2. 康复辅助器具类智能产品。重点发展外骨骼机器人、康复评估、肢体康复训练等康复训练类设备以及智能轮椅、仿生假肢、助听器、助行器等功能代偿类设备。 3. 养老监护类智能产品。重点发展防跌倒、防走失、紧急呼叫、室内外定位等智能设备。鼓励发展能为养老护理员减负赋能、提高工作效率及质量的搬运机器人、智能护理床、智能床垫、离床报警器、睡眠监测仪等智能看护产品。 4. 中医数字化智能产品。重点发展具有中医诊疗数据采集、健康状态辨识、健康干预等功能的智能中医设备。 5. 家庭服务机器人。重点发展具有情感陪护、娱乐休闲、家居作业等功能的智能服务型机器人。

三、推进平台提质升级，提升数据应用能力

（一）做强智慧健康养老软件系统平台。加快建设统一权威、互联互通的全民健康信息平台，实现健康数据的有效归集与管理。鼓励企业开发具有多方面、多种类健康管理分析功能及远程医疗服务功能的应用软件及信息系统，提升健康服务信息化水平。推进建设区域智慧健康养老服务综合信息系统平台，依托区域养老服务中心，推进养老补贴、养老服务、行业监管信息化，实现老年人信息的动态管理。鼓励企业面向居家、社区、机构等场景，开发养老服务管理系统、为老服务信息平台，强化物联网、人工智能等基础能力，联动云管边端，丰富服务种类，提升服务质量，实现服务的流程化标准化。

（二）完善数据要素体系。鼓励各地建设区域性健康养老大数据中心，建立健全居民电子健康档案、电子病历、老龄人口信息等基础数据库。搭建健康养老数据中台，统一提供治理分析、共享交换、安全开放等全链条数据服务，提升数据的使用效率，强化数据要素赋能作用。鼓励开展健康养老数据挖掘理论与方法研究，促进数据创新应用，实现健康状态实时分析、健康趋势分析、健康筛查等功能，提升老年人行为画像、行为监测、安全监控等技术能力。加强数据加密、数据脱敏、身份认证、访问控制等数据安全技术应用，保障居民的个人信息安全。

四、丰富智慧健康服务，提升健康管理能力

依托互联网平台、手机应用程序（App）等，建设预防、医疗、康复、护理、安宁疗护等相衔接的覆盖全生命周期的智慧健康服务体系，推动优质健康医疗资源下沉，提升人民群众的健康素养及健康管理能力。重点发展远程医疗、个性化健康管理、互联网+护理服务、互联网+健康咨询、互联网+健康科普等智慧健康服务。

专栏2 智慧健康创新应用工程
1. 远程医疗：鼓励医疗机构应用5G、超高清视频、医疗机器人等新一代信息技术及智能设备，开展远程会诊、远程康复指导等医疗服务，助力医养结合发展。 2. 个性化健康管理：鼓励医疗机构或企业应用健康管理类智能产品，开展信息采集、体征监测、趋势分析、风险筛查、健康计划、预防保健、慢病管理、紧急救助、康复指导等服务。 3. 互联网+护理服务：鼓励医疗机构选派符合资质和能力条件的护士，以“线上申请、线下服务”的模式，为出院患者或罹患疾病且行动不便的特殊人群提供护理服务。 4. 互联网+健康咨询：发展在线咨询、预约挂号、诊前指导、紧急救助、诊后跟踪、康复指导等服务。 5. 互联网+健康科普：推动健康知识的在线普及，强化数据检索、科普宣传、健康教育等信息服务。

五、拓展智慧养老场景，提升养老服务能力

推进物联网、大数据、云计算、人工智能、区块链等新一代信息技术以及移动终端、可穿戴设备、服务机器人等智能设备在居家、社区、机构等养老场景集成应用，丰富养老服务种类，优化养老服务质量，提升养老服务效率。重点面向家庭养老床位、智慧助老餐厅、智慧养老院，打造智慧化解决方案，创新互联网+养老、“时间银行”互助养老、老年人能力评估等智慧养老服务。

专栏3 智慧养老服务推广工程
打造智慧养老场景： 1. 家庭养老床位：依托烟雾传感器、门磁传感器、红外传感器、智能床垫等智慧健康养老产品，提供紧急呼叫、环境监测、行为感知等服务，满足居家老年人享受专业照护服务的需求。 2. 智慧助老餐厅：面向社区养老助餐场景，集成应用互联网、人工智能等技术，提供线上订餐、刷脸支付、精准补贴、膳食管理、食品安全监管等服务。 3. 智慧养老院：集成应用智慧健康养老产品及信息化管理系统，提供入住管理、餐饮管理、健康管理、生活照护等运营智慧化服务，提升养老机构运营效率。 **创新智慧养老服务：** 1. 互联网+养老服务：依托互联网平台、手机App等，向老年人提供助餐、助浴、助洁、助行、助医、助急等居家上门养老服务。 2. “时间银行”互助养老服务：运用互联网、大数据、区块链等技术，赋能互助养老，创新低龄老年人服务高龄老年人、伙伴式陪伴等互助养老模式。 3. 老年人能力评估：运用摄像头、毫米波雷达、红外传感器等智能产品赋能老年人能力评估，提供智慧化老年人能力评估服务。

六、推动智能产品适老化设计，提升老年人智能技术运用能力

（一）增强智能产品适老化设计。支持企业在产品研发过程中充分考虑老年人的使用需求，推出具备大屏幕、大字体、大音量、大电池容量等适老化特征的手机、电视、

音箱等智能产品。鼓励企业持续优化操作界面，简化操作流程，提升智能产品人机交互体验。支持企业研发被动式、集成化的健康管理类智能产品及养老监护类智能产品，实现老年人无感知应用。推动企业加强国际合作，积极借鉴国外适老化设计先进理念。鼓励企业推出适老化产品说明书，方便老年人学习使用。遴选优秀适老化产品及服务，编制智能产品适老化设计典型案例。

（二）开展互联网应用适老化及无障碍改造。围绕老年人获取信息的需求，重点推动新闻资讯、社交通讯、生活购物、金融服务、旅游出行、医疗健康、市政服务等与老年人日常生活密切相关的互联网网站、移动互联网应用适老化改造，切实改善老年人在使用互联网服务时的体验。鼓励企业提供相关应用的“关怀模式”“长辈模式”，将无障碍改造纳入日常更新维护，提高信息无障碍水平。

（三）提升老年人智能技术运用能力。深入实施“智慧助老”行动，依托社区、养老服务机构、老年大学等，研究编制老年人智能产品应用教程，开展视频教学、体验学习、尝试应用、经验交流、互助帮扶等智能技术应用培训活动，切实解决老年人运用智能技术困难，便利老年人使用智能产品及服务。提升老年人信息应用、网络支付等方面的安全风险甄别能力，增强老年人反诈防骗意识。

七、优化产业发展环境，提升公共服务能力

（一）搭建科技创新平台。支持企业、高校、科研院所、养老机构联合组建智慧健康养老技术协同创新中心、联合实验室，以健康养老需求为牵引，围绕健康管理、康复辅助、养老监护等重点方向，开展产学研用协同创新，推动关键技术、核心器件、重点产品研发创新，解决行业共性技术供给不足的问题，提升智慧健康养老产业的协同创新能力和成果转化能力。

（二）构建标准及检测体系。加快构建覆盖基础通用、数据、产品、服务、管理、检测计量等方面的智慧健康养老标准体系。指导和支持标准组织、行业协会等研制行业急需标准，协同推进智能产品、信息系统平台、养老服务和健康服务标准的制定，推动信息系统平台互联互通，促进终端产品的集成应用，鼓励开展优秀标准应用示范。搭建智慧健康养老标准及检测公共服务平台。支持第三方机构面向智能产品，研究制定测试规范和评价方法，开展检验检测及适老化认证服务。

（三）加快行业推广应用。组织开展智慧健康养老产业发展大会、产业发展高峰论坛等活动，促进行业交流，扩大智慧健康养老产业影响力。编制《智慧健康养老产品及服务推广目录》，开展入围产品及服务线上展示，搭建线下示范场景，为需求方采购选型提供参考。积极推动相关产品进入政府购买养老服务指导性目录。支持有条件的地区举办智慧健康养老博览会、建设智慧健康养老体验馆，开展智慧健康养老产品及服务体验活动，增强消费者体验，培养消费者使用习惯，加速相关产品服务渗透。

（四）培育创业孵化主体。鼓励开展智慧健康养老创新创业大赛，支持中小企业创新产品形态，探索服务模式。推动设立智慧健康养老产业投资基金，充分发挥国有资本的引领和放大作用，引导社会资本参与产业发展，助推产业升级。支持建立智慧健康养老产业生态孵化器、加速器，集聚线上线下资源，为创业企业提供办公场地、项目推介、企业路演、创业辅导、展览展示、融资支持等多层次创业公共服务。

八、保障措施

（一）加强组织保障。完善部际协同工作机制，完善标准制定、试点示范应用、公共服务平台建设等政策环境，加强产业分析监测研究和督促指导，协调解决重大事项。强化部省联系，汇聚产业资源，上下联动形成合力。支持地方政府加强对智慧健康养老工作成效的考核管理，出台财政、税收等政策措施，推动产业发展。

（二）强化产融结合。充分发挥工业和信息化部国家产融合作平台作用，加强财税金融政策、融资需求、金融产品服务等信息交流共享，促进产融精准对接。开展“早期投资支持产业科技创新”专项工作，依托科创属性判定和科创板上市培育机制，引导社会资本投早、投小、投硬科技。鼓励支持符合条件的智慧健康养老创新企业在科创板、创业板上市融资。

（三）开展试点示范。围绕智慧健康养老重点应用场景，通过揭榜挂帅、赛马等机制，培育一批科技创新能力突出、商业模式成熟的示范企业，打造一批聚集效应凸显、经济带动作用显著的示范产业园区，创建一批社会参与广泛，应用效果明显的示范街道（乡镇）及产业基础雄厚、区域特色鲜明的示范基地，形成产业发展高地。进一步加强应用试点示范层级动态管理，强化示范引领。

（四）加快人才培养。充分发挥人才队伍建设对产业发展的支撑作用，鼓励支持科研人员进入智慧健康养老行业。支持和指导高等院校、职业院校设立相关专业，开设智慧健康养老相关课程，提升为老服务人员信息技术应用能力及水平，打造高素质的人才队伍。

《智慧健康养老产业发展行动计划（2021—2025 年）》从总体要求、工作任务、实施保障等方面进行了详细规划。该计划是智慧健康养老产业创新发展的行动指南，对于推进国家健康中国战略和积极应对人口老龄化国家战略具有重要意义。

思维导图

第十二章 《“十四五”国家老龄事业发展和养老服务体系规划》政策（节选）及解读

扫码查看课程资源

小李现在是一名高职院校智慧健康养老服务与管理专业的大一学生。随着相关课程学习，对国家老龄事业的发展和养老服务体系已有所了解，但对于国家未来政策走向却十分迷茫。他需要在学习掌握《“十四五”国家老龄事业发展和养老服务体系规划》相关政策基础上，了解“十四五”国家老龄事业发展和养老服务体系发展方向，提升养老服务与管理能力。

学习目标

知识要求：

1. 熟悉《“十四五”国家老龄事业发展和养老服务体系规划》的内容体系。
2. 掌握《“十四五”国家老龄事业发展和养老服务体系规划》的发展目标。
3. 掌握《“十四五”国家老龄事业发展和养老服务体系规划》的工作任务。

能力目标：

1. 能根据《“十四五”国家老龄事业发展和养老服务体系规划》，理解“十四五”国家老龄事业发展方向。
2. 能根据《“十四五”国家老龄事业发展和养老服务体系规划》，把握“十四五”国家养老服务体系建设的重点。

素质要求：

1. 具有勤奋求知的精神，关注国家老龄事业发展。
2. 关注政策，了解政策，学懂政策，以后在工作中会用政策。

《“十四五”国家老龄事业发展和养老服务体系规划》围绕推动老龄事业和产业协同发展，推动养老服务体系高质量发展，明确了“十四五”时期的总体要求、主要目标和工作任务。其政策及解读如下。

《“十四五”国家老龄事业发展和养老服务体系规划》政策（节选）及解读

为实施积极应对人口老龄化国家战略，推动老龄事业和产业协同发展，构建和完善兜底性、普惠型、多样化的养老服务体系，不断满足老年人日益增长的多层次、高品质健康养老需求，根据《中华人民共和国老年人权益保障法》《中华人民共和国国民经济和社会发展第十四个五年规划和2035年远景目标纲要》和《国家积极应对人口老龄化中长期规划》，制定本规划。

一、规划背景

党和国家高度重视老龄事业和养老服务体系发展。“十三五”时期，在党和国家重大规划和政策意见引领下，我国老龄事业发展和养老服务体系建设取得一系列新成就。一是老龄政策法规体系不断完备。涉老相关法律法规、规章制度和政策措施不断完善，老年人权益保障机制、优待政策等不断细化，养老服务体系建设、运营、发展的标准和监管制度更加健全。二是多元社会保障不断加强。基本社会保险进一步扩大覆盖范围，企业退休人员养老保险待遇和城乡居民基础养老金水平得到提升。稳步推进长期护理保险试点工作，明确了两批共49个试点城市，在制度框架、政策标准、运行机制、管理办法等方面作出探索。商业养老保险、商业健康保险快速发展。三是养老服务体系不断完善。“十三五”期间，全国各类养老服务机构（包括养老机构、社区养老服务机构，下同）和设施从11.6万个增加到32.9万个，床位数从672.7万张增加到821万张。各级政府持续推进公办养老机构建设，加强特困人员养老保障，对经济困难的高龄、失能（含失智，下同）老年人给予补贴，初步建立农村留守老年人关爱服务体系。居家社区养老服务发展迅速，机构养老服务稳步推进，普惠养老专项行动顺利实施。四是健康支撑体系不断健全。老年人健康水平持续提升，2020年人均预期寿命提高至77.9岁，65岁及以上老年人在基层医疗卫生机构免费获得健康管理服务。医养结合服务有序发展，照护服务能力明显提高，2020年全国两证齐全（具备医疗卫生机构资质，并进行养老机构备案）的医养结合机构5857家，床位数达到158万张。五是老龄事业和产业加快发展。老年教育机构持续增加，老年人精神文化生活不断丰富，更多老年人积极参与社区治理、文教卫生等活动。老年宜居环境建设积极推进，老年人权益保障持续加强。老年用品制造业和服务业加快转型升级，科技化水平显著提升，教育培训、文化娱乐、健康养生、旅居养老等融合发展的新业态不断涌现。

“十四五”时期，我国开启全面建设社会主义现代化国家新征程。党中央把积极应对人口老龄化上升为国家战略，在《中华人民共和国国民经济和社会发展第十四个五年规划和2035年远景目标纲要》中作了专门部署。人口老龄化是人类社会发展的客观趋势，我国具备坚实的物质基础、充足的人力资本、历史悠久的孝道文化，完全有条件、有能力、有信心解决好这一重大课题。同时也要看到，我国老年人口规模大，老龄化速度快，老年人需求结构正在从生存型向发展型转变，老龄事业和养老服务还存在发展不平衡不充分等问题，主要体现在农村养老服务水平不高、居家社区养老和优质普惠服务供给不足、专业人才特别是护理人员短缺、科技创新和产品支撑有待加强、事业产业协同发展尚需提升等方面，建设与人口老龄化进程相适应的老龄事业和养老服务体系的重要性和紧迫性日益凸显，任务更加艰巨繁重。

【解读1】在党中央、国务院的领导下，国家发展改革委、民政部、国家卫生健康委等部门贯彻落实积极应对人口老龄化国家战略，“十三五”时期老龄事业发展和养老服务体系建设取得一系列新成就。一是多元社会保障不断加强。基本社会保险进一步扩大覆盖范围，商业养老保险、商业健康保险快速发展。二是养老服务体系不断完善。初步形成居家社区机构相协调、医养康养相结合的养老服务体系，不断强化保基本、促普惠、多样化的养老服务供给。三是健康支撑体系不断健全。医养结合服务有序发展，老年人健康管理服务全覆盖，人均预期寿命提高到77.9岁。四是老年人社会融入程度不断加深。老年人教育文化、体育娱乐、康养旅游等活动不断丰富，老年人社会参与方式更加多样，老年人居住出行、智能技术、权益保障等软性和硬性、虚拟和现实的社会环境不断优化提升。五是银发经济持续发展。老年用品制造业和服务业加快转型升级，产业规模和科技水平不断提升，新业态不断涌现。

当然，我们要看到，我国老年人口规模大、老龄化速度快，老龄事业和养老服务还存在不平衡不充分的领域，事业产业协同发展尚需提升。新形势下，老龄事业发展和养老服务体系建设要与人口老龄化进程相适应，与我国社会主义现代化建设目标相适应，与人民群众日益增长的物质和服务需求相适应，为此尚需系统谋划、持续推进。

二、总体要求

（一）指导思想

以习近平新时代中国特色社会主义思想为指导，全面贯彻党的十九大和十九届历次全会精神，统筹推进“五位一体”总体布局，协调推进“四个全面”战略布局，坚持稳中求进工作总基调，立足新发展阶段，完整、准确、全面贯彻新发展理念，构建新发展格局，坚持党委领导、政府主导、社会参与、全民行动，实施积极应对人口老龄化国家战略，以加快完善社会保障、养老服务、健康支撑体系为重点，把积极老龄观、健康老龄化理念融入经济社会发展全过程，尽力而为、量力而行，深化改革、综合施策，加大制度创新、政策供给、财政投入力度，推动老龄事业和产业协同发展，在老有所养、老有所医、老有所为、老有所学、老有所乐上不断取得新进展，让老年人共享改革发展成果、安享幸福晚年。

（二）基本原则

——系统谋划，整体推进。坚持应对人口老龄化和促进经济社会发展相结合，坚持满足老年人需求和解决人口老龄化问题相结合，统筹把握老年群体与全体社会成员、老年期与全生命周期、老龄政策与公共政策的关系，系统整体推进老龄事业发展。

——以人为本，顺应趋势。贯彻以人民为中心的发展思想，聚焦老年人在社会保障、养老、医疗等民生问题上的“急难愁盼”，加快建设符合中国国情、顺应人口老龄化趋势的保障和服务体系，优化服务供给，提升发展质量，确保始终与经济社会发展相适应。

——兜好底线，广泛普惠。推进养老服务体系建设，强化政府保基本兜底线职能，促进资源均衡配置，确保基本养老服务保障到位。大力发展普惠型养老服务，充分调动社会力量积极性，为人民群众提供方便可及、价格可负担、质量有保障的养老服务。

——改革创新，扩大供给。深化“放管服”改革，优化营商环境，培育新产业、新业态、新模式，推动服务业多业态深度融合发展，打造制造业创新示范高地。大力发展银发经济，推动老龄事业与产业、基本公共服务与多样化服务协调发展，努力满足老年人多层次多样化需求。

——多方参与，共建共享。坚持政府、社会、家庭、个人共同参与、各尽其责，弘扬中华民族孝亲敬老传统美德，巩固家庭养老的基础地位，打造老年友好型社会。引导老年人树立主动健康和终身发展理念，鼓励老年人积极面对老年生活，在经济社会发展中充分发挥作用。

（三）发展目标

“十四五”时期，积极应对人口老龄化国家战略的制度框架基本建立，老龄事业和产业有效协同、高质量发展，居家社区机构相协调、医养康养相结合的养老服务体系和健康支撑体系加快健全，全社会积极应对人口老龄化格局初步形成，老年人获得感、幸福感、安全感显著提升。

养老服务供给不断扩大。覆盖城乡、惠及全民、均衡合理、优质高效的养老服务供给进一步扩大，家庭养老照护能力有效增强，兜底养老服务更加健全，普惠养老服务资源持续扩大，多层次多样化养老服务优质规范发展。

老年健康支撑体系更加健全。老年健康服务资源供给不断增加，配置更加合理，人才队伍不断扩大。家庭病床、上门巡诊等居家医疗服务积极开展。老年人健康水平不断提升，健康需求得到更好满足。

为老服务多业态创新融合发展。老年人教育培训、文化旅游、健身休闲、金融支持等服务不断丰富，围绕老年人衣食住行、康复护理的老年用品产业不断壮大，科技创新能力明显增强，智能化产品和服务惠及更多老年人。

要素保障能力持续增强。行业营商环境持续优化，规划、土地、住房、财政、投资、融资、人才等支持政策更加有力，从业人员规模和能力不断提升，养老服务综合监管、长期护理保险等制度更加健全。

社会环境更加适老宜居。全国示范性老年友好型社区建设全面推进，敬老爱老助老的社会氛围日益浓厚，老年人社会参与程度不断提高。老年人在运用智能技术方面遇到的困难得到有效解决，广大老年人更好地适应并融入智慧社会。

专栏1 “十四五”国家老龄事业发展和养老服务体系主要指标

指　标	2025年目标值
1. 养老服务床位总量	达到900万张以上
2. 特殊困难老年人月探访率	达到100%
3. 新建城区、新建居住区配套建设养老服务设施达标率	达到100%
4. 养老机构护理型床位占比	达到55%
5. 设立老年医学科的二级及以上综合性医院占比	达到60%以上
6. 本科高校、职业院校养老服务相关专业招生规模	明显增长
7. 每千名老年人配备社会工作者人数	保持1人以上
8. 老年大学覆盖面	每个县（市、区、旗）至少1所
9.“敬老月”活动覆盖面	每个县（市、区、旗）每年开展1次

三、织牢社会保障和兜底性养老服务网

（四）进一步健全社会保障制度

完善基本养老保险和基本医疗保险体系。不断扩大基本养老保险覆盖面。尽快实现企业职工基本养老保险全国统筹。实施渐进式延迟法定退休年龄。落实基本养老金合理调整机制，适时适度调整城乡居民基础养老金标准。大力发展企业年金、职业年金，提高企业年金覆盖率，促进和规范发展第三支柱养老保险，推动个人养老金发展。完善基本医保政策，逐步实现门诊费用跨省直接结算，扩大老年人慢性病用药报销范围，将更多慢性病用药纳入集中带量采购，降低老年人用药负担。

稳步建立长期护理保险制度。适应我国经济社会发展水平和老龄化发展趋势，构建长期护理保险制度政策框架，协同促进长期照护服务体系建设。从职工基本医疗保险参保人群起步，重点解决重度失能人员基本护理保障需求。探索建立互助共济、责任共担的多渠道筹资机制，参加长期护理保险的职工筹资以单位和个人缴费为主，形成与经济社会发展和保障水平相适应的筹资动态调整机制。建立公平适度的待遇保障机制，合理确定待遇保障范围和基金支付水平。制定全国统一的长期护理保险失能等级评估标准，建立并完善长期护理保险需求认定、等级评定等标准体系和管理办法，明确长期护理保险基本保障项目。做好与经济困难的高龄、失能老年人补贴以及重度残疾人护理补贴等政策的衔接。健全长期护理保险经办服务体系。

完善社会救助和社会福利制度。健全分层分类的社会救助体系，将符合条件的老年人纳入相应社会救助范围，予以救助。为经济困难的老年人提供养老服务补贴，为经济困难的失能老年人提供护理补贴，并建立补贴标准动态调整机制。推动地方探索通过政府购买服务等方式为经济困难的失能老年人等提供必要的访视、照料服务。

（五）建立基本养老服务清单制度

建立老年人能力综合评估制度。统筹现有的老年人能力、健康、残疾、照护等相关评估制度，通过政府购买服务等方式，统一开展老年人能力综合评估，推动评估结果全国范围内互认、各部门按需使用，作为接受养老服务等的依据。研究制定可满足老年人能力综合评估需要的国家标准，提供统一、规范和可操作的评估工具。推动培育一批综合评估机构，加强能力建设和规范管理。

针对不同老年人群体分类提供服务。各地要根据财政承受能力，出台基本养老服务清单，对健康、失能、经济困难等不同老年人群体，分类提供养老保障、生活照料、康复照护、社会救助等适宜服务。清单要明确服务对象、服务内容、服务标准和支出责任，并根据经济社会发展和科技进步进行动态调整。

（六）强化公办养老机构兜底保障作用

坚持公办养老机构公益属性。各地要根据特困老年人规模确定公办养老机构床位总量下限，做好规划建设和保运转等工作。在满足有意愿的特困老年人集中供养需求的前提下，公办养老机构重点为经济困难的空巢、留守、失能、残疾、高龄老年人以及计划生育特殊家庭老年人等（以下统称特殊困难老年人）提供服务。建立公办养老机构入住评估管理制度，明确老年人入住条件和排序原则。引导公建民营、民办公助

等养老机构优先接收特殊困难老年人、作出特殊贡献的老年人。鼓励地方探索解决无监护人老年人入住养老机构难的问题。

提升公办养老机构服务水平。加大现有公办养老机构改造力度，提升失能老年人照护能力，增设失智老年人照护专区，在满足政策保障对象入住需求的基础上优先安排失能老年人入住。支持1000个左右公办养老机构增加护理型床位。针对公共卫生、自然灾害等突发事件，增设隔离功能，改造消防设施，配备必要的物资和设备，加强人员应急知识培训，提升公办养老机构应急保障能力。发挥公办养老机构作用，辐射带动周边各类养老机构完善突发事件预防与应急准备、监测与预警、应急处置与救援等机制。

专栏2　公办养老机构提升行动
提升覆盖能力达标率。新建和升级改造设区的市级公办养老机构。县级、乡镇级重点支持特困人员供养服务设施（敬老院）建设，改造升级护理型床位，开辟失能老年人照护单元，到2025年，县级特困人员供养服务设施（敬老院）建有率达到100%。 提升服务质量安全达标率。加强公办养老机构规范化建设，使其符合养老机构服务安全基本规范等标准。依据养老机构等级划分与评定等标准，评定为一级至二级服务等级的乡镇级公办养老机构、评定为二级至三级服务等级的县级公办养老机构建有率均达到80%以上。 提升入住率。改善公办养老机构服务，优化供给结构，公办养老机构入住率明显提升，用好用足现有资源。

（七）加快补齐农村养老服务短板

通过支持县级养老服务机构建设改造、将具备条件的乡镇级特困人员供养服务设施（敬老院）改扩建为区域养老服务中心、综合利用残疾人托养服务设施等方式，因地制宜实现农村有意愿的特困老年人集中供养。以村级邻里互助点、农村幸福院等为依托，构建农村互助式养老服务网络。支持乡镇级特困人员供养服务设施（敬老院）增加养老服务指导功能，将专业养老服务延伸至村级邻里互助点、农村幸福院和居家老年人。对于特困人员供养服务设施（敬老院）原地改造升级项目，不需要调整规划用途，不额外占用建设指标。加强农村养老服务和管理人才队伍建设，提高职业化、专业化水平。以行政村为单位，依托村民自治组织和邻里互助力量，建立特殊困难老年人定期巡访制度，督促家庭成员履行赡养抚养义务，提供必要的援助服务，帮助解决基本生活安全问题。

四、扩大普惠型养老服务覆盖面

（八）建设普惠养老服务网络

发展社区养老服务机构。深化“十三五”时期居家和社区养老服务试点改革成果，培育一批以照护为主业、辐射社区周边、兼顾上门服务的社区养老服务机构，推动集中管理运营和标准化、品牌化发展。支持社区养老服务机构建设和运营家庭养老床位，将服务延伸至家庭。支持物业企业发挥贴近住户的优势，与社区养老服务机构合作提供居家养老服务。在乡镇（街道）层面，建设具备全日托养、日间照料、上门服务、供需对接、资源统筹等功能的区域养老服务中心。到2025年，乡镇（街道）层面区域养老服务中心建有率达到 60%，与社区养老服务机构功能互补，共同构建“一刻钟”居家养老服务圈。

支持建设专业化养老机构。支持社会力量建设专业化、规模化、医养结合能力突出的养老机构，推动其在长期照护服务标准规范完善、专业人才培养储备、信息化智能化管理服务、康复辅助器具推广应用等方面发挥示范引领作用。支持养老机构针对失智老年人的特殊需求，提供专业照护服务。引导养老机构立足自身定位，合理延伸服务范围，依法依规开展医疗卫生服务，为老年人提供一体化的健康和养老服务。中央预算内投资重点支持新建护理型养老服务设施和照护服务能力改造提升项目。引导地方对普通型床位和护理型床位实行差异化补助，到 2025 年，全国养老机构护理型床位占比提高到 55%。完善对护理型床位的认定办法，尽快建立长期照护服务的项目、标准、质量评价等规范。

积极推进公办养老机构改革。完善公办养老机构委托经营机制，改革以价格为主的筛选标准，综合考虑从业信誉、服务水平、可持续性等质量指标。引进养老服务领域专业能力较强的运营机构早期介入、全程参与委托经营的养老机构项目工程建设，支持规模化、连锁化运营。探索将具备条件的公办养老机构改制为国有养老服务企业或拓展为连锁服务机构。探索建立城市养老服务联合体，“以上带下”提升基层服务能力。

（九）支持普惠养老服务发展

完善社区养老服务设施配套。各地要严格按照人均用地不少于 0.1 平方米的标准分区分级规划设置社区养老服务设施，老龄化程度较高的地区可结合实际适当上调标准。加强常态化督查，确保新建居住区与配套养老服务设施同步规划、同步建设、同步验收、同步交付。开展城镇配套养老服务设施专项治理，全面清查 2014 年以来新建城区、新建居住区配套情况，定期进行全国通报，2025 年前完成整改。在城镇老旧小区改造中，统筹推进配套养老服务设施建设，通过补建、购置、置换、租赁、改造等方式，因地制宜补齐社区养老服务设施短板。支持在社区综合服务设施开辟空间用于养老服务。支持养老机构利用配套设施提供社区养老服务，具备条件的可重点开展失能老年人全日托养服务，无偿或低偿使用配套设施的，应当以普惠为导向确定服务价格。鼓励地方探索对相邻居住区的配套养老服务设施进行资源整合、统筹利用，统一管理运营。定期组织开展社区养老服务设施使用状况检查，对于未按养老服务用途使用的配套设施产权方，支持地方探索依法实施合理的经济处罚方式。

充分调动社会力量参与积极性。综合运用规划、土地、住房、财政、投资、融资、人才等支持政策，引导各类主体提供普惠养老服务，扩大供给，提高质量，提升可持续发展能力。进一步完善市场原则下的普惠价格形成机制，“十四五”期间，各地要结合实际，综合考虑企业建设运营成本、政策支持情况、消费者承受能力等因素，推动普惠养老服务价格在合理区间运行，价格水平显著低于当地同等服务水平的市场化养老服务机构。实施普惠养老专项行动，发挥中央预算内投资引导和撬动作用，引导地方政府制定支持性“政策包”，带动企业提供普惠型“服务包”，推动建设一批方便可及、价格可接受、质量有保障的养老服务机构。

加大国有经济对普惠养老的支持。建立国有经济对养老服务供给的补短板机制，强化中央国有经济在养老服务领域有效供给，加强地方国有经济在养老基础设施领域布局。引导地方国有资本积极培育发展以普惠养老服务为主责主业的国有企业。对主要承担养老服务功能的国有企业，重点考核服务质量、成本控制、运营效率等情况。

五、强化居家社区养老服务能力

（十）构建城乡老年助餐服务体系

建立老年人助餐服务网络。综合利用社区养老服务设施和闲置房屋等资源，打造一批食材可溯、安全卫生、价格公道的标准化社区老年食堂（助餐服务点）。重点补齐农村、远郊等助餐服务短板，支持当地养老服务机构、餐饮场所等增加助餐功能，推广邻里互助的助餐模式。丰富和创新助餐服务提供机制，因地制宜采取中央厨房、社区食堂、流动餐车等形式，降低运营成本，便利老年人就餐。

支持高质量多元化供餐。围绕更好满足老年人多层次多样化就餐需求，鼓励助餐机构开发餐饮产品、丰富菜色品种、合理营养膳食。建立助餐服务合理回报机制，由经营者根据实际服务成本和适度利润水平确定收费标准，引导更多市场主体参与助餐服务。引导外卖平台等市场主体参与助餐配送。推动助餐机构投保食品安全责任保险。

（十一）开展助浴助洁和巡访关爱服务

发展老年人助浴服务。支持社区助浴点、流动助浴车、入户助浴等多种业态发展，培育一批专业化、连锁化助浴机构。研究制定老年人助浴服务相关标准规范，加强养老护理员助浴技能培训。支持助浴服务相关产品研发，推广应用经济实用型产品。鼓励助浴机构投保相关保险，提高风险保障程度。

引导助洁服务覆盖更多老年人。支持家政企业开发被褥清洗、收纳整理、消毒除尘等适合老年人需求的保洁服务产品。引导物业企业将保洁服务范围由公共区域向老年人家庭延伸。支持有条件的地方通过政府购买服务、组织开展志愿服务等方式，为特殊困难老年人提供助洁服务。

加强居家老年人巡访关爱。建立居家养老巡访关爱服务制度，实行普遍巡访和重点巡访相结合，采取电话问候、上门探访等多种形式，运用互联网、物联网等技术手段，为老年人提供紧急救援服务。通过“社工+邻里+志愿者+医生”相结合的方式，为特殊困难老年人提供身心关爱服务。

（十二）加快发展生活性为老服务业

提高老年人生活服务可及性。依托社区养老服务设施，引导社区综合服务平台广泛对接老年人需求，提供就近就便消费服务。组织和引导物业企业、零售服务商、社会工作服务机构等拓展为老服务功能，提供生活用品代购、餐饮外卖、家政预约、代收代缴、挂号取药、精神慰藉等服务。

培育老年人生活服务新业态。推动“互联网+养老服务”发展，推动互联网平台企业精准对接为老服务需求，支持社区养老服务机构平台化展示，提供“菜单式”就近便捷为老服务，鼓励“子女网上下单、老人体验服务”。培育城市级综合信息平台和行业垂直信息平台。引导有条件的养老服务机构线上线下融合发展，利用互联网、大数据、人工智能等技术创新服务模式。鼓励互联网企业开发面向老年人各种活动场景的监测提醒功能，利用大数据方便老年人的居家出行、健康管理和应急处置。

六、完善老年健康支撑体系

（十三）加强老年健康教育和预防保健

完善健康教育和健康管理。开发老年健康教育科普教材，通过老年健康宣传周等多种活动，利用多种传播媒介普及健康知识和健康生活方式，提高老年人健康素养。落实基本公共卫生服务老年人健康管理项目，做实老年人家庭医生签约服务。加强老年人群重大传染病的早期筛查、干预，鼓励有条件的地方开展阿尔茨海默病、帕金森病等神经退行性疾病的早期筛查和健康指导。

实施老年健康促进工程。加强老年人群重点慢性病的早期筛查、干预及分类指导，开展老年口腔健康、老年营养改善、老年痴呆防治和心理关爱行动。推动老年健康领域科研成果转化，遴选推广一批老年健康适宜技术，提高基层的老年健康服务能力。发挥中医药在老年病、慢性病防治等方面的优势和作用。

（十四）发展老年医疗、康复护理和安宁疗护服务

增强医疗卫生机构为老服务能力。加强国家老年医学中心建设，布局若干区域老年医疗中心。加强综合性医院老年医学科建设。支持医疗资源丰富的地区将部分公立医疗机构转型为护理院、康复医院。推动医疗卫生机构开展老年综合征管理，促进老年医疗服务从单病种模式向多病共治模式转变。加快建设老年友善医疗机构，方便老年人看病就医。

推动医疗服务向居家社区延伸。支持有条件的医疗卫生机构为失能、慢性病、高龄、残疾等行动不便或确有困难的老年人提供家庭病床、上门巡诊等居家医疗服务。公立医疗机构为老年人提供上门医疗服务，采取"医疗服务价格+上门服务费"方式收费。提供的医疗服务、药品和医用耗材适用本医疗机构执行的医药价格政策，上门服务费可由公立医疗机构自主确定。鼓励社会力量开办社区护理站。积极开展社区和居家中医药健康服务。

开展安宁疗护服务。推动医疗卫生机构按照"充分知情、自愿选择"的原则开展安宁疗护服务。稳步扩大安宁疗护试点，推动安宁疗护机构标准化、规范化建设。支持社区和居家安宁疗护服务发展，建立机构、社区和居家相衔接的安宁疗护服务机制。加强对社会公众的生命教育。

专栏3　老年健康服务体系建设行动

老年健康促进工程。监测老年人健康素养状况，开展有针对性的健康教育活动。将老年心理关爱行动覆盖至所有县（市、区、旗）。在先行试点的基础上，实施老年口腔健康行动和老年营养改善行动。实施老年痴呆防治行动，提升老年痴呆防治水平。

老年健康服务体系建设工程。构建综合连续、覆盖城乡的老年健康服务体系。加强综合性医院老年医学科以及老年医院、康复医院、护理院（中心、站）、安宁疗护机构建设。鼓励社会力量开办护理院（中心、站）。在国家安宁疗护试点市（区），每个县（市、区、旗）至少设立 1 个安宁疗护病区，有条件的社区卫生服务中心和乡镇卫生院设立安宁疗护病床。

（十五）深入推进医养结合

丰富医养结合服务模式。鼓励大型或主要接收失能老年人的养老机构内部设置医疗卫生机构，将养老机构内设医疗卫生机构纳入医联体管理，根据服务老年人的特点，合理核定养老机构举办的医疗机构医保限额。推动养老机构与周边医疗卫生机构开展签约合作，做实合作机制和内容。到2025年，养老机构普遍具备医养结合能力（能够提供医疗卫生服务或与医疗卫生机构开展签约合作）。

增加医养结合服务供给。实施社区医养结合能力提升行动。积极开展基本公共卫生服务老年健康与医养结合服务项目。支持优抚医院、光荣院转型，开展医养结合服务。推动社区卫生服务中心与社区养老服务机构、乡镇卫生院与特困人员供养服务设施（敬老院）、村卫生室与农村幸福院毗邻建设，采取多种有效方式实现资源整合、服务衔接。

提升医养结合服务质量。健全医养结合标准规范体系。推动医疗卫生、养老服务数据共享，完善医养结合信息管理系统。推进“互联网+医疗健康”“互联网+护理服务”“互联网+康复服务”，发展面向居家、社区和机构的智慧医养结合服务。

专栏4　医养结合能力提升专项行动
社区医养结合能力提升行动。依托社区卫生服务中心、乡镇卫生院或养老服务机构、特困人员供养服务设施（敬老院），利用现有资源改建一批社区（乡镇）医养结合服务设施，重点为失能、慢性病、高龄、残疾等老年人提供健康教育、预防保健、疾病诊治、康复护理、安宁疗护为主，兼顾日常生活照料的医养结合服务。 医养结合示范行动。利用中央预算内投资支持建设专业化、规模化、医养结合能力突出的养老服务机构。组织开展医养结合人才能力提升培训。组织开展全国医养结合示范省（自治区、直辖市）、示范县（市、区、旗）和示范机构创建活动。

（十六）强化老年人疫情防控

制定老年人突发公共卫生事件应急处置预案和指南，分类完善居家、社区和入住养老机构的老年人疫情防控措施。在疫情应急处置中，充分发挥基层党组织和基层自治组织的作用，做好特殊困难老年人的就医帮助、生活照顾、心理慰藉等服务。加强养老机构疫情防控制度和能力建设。

七、大力发展银发经济

（十七）发展壮大老年用品产业

加强老年用品研发制造。大力开发满足老年人衣、食、住、行等需求的老年生活用品。针对不同生活场景，重点开发适老化家电、家具、洗浴装置、坐便器、厨房用品等日用产品以及智能轮椅、生物力学拐杖等辅助产品，推广易于抓握的扶手等支撑装置以及地面防滑产品、无障碍产品，发展老年益智类玩具、乐器等休闲陪护产品。针对机构养老、日间托养、上门护理等需求，重点开发清洁卫生、饮食起居、生活护理等方面产品，提升成人尿裤、护理垫、溃疡康复用品等产品的适老性能，发展辅助搬运、翻身、巡检等机器人。发展老年人监护、防走失定位等产品。

促进优质产品应用推广。制修订一批关键急需的老年用品和服务技术标准，促进质量提升，规范市场秩序，引导消费者正确选择和使用。建立老年用品产品目录，适时进行评估并动态调整。对自主研发、技术领先、市场认可的产品，优先纳入升级和创新消费品指南。在有条件的街道、社区，发展嵌入式康复辅助器具销售和租赁网点，提供用品展示、预约使用、指导教学、售后维修、回收利用等服务。

鼓励发展产业集群。鼓励国内外多方共建特色养老产业合作园区，加强市场、规则、标准方面的软联通，打造制造业创新示范高地。优先培育一批带动力强、辐射面广的龙头企业，打造一批产业链长、覆盖领域广、经济社会效益显著的产业集群，形成一批具有国际竞争力的知名品牌，推动我国相关产业迈向全球价值链中高端。

专栏5 规划布局一批银发经济重点发展区域

在京津冀、长三角、粤港澳大湾区、成渝等区域，规划布局10个左右高水平的银发经济产业园区。支持北京、天津、上海、海南、重庆在开展服务业扩大开放综合试点中推进国际性、跨区域合作。结合积极应对人口老龄化重点联系城市评选，在全国打造一批银发经济标杆城市，推进在服务业融合发展、制造业转型升级、新技术新业态培育方面的探索创新。建立区域老年用品市场交易平台，支持有条件的地区举办老年用品博览会、展销会。

【解读2】党和国家在“十四五”时期提出发展银发经济的任务，虽属首次但并不突然。在供给侧，政策一直鼓励和推动老龄领域市场和业态发展。国家发展改革委等部门报请国务院印发《国务院关于加快发展养老服务业的若干意见》等政策文件，各部门、各省份均密集出台支持老龄产业发展的政策意见，国有、民间资本在老龄产业项目的投资热情持续升高。从需求侧，“十四五”时期，老年人口结构、经济社会条件都发生变化，老年人的需求结构正在从生存型向发展型转变，需求端的改变使银发经济的发展条件日益成熟。

发展中国特色银发经济，就要发挥有为政府和有效市场的双重优势：一方面，要坚守政府保基本、兜底线职能，为特殊困难老年人提供均等可及的服务和产品，推动中国特色养老服务体系惠及每位老年人；另一方面，充分发挥国有资本、社会资本等不同资本，企业、民办非企业单位等不同组织在扩大供给规模、提高供给质量、满足多层次民生需求的作用，推动形成国内强大市场。通过建立系统性、整体性的产业发展政策来推动银发经济健康稳步可持续发展，将是14亿人口大国向全世界展示积极应对人口老龄化“中国模式”的必由之路。

“十四五”时期，国家发展改革委将会同有关部门积极作为：一是加强规划引领。落实好《“十四五”国家老龄事业发展和养老服务体系规划》的部署，重点推进银发经济相关的老年用品产业、科技化智能化升级、养老服务体系、健康支撑体系等领域。二是优化营商环境。深化“放管服”改革，打造包容开放的发展环境，完善便利高效的监管服务，让市场主体蓬勃发展、银发经济充满活力。三是支持产品创新。制定老年用品和服务目录、质量标准，加大老年产品的研发制造，积极开发适合老年人使用的智能化产品。四是培育服务品牌。打造一批创新力强、品质优良、标准规范、具有全国影响力的“为老服务优质品牌”，引导老龄产业集群发展。

（十八）促进老年用品科技化、智能化升级

强化老年用品的科技支撑。加快推进互联网、大数据、人工智能、第五代移动通信（5G）等信息技术和智能硬件在老年用品领域的深度应用。支持智能交互、智能操作、多机协作等关键技术研发，提升康复辅助器具、健康监测产品、养老监护装置、家庭服务机器人、日用辅助用品等适老产品的智能水平、实用性和安全性，开展家庭、社区、机构等多场景的试点试用。

加强老年科技的成果转化。利用现有资金渠道，支持老年用品关键技术和产品研发、成果转化、服务创新及应用推广，促进产业创新。支持在老年用品领域培育国家技术创新示范企业、“专精特新”企业、制造业单项冠军企业等，加强产学研用协同创新和关键共性技术产业化。加强老年用品领域知识产权保护，依法保护相关专利、商标和商誉等合法权益。

发展健康促进类康复辅助器具。加快人工智能、脑科学、虚拟现实、可穿戴等新技术在健康促进类康复辅助器具中的集成应用。发展外骨骼康复训练、认知障碍评估和训练、沟通训练、失禁康复训练、运动肌力和平衡训练、老年能力评估和日常活动训练等康复辅助器具。发展用药和护理提醒、呼吸辅助器具、睡眠障碍干预以及其他健康监测检测设备。

推广智慧健康养老产品应用。针对老年人康复训练、行为辅助、健康理疗和安全监护等需求，加大智能假肢、机器人等产品应用力度。开展智慧健康养老应用试点示范建设，建设众创、众包、众扶、众筹等创业支撑平台，建立一批智慧健康养老产业生态孵化器、加速器。编制智慧健康养老产品及服务推广目录，完善服务流程规范和评价指标体系，推动智慧健康养老规范化、标准化发展。

专栏6　老年用品研发制造应用重大科技攻关
结合“十四五”国家重点研发计划相关专项的实施，加强对高龄老年人机能增强和照护、失能老年人用品等的研发。围绕神经系统损伤、损伤后脑认知功能障碍、瘫痪助行等康复治疗需求，突破脑机交互等技术，开发用于不同损伤康复的辅助机器人系列产品，实施智能服务机器人发展行动计划。研发穿戴式动态心电监测设备和其他生理参数检测设备，发展便携式健康监测设备、自助式健康检测设备等健康监测产品，开发新型信号采集芯片和智能数字医疗终端。

（十九）有序发展老年人普惠金融服务

促进和规范发展第三支柱养老保险。支持商业保险机构开发商业养老保险和适合老年人的健康保险，引导全社会树立全生命周期的保险理念。引导商业保险机构加快研究开发适合居家护理、社区护理、机构护理等多样化护理需求的产品。研究建立寿险赔付责任与护理支付责任转换机制，支持被保险人在失能时提前获得保险金给付，用于护理费用支出。支持老年人住房反向抵押养老保险业务发展。积极推进老年人意外伤害保险。鼓励金融机构开发符合老年人特点的支付、储蓄、理财、信托、保险、公募基金等养老金融产品，研究完善金融等配套政策支持。加强涉老金融市场的风险管理，严禁金融机构误导老年人开展风险投资。

八、践行积极老龄观

（二十）创新发展老年教育

加快发展城乡社区老年教育，支持各类有条件的学校举办老年大学（学校）、参与老年教育。鼓励养教结合创新实践，支持社区养老服务机构建设学习点。发挥社区教育办学网络的作用，办好家门口的老年教育。依托国家开放大学筹建国家老年大学，搭建全国老年教育资源共享和公共服务平台。推动各地开放大学举办“老年开放大学”，鼓励老年教育机构开展在线老年教育。创新机制，推动部门、行业企业、高校举办的老年大学面向社会开放办学。

（二十一）鼓励老年人继续发挥作用

加强老年人就业服务。鼓励各地建立老年人才信息库，为有劳动意愿的老年人提供职业介绍、职业技能培训和创新创业指导服务。健全相关法律法规和政策，保障老年人劳动就业权益和创业权益。支持老年人依法依规从事经营和生产活动，兴办社会公益事业。按照单位按需聘请、个人自愿劳动原则，鼓励专业技术人才合理延长工作年限。

促进老年人社会参与。在全社会倡导积极老龄观，引导老年人根据自身情况，积极参与家庭、社区和社会发展。积极开展“银龄行动”，支持老年人参与文明实践、公益慈善、志愿服务、科教文卫等事业。建设高层次老年人才智库，在调查研究、咨询建言等方面发挥作用。鼓励和引导老年人在城乡社区建立基层老年协会等基层老年社会组织，搭建自我服务、自我管理、自我教育平台。指导和促进基层老年社会组织规范化建设。

专栏7　基层老年协会规范化建设行动
发挥基层党组织作用，加强基层老年协会党建工作，改善基层老年协会活动设施和条件，加强骨干培训和活动指导。通过政府购买服务等方式，引入专业社会工作者、社会组织等对基层老年协会进行培育孵化，打造一批规范化、专业化基层老年协会。做好基层老年协会的登记（备案）工作，推动各地制定切实可行的具体监管措施，加强规范管理。

（二十二）丰富老年人文体休闲生活

扩大老年文化服务供给。改扩建或新建一批老年公共文体活动场所，支持通过公建民营、委托经营、购买服务等方式提高运营效率。鼓励编辑出版适合老年人的大字本图书，加强弘扬孝亲敬老美德的艺术作品创作，在广播电视和互联网播放平台增加播出，推出养老相关公益广告。搭建老年文化活动交流展示平台，支持老年文化团体和演出队伍登上乡村、社区舞台。鼓励和支持电影院、剧场等经营性文化娱乐场所增加面向老年人的优惠时段。

支持老年人参与体育健身。在体育公园、全民健身中心等公共体育设施布局中充分考虑老年人健身需求，加强配套运动场所和设施的规划建设。鼓励开发适合老年人的体育健身项目，搭建平台组织相关赛事和锻炼展示活动。发布老年人科学健身活动指南，根据差异化的身体素质推荐适合的运动项目和锻炼强度，推广中国传统保健体育运动。鼓励建立老年人全民健身志愿服务队伍，指导和帮助老年人科学开展各类体育健身项目。营造良性的体育健身消费环境，鼓励推出适合老年人的体育服装、锻炼器材等产品以及健身指导、竞赛参与等服务。

促进养老和旅游融合发展。引导各类旅游景区、度假区加强适老化建设和改造，建设康养旅游基地。鼓励企业开发老年特色旅游产品，拓展老年医疗旅游、老年观光旅游、老年乡村旅游等新业态。支持社会力量建设旅居养老旅游服务设施，结合各地自然禀赋，形成季节性地方推介目录，加强跨区域对接联动，打造旅居养老旅游市场。以健康状况取代年龄约束，修改完善相关规定。

九、营造老年友好型社会环境

（二十三）传承弘扬家庭孝亲敬老传统美德

巩固和增强家庭养老功能。在全社会开展人口老龄化国情教育，积极践行社会主义核心价值观，传承弘扬“百善孝为先”的中华民族传统美德。建立常态化指导监督机制，督促赡养人履行赡养义务，防止欺老虐老弃老问题发生，将有能力赡养而拒不赡养老年人的违法行为纳入个人社会信用记录。支持地方制定具体措施，推动解决无监护人的特殊困难老年人监护保障问题。

完善家庭养老支持政策体系。将家庭照护者纳入养老护理员职业技能培训等范围，支持有关机构、行业协会开发公益课程并利用互联网平台等免费开放，依托基层群众性自治组织等提供指导，帮助老年人家庭成员提高照护能力。支持有条件的地区对分散供养特困人员中的高龄、失能、残疾老年人家庭实施居家适老化改造，配备辅助器具和防走失装置等设施设备。探索设立独生子女父母护理假制度。探索开展失能老年人家庭照护者“喘息服务”。

专栏8　中华孝亲敬老文化传承和创新工程
每年在重阳节当月开展为期一个月的“敬老月”活动，广泛组织动员政府部门、社会组织、企事业单位和家庭个人，以走访慰问、权益维护、文化活动、志愿服务、主题宣传等多种方式，为老年人办实事、做好事、献爱心。
每年举办一次中华孝亲敬老文化传承和创新大会。持续开展全国“敬老文明号”创建和全国敬老爱老助老模范人物评选，营造养老孝老敬老社会氛围。 深入开展人口老龄化国情教育，增强全社会人口老龄化国情意识，推动形成积极应对人口老龄化广泛共识。

（二十四）推进公共环境无障碍和适老化改造

提升社区和家庭适老化水平。有序推进城镇老旧小区改造，完成小区路面平整、出入口和通道无障碍改造、地面防滑处理等，在楼梯沿墙加装扶手，在楼层间安装挂壁式休息椅等，做好应急避险等安全防护。有条件的小区可建设凉亭、休闲座椅等。完善社区卫生服务中心、社区综合服务设施等的适老化改造。推动将适老化标准融入农村人居环境建设。鼓励有条件的地方对经济困难的失能、残疾、高龄等老年人家庭实施无障碍和适老化改造。

推动公共场所适老化改造。大力推进无障碍环境建设。加大城市道路、交通设施、公共交通工具等适老化改造力度，在机场、火车站、三级以上汽车客运站等公共场所为老年人设置专席以及绿色通道，加强对坡道、电梯、扶手等的改造，全面发展适老型智能交通体系，提供便捷舒适的老年人出行环境。推动街道乡镇、城乡社区公共服务环境适老化改造。

（二十五）建设兼顾老年人需求的智慧社会

完善传统服务保障措施。对医疗、社保、民政、金融、电信、邮政、出入境、生活缴费等高频服务事项，设置必要的线下办事渠道并向基层延伸。公共服务场所应保留人工窗口和电话专线，为老年人保留一定数量的线下名额。加强身份证信息归集和数据互联互通，在更多领域推广“一证通行”。定期开展拒收现金专项治理。

推进智能化服务适应老年人需求。依托全国一体化政务服务平台，推进政务数据共享，优化线上线下政务服务，让老年人办事少跑腿。持续推进互联网网站、移动互联网应用适老化改造，优化界面交互、内容朗读、操作提示、语音辅助等功能，鼓励企业提供相关应用的“关怀模式”“长辈模式”，将无障碍改造纳入日常更新维护。支持终端设备制造商、应用产品提供商、养老服务机构联动，促进上下游功能衔接。以市场力量为主体推动出台一批智能技术适老化改造标准。组织开展老年人运用智能技术教育培训，通过体验学习、尝试应用、经验交流、互助帮扶等，引导老年人了解新事物、体验新科技、运用新技术。严厉打击电信网络诈骗等违法犯罪行为。

长效解决“数字鸿沟”难题。发挥解决老年人运用智能技术困难工作部际联席会议制度作用，总结各地创新经验和举措，及时推广并适时形成政策文件。组织开展第三方评估，对各地公共服务适老化程度进行评价，相关结果纳入积极应对人口老龄化综合评估。

专栏9　智慧助老行动
在全国城乡社区普遍开展老年人运用智能技术教育培训。研究编制一批老年人运用智能技术教育培训教材，鼓励老年人家庭成员、相关社会组织加强对老年人的培训。遴选培育一批智慧助老志愿服务团队，为老年人运用智能技术提供志愿培训和服务。加强智慧助老公益宣传，营造帮助老年人解决运用智能技术困难的良好氛围。

（二十六）培育敬老爱老助老社会风尚

营造良好社会氛围。健全老年人权益保障机制，加强老龄法治建设，加大普法宣传教育力度。鼓励各地争创积极应对人口老龄化重点联系城市，开展全国示范性老年友好型社区创建活动，将老年友好型社会建设情况纳入文明城市评选的重要内容。加强老年人优待工作，鼓励各地推广与当地文化风俗、经济社会发展水平相适应的敬老爱老优待服务和活动。

积极发挥多方合力。建立健全为老志愿服务项目库，鼓励机构开发志愿服务项目，支持公益慈善类社会组织参与，引导在校生志愿服务和暑期实践、相关专业学生社会实习、社会爱心人士志愿服务等与老年人生活服务、健康服务、精神慰藉、法律援助等需求有效对接。围绕关爱老年人开展慈善募捐、慈善信托等慈善活动，依法加强对慈善组织和慈善活动的扶持和监管。

十、增强发展要素支撑体系

（二十七）推动有关培训疗养机构转型发展养老服务

加大改革力度。按照“脱钩是原则、保留是例外”的要求，推动党政机关等所属培训疗养机构撤销或脱钩，资产统一划转至负责接收的国有企业，整合资源、统筹规划、整体转型。坚持“应改尽改、能转则转”的原则，推动党政机关、国有企事业单位所属培训疗养机构主要转型为普惠型养老服务设施，不得以养老名义经营其他业务。各地要建立绿色通道，本着尊重历史的原则，积极协调解决培训疗养机构转型问题。

强化示范引领。将培训疗养机构数量较多、分布集中的北京、大连、青岛、深圳、成都、杭州、秦皇岛、苏州、扬州、九江等确定为重点联系城市，支持更多符合条件的培训疗养机构转型，打造一批转型优质项目，纳入普惠养老专项行动，争取在2022年年底前基本投入运营。制定北戴河地区培训疗养机构转型发展养老服务规划，建设北戴河地区培训疗养机构转型发展养老服务集中示范区。

（二十八）完善用地用房支持政策

科学规划布局新增用地。根据人口结构现状和老龄化发展趋势，因地制宜提出养老服务设施用地的规模、标准和布局。科学编制供地计划，分阶段供应规划确定的养老服务设施用地，并落实到年度建设用地供应计划，做到应保尽保。涉及新增建设用地的，在土地利用年度计划中优先予以安排。制定支持发展养老服务业的土地政策，以多种方式供应养老服务设施用地。

优化存量设施利用机制。在符合规划的前提下，支持利用存量场所改建养老服务设施，进一步简化和优化存量土地用途的变更程序。利用存量商业服务用地开展养老服务的，允许按照适老化设计要求适当放宽户均面积、租赁期限等土地和规划要求。养老服务机构所使用存量房屋在符合规划且不改变用地主体的条件下适用过渡期政策，五年内继续按原用途和权利类型使用土地。研究制定过渡期后顺畅接续的政策措施，稳定养老服务机构预期。出台支持依法利用集体建设用地发展养老服务的实施细则和工作指引，由养老服务机构与村集体约定土地使用和收益分配方案。

（二十九）强化财政资金和金融保障

强化支持老龄事业发展和养老服务的资金保障。适应今后一段时期老龄事业发展的资金需求，完善老龄事业发展财政投入政策和多渠道筹资机制，继续加大中央预算内投资支持力度。民政部本级和地方各级政府用于社会福利事业的彩票公益金要加大倾斜力度，自2022年起将不低于55%的资金用于支持发展养老服务。鼓励地方在养老服务设施建设中同步考虑运营问题，确保后续发展可持续。各地要根据本地实际，研究制定可操作的运营补贴等激励政策，引导各类养老服务机构优先接收特殊困难老年人，鼓励对接收外地老年人的机构同等适用相应补贴政策。

推动税费优惠举措落地。落实落细支持养老服务发展的税费优惠政策。落实养老服务机构用电、用水、用气、用热享受居民价格政策，不得以土地、房屋性质等为理由拒绝执行相关价格政策，因难以计量等操作性原因无法执行的，探索应用大数据等技术手段予以解决。

拓宽金融支持养老服务渠道。鼓励金融机构按照市场化、法治化原则，提供差异化信贷支持，满足养老服务机构合理融资需求。鼓励探索以应收账款、动产、知识产权、股权等抵质押贷款，满足养老服务机构多样化融资需求。在依法合规、风险可控的前提下，审慎有序探索养老服务领域资产证券化，支持保险资金加大对养老服务业的投资力度，支持保险机构开发相关责任险及机构运营相关保险。

（三十）加强人才队伍建设

完善人才激励政策。完善养老机构等级评定、质量评价等政策，鼓励聘用取得职业技能等级证书的养老护理员，推动行业专业化发展。完善养老护理员薪酬待遇和社会保险政策。建立基于岗位价值、能力素质、业绩贡献的工资分配机制，科学评价技能水平和业绩贡献，强化技能价值激励导向，促进养老护理员工资合理增长。对符合条件的养老护理员按规定给予职业技能鉴定补贴。支持城乡未继续升学初高中毕业生、农村转移就业劳动者、城镇登记失业人员等从事养老服务业，引导其取得职业技能等级证书，按规定获得补贴。建立健全从业人员和为老志愿服务激励褒扬机制。通过职业技能大赛等途径加大社会宣传，支持地方探索将行业紧缺、高技能的养老服务从业者纳入人才目录、积分落户、市民待遇等政策范围加以优待。

拓宽人才培养途径。优化养老服务专业设置，结合行业发展新业态，动态调整增设相关专业并完善教学标准体系，引导普通高校、职业院校、开放大学、成人高校等加大养老服务人才培养力度。积极稳妥推进1+X证书（“学历证书+若干职业技能等级证书”）制度。大力推进养老领域产教融合，培育一批产教融合型养老企业，支持院校和优质机构共建合办养老服务实训基地，探索将有条件的养老机构发展成实习实训点。大力发展老年学、养老服务管理、健康服务与管理、中医养生学相关专业本科教育。引导有条件的高校开设老年学、老年医学、老年护理学、老年心理学、老年社会学、老年营养学、老年服务与管理、老年社会工作等课程，鼓励高校自主培养积极应对人口老龄化相关领域的高水平人才，加大新技术新应用新业态的引才用人力度，为智慧健康养老、老龄科研、适老化产品研发制造等领域培养引进和储备专业人才。落实医师区域注册制度，鼓励医务人员到医养结合机构（同时具备医疗卫生资质和养老服务能力的医疗卫生机构或养老机构）执业。在养老机构举办的医疗机构中工作的医务人员，可参照执行基层医务人员相关激励政策。

专栏10　人才队伍建设行动

养老服务人才队伍扩容。积极增设养老服务相关本科专业，支持有条件的普通高校增设老年学、养老服务管理等专业。动态调整养老服务领域职业教育专业目录，支持有条件的职业院校开设养老服务相关专业，扩大养老服务技术技能人才培养规模。

老年医学人才队伍培养。对全国二级及以上综合性医院老年医学科和医养结合机构的1万名骨干医护人员、国家安宁疗护试点市（区）从事安宁疗护工作的5000名骨干医护人员，开展诊疗知识和技能培训。加强临床医学硕士专业学位老年医学领域研究生临床能力培养。在基层医疗卫生人员招聘、使用和培养等方面向医养结合机构倾斜，鼓励医养结合机构为有关院校提供学生实习岗位。将老年医学、护理、康复等医学人才纳入卫生健康紧缺人才培养。开展相关人才培训，提

续表

专栏 10　人才队伍建设行动
升医养结合服务能力，依托现有资源设立一批医养结合培训基地。 为老服务人才队伍提质。在一流本科专业建设中加大对养老服务相关专业的支持力度，引领带动养老服务相关专业建设水平和人才培养质量整体提升。完善和发布一批养老服务相关专业教学标准。加强养老服务领域职业教育教学资源建设，遴选一批优秀课程和教材，持续推动职业院校深化养老服务领域教师、教材、教法改革。积极稳妥推进 1+X 证书制度，推进老年照护等职业技能等级培训及考核工作。

十一、维护老年人合法权益

（三十一）加强市场主体行为监管

落实市场主体信用承诺。建立健全养老服务机构备案信用承诺制度，备案申请人书面承诺养老服务机构按照有关法律法规和国家标准开展活动，书面承诺向社会公开，履约情况记入信用记录。督促养老服务机构落实主体责任，主动防范消除本机构在建筑、消防、食品、医疗卫生等方面的风险隐患，提高养老服务、安全管理、风险防控的能力和水平。

加强市场秩序监管。对未依法取得营业执照以市场主体名义从事养老服务经营活动、未经登记擅自以社会服务机构名义开展养老服务活动、未经登记管理机关核准登记擅自以事业单位法人名义开展养老服务活动等无证无照违法经营行为，加大依法打击查处力度。严禁利用养老服务机构设施和场地开展与养老服务无关的活动。指导养老服务机构按照国家有关规定和当事方协议约定提供服务，建立纠纷协商调解机制，引导老年人及其代理人依法维权。

（三十二）引领全行业规范健康发展

健全养老服务综合监管制度。加强协同监管，健全各部门协调配合机制，实现违法线索互联、监管标准互通、处理结果互认，避免多头多层重复执法，切实减轻养老服务机构和从业人员负担。加强对养老服务机构的行为监管，严防欺老虐老行为。利用大数据分析等多种手段，创新开展智能监管，推动行业自律。建立“养老服务+信用”机制，充分运用全国信用信息共享平台、国家企业信用信息公示系统、中国社会组织政务服务平台，建立覆盖养老服务机构、从业人员的信用管理体系。

优化养老服务营商环境。完善养老机构备案办事指南，优化办事流程，实施并联服务，明确办理时限，推进“马上办、网上办、就近办”。制定养老服务领域政务服务事项清单，建立健全“好差评制度”，持续改进提升政务服务质量。推进要素市场制度建设，实现要素价格市场决定、流动自主有序、配置高效公平。

推进养老服务标准化建设。加快养老服务领域标准的制修订，研究制定一批与国际接轨、体现中国特色、适应服务管理需要的养老服务标准。加快建立全国统一的养老服务质量标准、等级评定与认证体系，推动养老机构服务安全基本规范、服务质量基本规范、等级划分与评定等国家标准的实施，引导养老服务机构通过养老服务质量认证。鼓励各地因地制宜制定养老服务相关地方标准，鼓励社会组织自主制定高于国家标准、行业标准技术要求的养老服务相关团体标准。积极参与养老服务领域国际标准化活动。支持养老服务领域行业组织和机构开展标准化管理。

（三十三）加强老年人消费权益保护

切实防范各类侵权风险。加大联合执法力度，严厉查处老年人产品和服务消费领域的侵权行为，特别是向老年人欺诈销售各类产品和服务的违法行为。广泛开展老年人识骗防骗宣传教育活动，提升老年人抵御欺诈销售的意识和能力。加大养老诈骗重点防范和整治工作力度，做好政策宣传和风险提示，对涉嫌犯罪的依法打击。完善养老服务领域预付费管理制度，探索建立对预付费的资金监管机制。加强对金融机构开展养老服务领域金融产品和服务创新的监管。完善养老服务机构退出机制，指导退出机构妥善做好老年人服务协议解除、安置等工作，建立健全养老服务机构关停等特殊情况应急处置机制。

加强涉老矛盾纠纷化解和法律援助。充分发挥基层党组织、基层群众性自治组织、相关社会组织的作用，做好涉老矛盾纠纷预警、排查、化解。建立适老型诉讼服务机制。倡导律师事务所、公证机构、基层法律服务机构为老年人减免法律服务费用，为行动不便的老年人提供上门服务。做好特殊困难老年人的法律服务、法律援助和司法救助。完善老年人监护制度。

规范中高端机构养老发展。对建设、销售以老年人为主要居住群体的住宅或居住小区，要坚持以服务为本的功能定位，鼓励地方建立监管机制，落实信用承诺，强化日常监管，确保经营健康稳定可持续，严禁以养老之名“跑马圈地”。

十二、实施保障

（三十四）加强党的领导

坚持党的集中统一领导，充分发挥党总揽全局、协调各方的领导核心作用，为规划实施提供坚强保障。强化各地落实规划的主体责任，加强对规划实施的组织、协调和督导，将本规划主要任务指标纳入当地经济社会发展规划，纳入为民办实事项目，纳入政府工作议事日程和目标责任考核内容。

（三十五）完善法治保障

落实依法治国要求，依法保障老年人合法权益，推动制定养老服务法，构建以老年人权益保障、养老服务等法律为统领，行政法规、部门规章、规范性文件为主体，相关标准为支撑的养老服务政策法律体系，实现养老服务有法可依、有法必依。发挥养老服务法规在保护当事人权益、维护市场秩序、规范合同管理、调解处理服务纠纷等方面的重要作用。

（三十六）强化组织协调

各省（自治区、直辖市）要根据人口老龄化发展形势，制定实施专项规划，加强与相关规划衔接。各级老龄工作委员会要发挥统筹协调作用，推动老龄工作委员会各成员单位履职尽责，形成工作合力。发挥养老服务联席会议制度作用，推进养老服务体系建设，强化区域养老服务资源统筹管理。支持城市群、都市圈打造养老服务体系一体化建设格局，形成服务能力衔接、产业发展协同的合作区域。支持大型城市和区域中心城市推动养老产业集聚发展，充分发挥辐射带动和示范作用。推动以地级行政区为单位制定“整体解决方案”，将老龄事业发展和养老服务体系建设纳入经济社会发展全局中通盘考虑，全方位整合资源力量，充分调动各方积极性，推动兜底性、普惠型、多样化三种路径协同发展。

专栏11　养老服务“整体解决方案”
地方层面制定实施方案。地方党委和政府结合本地区人口老龄化发展形势、经济社会发展水平、风土人情等，制定实施养老服务“整体解决方案”，重点包括建立工作机制、明确发展目标、加强财力支撑、完善要素保障、创新支持政策、设计运行机制等内容，体现系统性、科学性、可持续性。 国家层面共同行动。国家发展改革委、民政部、国家卫生健康委加强指导，对于“整体解决方案”含金量高的地方，在中央预算内投资、企业债券等方面加大支持力度，将养老服务领域符合条件的建设项目纳入地方政府专项债券支持范围，将所在地项目向优质养老服务企业和战略合作金融机构重点推介，通过老龄产业白皮书、大型论坛、现场经验交流会等方式积极推广。

（三十七）健全数据支撑

建立完善老龄事业统计指标体系，定期发布国家老龄事业发展公报。持续开展城乡老年人生活状况抽样调查。依据养老产业统计分类，开展养老产业认定方法研究，推进重要指标年度统计。统筹养老服务领域政务和社会数据资源，加强部门间涉老数据信息共享，依托国家人口基础信息库等，汇聚老年人社会保障、养老服务机构、养老从业人员等基本数据集，建设公众需求牵引、政府监督管理、社会力量参与的全国养老数据资源体系。完善电子健康档案和电子病历数据库，加强疾病预测预警，提供老年人健康管理的个性化服务。鼓励和引导多元主体积极参与老年健康监测能力建设，为老年健康状况评估和疾病防治提供信息支持。积极利用智库和第三方力量，加强基础性研究，促进多学科交叉融合，开展老龄化趋势预测和养老产业前景展望，通过发布年度报告、白皮书等形式服务产业发展，引导社会预期。健全老龄事业重大决策专家咨询制度。

（三十八）深化国际合作

全面放开养老服务市场，广泛开展国际交流与合作，推动落实一批具有技术先进性、理念创新性、模式带动性的示范合作项目，支持我国优质产品和服务走出去。推动建立健全双多边合作机制，探索与老龄化程度较高国家及相关国际组织开展合作，加强政策交流、项目对接、人才培养、学术研究等务实合作，以应对人口老龄化国际合作推动“一带一路”民心相通。

（三十九）落实评估考核

国家发展改革委、民政部、国家卫生健康委会同有关部门，加强对各地的指导、督促，及时检查并向国务院报告本规划落实工作进展情况。搭建社会监督平台，健全第三方评估机制，适时对本规划执行情况进行评估，及时发现和解决突出问题。县级以上地方政府要按照本规划要求，结合实际情况，细化相关指标，推进任务落实，确保责任到位、工作到位、投入到位、见到实效。鼓励各地积极探索，勇于创新，创造性地开展工作。

《“十四五”国家老龄事业发展和养老服务体系规划》围绕推动老龄事业和产业协同发展，推动养老服务体系高质量发展，明确了“十四五”时期的总体要求、主要目标和工作任务。《“十四五”国家老龄事业发展和养老服务体系规划》不仅是国家积极应对人口老龄化的战略举措，践行积极老龄观、健康老龄化理念的实施路径，还是老龄事业和老龄产业协同发展的行动指南，也是让老年人共享改革发展成果、安享幸福晚年的工作方案。

思维导图

第十三章 《“十四五”健康老龄化规划》（节选）及解读

扫码查看课程资源

案例导入

上海市某社区正在积极推广医养结合模式，并建立了综合性的养老服务中心，提供医疗护理、康复训练、心理健康咨询、健康教育培训等一站式服务，同时利用互联网和信息技术，搭建了社区智慧养老服务平台。

小李作为一名城市社区工作人员，需要在掌握《“十四五”健康老龄化规划》理论知识的基础上，完成一份调查报告，分析社区在推进“十四五”健康老龄化方面提供的有益经验和做法。

如果你是小李，你将如何完成此项任务？

学习目标

知识要求：

1. 掌握《“十四五”健康老龄化规划》相关的规划背景。
2. 掌握《“十四五”健康老龄化规划》相关的总体要求。
3. 掌握《“十四五”健康老龄化规划》相关的主要任务。
4. 熟悉《“十四五”健康老龄化规划》相关的保障措施。

能力目标：

1. 促进老年健康服务资源配置更加合理，综合连续、覆盖城乡的老年健康服务体系建立。
2. 促进老年健康保障制度更加健全，老年人健康生活的社会环境更加友善。
3. 老年人健康需求得到更好满足，老年人健康水平不断提升，健康预期寿命不断延长。

素质要求：

1. 在全社会开展人口老龄化国情教育，树立积极老龄观。
2. 引导老年人将“维护机体功能，保持自主生活能力”作为健康目标，树立“自己是健康第一责任人”的意识，强化“家庭是健康第一道关口”的观念，促进老年人及其家庭践行健康生活方式。

《“十四五”健康老龄化规划》（节选）

“十四五”时期是我国全面建设社会主义现代化国家新征程的第一个五年，也是积极应对人口老龄化的重要窗口期，促进健康老龄化将进入新的发展阶段。为协同推进健康中国战略和积极应对人口老龄化国家战略，不断满足老年人健康需求，稳步提升老年人健康水平，根据《中华人民共和国国民经济和社会发展第十四个五年规划和2035年远景目标纲要》《中共中央 国务院关于加强新时代老龄工作的意见》《国家积极应对人口老龄化中长期规划》《“健康中国2030”规划纲要》《健康中国行动（2019—2030年）》等要求，制定本规划。

一、规划背景

（一）“十三五”时期取得的主要成就

“十三五”时期，在以习近平同志为核心的党中央的坚强领导下，卫生健康等部门砥砺创新，积极推进老龄健康事业，深化体制机制改革，各项工作取得了新的进展，为进一步提高老年人健康水平奠定了坚实基础。健康中国行动老年健康促进行动全面启动，各项工作顺利推进。包括健康教育、预防保健、疾病诊治、康复护理、长期照护、安宁疗护六个环节的老年健康服务体系初步建立，医养结合稳步发展。老年健康与医养结合服务纳入国家基本公共卫生服务，老年人基本医疗保障进一步加强，长期护理保险制度试点顺利推进，老龄健康产业规模不断扩大，智慧健康养老、中医药养生养老、森林康养等新模式、新业态不断涌现，科技助推老龄健康事业发展的动力强劲。截至2020年底，全国设有1个国家老年医学中心和6个国家老年疾病临床医学研究中心，2642个二级及以上综合性医院设有老年医学科，设有安宁疗护科的医院510个，全国安宁疗护试点扩大到91个市（区），两证齐全（具备医疗卫生机构资质，并进行养老机构备案）的医养结合机构达到5857家，床位数达158万张。2020年，我国人均预期寿命提高至77.9岁。老年人新冠肺炎疫情防控工作成效明显，充分体现了中国特色社会主义制度的优越性。

（二）“十四五”时期的形势挑战

我国是世界上老年人口规模最大的国家，也是世界上老龄化速度最快的国家之一。“十四五”时期，我国人口老龄化程度将进一步加深，60岁及以上人口占总人口比例将超过20%，进入中度老龄化社会。老年人健康状况不容乐观，增龄伴随的认知、运动、感官功能下降以及营养、心理等健康问题日益突出，78%以上的老年人至少患有一种以上慢性病，失能老年人数量将持续增加。相比老年人的健康需求，与健康老龄化相关的机构、队伍、服务和政策支持不足。老年健康促进专业机构缺乏，老年期重点疾病防控力量薄弱。老年医疗卫生机构发展不充分，康复医院、护理院、安宁疗护中心数量严重不足，存在较大的城乡、区域差距；医疗卫生机构的老年友善程度不高，老年人就医体验有待改善；老年医学及相关学科发展滞后，老年综合评估、老年综合征管理和多学科诊疗等老年健康服务基础薄弱；老年健康服务人员尤其是基层人员缺乏，老年人居家医疗以及失能老年人照护服务能力亟待加强；医养结合服务供给不足，居家、社区医养结合发展不充分；老年健康保障机制尚不完善，稳定的长期照护费用支付机制尚未全面建立。

（三）“十四五”时期的发展机遇

“十四五”时期，低龄老年人比重增加，老年人受教育水平提高，健康需求日益旺盛，健康产品和服务消费能力不断增强。党的十九届五中全会作出实施积极应对人口老龄化国家战略的重大部署，为实现健康老龄化提供了根本遵循和行动指南。我国转向高质量发展阶段，经济实力显著增强，为实现健康老龄化提供了一定的物质基础。国家把保障人民健康放在优先发展的战略位置，深入实施健康中国行动，为实现健康老龄化提供了有利发展环境。我国促进健康老龄化的制度安排不断完善，医药卫生体制改革持续深入推进，疾控体系改革不断深化，医疗卫生领域科技创新能力持续增强，人工智能应用日益深入，互联网等信息技术快速发展，持续推动健康老龄化具备多方面优势和条件。

二、总体要求

（一）指导思想

以习近平新时代中国特色社会主义思想为指导，全面贯彻党的十九大和十九届历次全会精神，准确把握新发展阶段，深入贯彻新发展理念，加快构建新发展格局，落实全面推进健康中国建设和积极应对人口老龄化国家战略要求，坚持新时期卫生健康工作方针，从提高全人群、全生命周期健康水平出发，以满足老年人对健康的基本需求、兼顾多层次和多样化需求为目的，以体制机制的改革创新为根本动力，大力推进老龄健康服务供给侧结构性改革，把积极老龄观、健康老龄化理念融入经济社会发展全过程，深入开展老年健康促进行动，持续发展和维护老年人健康生活所需要的内在能力，促进实现健康老龄化。

（二）基本原则

1. 健康优先，全程服务。坚持健康至上，以老年人健康为中心，提供包括健康教育、预防保健、疾病诊治、康复护理、长期照护、安宁疗护等在内的老年健康服务。

2. 需求导向，优质发展。以老年人健康需求为导向，优化供给侧改革，推动老年健康服务高质量发展，增量与提质并重。构建优质高效的整合型医疗卫生服务体系，加大医养结合服务供给，促进医疗卫生与养老服务深度结合。

3. 政府主导，全民行动。发挥政府在促进健康老龄化工作中的主导作用，鼓励社会资本参与，构建多层次、多样化的老年健康服务体系。倡导个人和家庭积极参与，共同构建老年友好型社会。

4. 公平可及，共建共享。以保障全体老年人健康权益为出发点，不断深化体制机制改革，积极推动城乡、区域老年健康服务均衡发展，确保老年健康服务公平可及，由全体老年人共享。

（三）发展目标

到 2025 年，老年健康服务资源配置更加合理，综合连续、覆盖城乡的老年健康服务体系基本建立，老年健康保障制度更加健全，老年人健康生活的社会环境更加友善，老年人健康需求得到更好满足，老年人健康水平不断提升，健康预期寿命不断延长。

——老年健康服务机构数量增加，服务能力大幅提升，相关学科专业建设不断加强，服务队伍更加壮大，服务内容更加丰富，老年人享有健康服务的可及性进一步提高。

——居家社区机构健康服务协调推进，医养结合服务供给不断增加，供需均衡程度不断提高，服务质量不断提升，老年人健康生活质量持续改善。

——医疗卫生机构适老化水平不断提高，老年人看病就医服务流程不断优化，老年人就医体验不断改善，有利于老年人“就近就便”就医的环境基本建立。

——老年健康保障机制不断增强，科技和信息化支撑能力明显提升，相关制度、标准、规范基本建立，老年健康产业有序发展，老年健康产品市场提质扩容。

三、主要任务

（一）强化健康教育，提高老年人主动健康能力

1. 拓展老年健康教育内容。在全社会开展人口老龄化国情教育，树立积极老龄观。引导老年人将“维护机体功能，保持自主生活能力”作为健康目标，树立“自己是健康第一责任人”的意识，强化“家庭是健康第一道关口”的观念，促进老年人及其家庭践行健康生活方式。普及营养膳食、运动健身、心理健康、疾病预防、合理用药、康复护理、生命教育、应急救助等老年健康知识，宣传维护感官功能、运动功能和认知功能的预防措施，不断提高老年人健康核心信息知晓率和健康素养水平。广泛开展关爱失智老年人的社会宣传与公共教育活动，提升公众的失智预防和失智照护水平。普及智能技术知识和技能，提升老年人对健康信息的获取、识别和使用能力。加强对老年健康政策、服务和产品的科普宣传。（卫生健康委、教育部、体育总局、中医药局按职责分工负责）

2. 形成多元化的老年健康教育服务供给格局。支持各类教育机构将老年健康教育纳入课程内容。鼓励开办医学专业的院校、医疗卫生机构等设置老年健康教育专属阵地，面向老年人及家属、照护者开设养生保健、照护技能培训等课程。依托全国开放大学、老年教育机构、社区教育机构、老年协会、城乡社区党群服务中心、基层医疗卫生机构、文化体育场馆等，提高城乡老年健康教育服务覆盖率。（卫生健康委、教育部、体育总局、中医药局按职责分工负责）

3. 创新老年健康教育服务提供方式。组织开展全国老年健康宣传周、世界阿尔茨海默病日等主题宣传活动。开发科普视频，建设开放共享的数字化国家级老年健康教育科普资源库。充分利用传统媒体、短视频、微信公众号、微博、移动客户端等多种方式和媒体媒介，传播老年健康相关知识，宣传老年健康达人典型案例。鼓励各地探索可行模式，充分发挥老年人在老年健康教育中的示范引领作用，增强健康教育效果。（卫生健康委、教育部、广电总局、体育总局、中医药局按职责分工负责）

（二）完善身心健康并重的预防保健服务体系

4. 提高基本公共卫生服务促进老年人健康的能力。建立综合、连续、动态的老年人健康管理档案，鼓励各地整合老年人健康体检信息，优化老年人健康体检项目，提升健康评估和健康指导能力。推动地方积极开展老年健康与医养结合服务。将失能、高龄、残疾、计划生育特殊家庭等老年人作为家庭医生签约服务重点人群，拓展签约服务内涵，提高服务质量。到2025年，65岁及以上老年人城乡社区规范化健康管理服务率达到65%以上，65岁及以上老年人中医药健康管理率达到75%以上。（卫生健康委、中医药局按职责分工负责）

5. 完善老年人预防保健服务体系。依托疾病预防控制机构和各级各类医疗卫生机构，健全三级预防体系，构建慢性疾病综合防治服务体系。加强老年人群高血压、糖

尿病、冠心病等重点慢性病以及阿尔茨海默病、帕金森病等神经退行性疾病的早期筛查、干预、分类管理和健康指导。推动老年人高发恶性肿瘤早期筛查，加强癌症早诊早治。实施老年口腔健康行动，开展口腔健康知识宣传和老年口腔健康公益活动。实施老年营养改善行动，制定老年人营养健康状况评价指南，指导各地制定为老助餐机构营养健康相关标准，启动老年人营养风险筛查试点。鼓励各地开展老年人视觉、听觉、骨骼健康管理服务。开展失能（智）预防与干预工作，减少、延缓老年人失能（智）发生。实施老年痴呆防治行动，制定《国家应对老年痴呆行动计划》，推动老年人认知功能筛查干预试点工作，建立老年痴呆早筛查、早诊断、早干预的综合防控机制。建立老年人突发公共卫生事件应急处置机制，加强老年艾滋病、结核病等重大传染病防控。加快无障碍环境建设和住宅适老化改造。推动在老年人集中场所安装自动体外除颤仪（AED）。（卫生健康委、住房和城乡建设部、中医药局按职责分工负责）

6. 开展老年人心理关爱服务。完善精神障碍类疾病早期预防及干预机制，扩大老年人心理关爱行动覆盖范围，针对抑郁、焦虑等老年人常见精神障碍和心理行为问题，开展心理健康状况评估、早期识别和随访管理，为老年人特别是有特殊困难的老年人提供心理辅导、情绪纾解、悲伤抚慰等心理关怀服务。鼓励设置心理学相关学科专业的院校、心理咨询机构等开通老年人心理援助热线，为老年人提供心理健康服务。加强全国社会心理服务体系建设试点地区的基层社会心理服务平台建设，提升老年人心理健康服务能力，完善老年人心理健康服务网络。（卫生健康委、教育部按职责分工负责）

7. 推进体卫融合。加强城乡社区、医养结合机构健身设施建设，提高适老化程度。研究推广适合老年人的体育健身休闲项目、方式和方法，发布老年人体育健身活动指南。将运动干预纳入老年人慢性病防控与康复方案。充分发挥各级老年人体育协会的作用，指导老年人科学健身，组织开展适合老年人的赛事活动。（体育总局、卫生健康委、住房和城乡建设部按职责分工负责）

（三）以连续性服务为重点，提升老年医疗服务水平

8. 增强老年疾病诊治能力。在医疗机构推广多学科诊疗模式，加强老年综合征管理，对住院老年患者积极开展营养不良、跌倒、肺栓塞、误吸和坠床等高风险筛查，在二级及以上综合性医院、康复医院、优抚医院、护理院、医养结合机构开展老年综合评估服务，推动老年医疗服务从单病种模式向多病共治模式转变。强化基层医疗卫生机构老年人常见病、多发病和慢性病诊治能力，为老年人提供综合、连续、协同、规范的基本医疗服务。推进老年医学专科联盟建设，通过专科共建、教育培训协同合作、科研和项目协作、中医与西医协作等多种方式，提升老年医疗服务能力和管理水平。（卫生健康委、中医药局按职责分工负责）

9. 加强康复和护理服务。充分发挥康复医疗在老年健康服务中的作用，为老年患者提供早期、系统、专业、连续的康复医疗服务，促进老年患者功能恢复。鼓励各地以基层医疗卫生机构为依托，积极开展社区和居家康复医疗服务。增强中医药康复服务能力，到2025年，三级中医医院设置康复（医学）科的比例达到85%以上。推广康复医师、康复治疗师、康复辅具配置人员团队协作模式。建立覆盖老年人群疾病急性期、慢性期、康复期、长期照护期、生命终末期的护理服务体系，完善以机构为支撑、

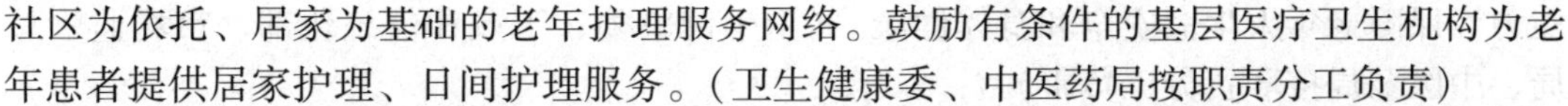

社区为依托、居家为基础的老年护理服务网络。鼓励有条件的基层医疗卫生机构为老年患者提供居家护理、日间护理服务。（卫生健康委、中医药局按职责分工负责）

10. 发展安宁疗护服务。稳步扩大安宁疗护试点，完善安宁疗护多学科服务模式，提高临终患者生命质量。根据医疗卫生机构的功能和定位，推动相应医疗卫生机构合理开设安宁疗护病区或床位，按照“充分知情、自愿选择”原则，为疾病终末期患者提供疼痛及其他症状控制、舒适照护等服务，对患者及家属提供心理支持和人文关怀。发展社区和居家安宁疗护服务。建立医院、基层医疗卫生机构和家庭相衔接的安宁疗护工作机制和转诊流程。建立健全安宁疗护服务涉及的止痛、麻醉等药物配备和监管制度。（卫生健康委负责）

11. 创新连续性服务模式。鼓励康复护理机构、安宁疗护机构纳入医联体网格管理，建立畅通合理的转诊机制，为网格内老年人提供疾病预防、诊断、治疗、康复、护理等一体化、连续性医疗服务。加大居家医疗服务支持力度，鼓励有条件的医院和基层医疗卫生机构为有医疗服务需求且行动不便的高龄或失能老年人，慢性病、疾病康复期或终末期、出院后仍需医疗服务的老年患者提供家庭病床、上门巡诊等居家医疗服务，健全居家医疗服务的风险防控机制，完善价格等相关政策。鼓励医疗卫生机构应用互联网等信息技术拓展医疗、护理、康复等服务空间和内容。（卫生健康委、医保局、中医药局按职责分工负责）

（四）健全居家、社区、机构相协调的失能老年人照护服务体系

12. 支持居家（社区）照护服务。支持社区、机构为失能老年人家庭提供家庭照护者培训和“喘息”服务，组织协调志愿者对居家失能老年人开展照护服务。鼓励社会力量利用社区配套用房或闲置用房开办护理站，为失能老年人提供居家健康服务。鼓励社区卫生服务中心与相关机构合作，增加照护功能，为居家老年人提供短期照护、临时照护等服务。（卫生健康委负责）

13. 促进机构照护服务发展。在有条件的社区卫生服务中心、乡镇卫生院等基层医疗卫生机构增设护理床位或护理单元。支持医养结合机构开展失能老年人照护服务工作。支持具备服务能力和相应资质的机构将照护服务向社区和家庭延伸，辐射居家失能老年人。推进照护机构老年痴呆患者照护专区和社区老年痴呆患者照护点建设，满足老年痴呆患者照护服务需求。（卫生健康委负责）

（五）深入推进医养结合发展

14. 增加医养结合服务供给。以需求为导向，合理规划、建设和改建医养结合机构。支持规模较大的养老机构设置医疗卫生机构，并按规定纳入医保定点范围。激发市场活力，引导社会资本举办医养结合机构，推动建设一批百姓住得起、质量有保证的集团化、连锁化医养结合机构。鼓励医疗资源富余的基层医疗卫生机构利用现有资源开展医养结合服务。（卫生健康委、医保局按职责分工负责）

15. 提升医养结合服务质量。健全医养结合标准规范体系。提升医养结合信息化水平，发展面向居家、社区和机构的智慧医养结合服务，开展老龄健康医养结合远程协同服务试点，为老年人提供优质高效的远程医疗服务。持续开展医养结合机构服务质量提升行动，推动医养结合机构规范开展医疗卫生服务和养老服务。在全国开展医养结合示范省、示范县（市、区）和示范机构创建活动。提升医养结合机构传染病防控

能力，保障老年人生命安全和身体健康。（卫生健康委、工业和信息化部、市场监管总局、中医药局按职责分工负责）

（六）发展中医药老年健康服务

16. 提升老年人中医药健康管理水平。进一步发挥中医药健康管理在基本公共卫生服务项目实施中的独特优势，积极推进面向老年人的中医药健康管理服务项目，发挥中医药在老年预防保健、综合施治、老年康复、安宁疗护方面的独特作用。鼓励中医医师积极参与家庭医生签约服务，为老年人提供个性化中医药服务。不断丰富老年人中医健康指导的内容，加强老年人养生保健行为干预和健康指导。（卫生健康委、中医药局按职责分工负责）

17. 加强中医药健康养老服务能力建设。加快二级及以上中医医院老年医学科建设，加强中医药健康养老服务能力、人才培养能力、技术推广能力建设，提升老年人常见病多发病的中医药服务能力和水平。加强各省级中医治未病中心中医药老年健康服务能力建设，制订相关标准规范，培训推广中医适宜技术，提升中医药特色服务能力。（卫生健康委、中医药局按职责分工负责）

18. 加大中医药健康养生养老文化宣传。积极宣传适宜老年人的中医养生保健知识、技术和方法，推动优质中医药服务进社区、进农村、进家庭。积极开展中医健康体检、健康评估、健康干预以及药膳食疗科普等活动，推广太极拳、八段锦、五禽戏等中医传统运动项目，培养树立健康科学的生活方式和理念。（卫生健康委、广电总局、体育总局、中医药局按职责分工负责）

（七）加强老年健康服务机构建设

19. 加强老年医疗卫生机构建设。支持国家老年医学中心发展，布局若干区域老年医疗中心，加强国家老年疾病临床医学研究中心建设，打造老年健康促进、诊疗、科研高地。通过新建改扩建、转型发展，加强老年医院、康复医院、护理院（中心、站）以及优抚医院建设，鼓励公共医疗资源丰富的地区将部分公立医疗机构转型为康复、护理机构。提高基层医疗卫生机构的康复、护理床位占比。支持农村地区接续性医疗卫生机构建设，支持农村医疗卫生机构利用空置的编制床位开设康复、护理、安宁疗护床位。在城市社区建设以老年人为主要服务对象的护理站，为行动不便的失能、残疾、高龄、长期患病老年人提供上门医疗护理服务。支持社会力量参与社区护理站建设。加快安宁疗护机构标准化、规范化建设。开展老年健康服务机构（科室）规范化建设。（卫生健康委、科技部、退役军人事务部、中医药局按职责分工负责）

20. 加强医疗卫生机构老年医学科建设。推动老年医学科临床专科能力建设。推动二级及以上综合性医院设立老年医学科，“十四五”期末，二级及以上综合性医院设立老年医学科的比例达到60%以上。启动老年医学科建设试点工作，遴选一批老年医学科建设试点医院，发挥示范带动作用，推动医疗卫生机构老年医学科高质量发展。（卫生健康委、中医药局按职责分工负责）

21. 建设老年友善医疗机构。加强老年友善医疗机构建设，从文化、管理、服务、环境等方面推进医疗卫生机构全面落实老年人医疗服务适老政策，切实解决老年人在运用智能技术就医方面遇到的困难，为老年人提供友善服务。到2025年，85%以上的综合性医院、康复医院、护理院和基层医疗卫生机构成为老年友善医疗机构。（卫生健

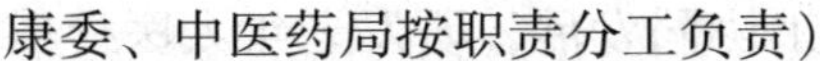

康委、中医药局按职责分工负责)

(八) 提升老年健康服务能力

22. 加强老年医学及相关学科专业建设。支持开办医学专业的院校和医疗卫生机构加强老年医学及相关学科专业建设，在人才引进、科研经费、教学经费等方面给予政策倾斜。引导普通高校、职业院校（含技工学校)、开放大学开设老年医学、药学、老年护理、康复、心理、安宁疗护等相关专业和课程，开展覆盖中、专、本、硕、博各阶段的学历教育，扩大招生规模。在公共卫生、临床医学、中医药等专业中开展老年医学内容的学习，加强老年健康相关复合型人才培养。(教育部、卫生健康委、中医药局按职责分工负责)

23. 加大老年健康专业人才培训力度。在内科和全科住院医师规范化培训中强化老年医学学科内容，继续推进老年医学专科医师规范化培训。组织开展全国老年健康专业人才培训，加强对老年医学科、安宁疗护科和医养结合机构卫生健康专业人才培训，加强老年护理专业护士培训，提升高水平老年医学专业人才在老年健康队伍中的比例。到2025年，培训老年医学科医师不低于2万人，培训老年护理专业护士不低于1万人，每名老年医学科医护人员、安宁疗护试点地区从事安宁疗护服务的医护人员至少接受一次专业培训。普遍加强临床医务人员的老年医学知识和技能培训，提升临床医务人员为老服务能力。实施老年医学领军人才支持项目，加强老年健康高层次人才培养。加强院校与医疗卫生机构人才培养培训合作，遴选一批国家级和省级老年健康人才培训基地。(卫生健康委、教育部、中医药局按职责分工负责)

24. 强化老年健康照护队伍建设。增加从事老年护理工作的医疗护理员数量，加大培训力度，开展职业技能培训和就业指导服务，培训一批老年方向的医疗护理员，充实老年健康特别是长期照护服务队伍。健全老年健康相关职业人才评价制度，完善以技术技能价值激励为导向的薪酬分配体系。加快培养服务于老年健康的社会工作者、志愿者队伍，通过入户、社区活动等形式为老年人提供便利可及、针对性强的健康服务。(卫生健康委、人力资源和社会保障部、中医药局按职责分工负责)

25. 健全老年健康标准规范体系。发挥国家卫生健康标准委员会老年健康标准专业委员会作用，健全老年健康基础标准、老年医疗服务标准、老年公共卫生标准、老年社会支持标准、医养结合服务管理标准等。制订老年常见疾病诊疗指南和临床操作技术规范。(卫生健康委、中医药局按职责分工负责)

(九) 促进健康老龄化的科技和产业发展

26. 加强老年健康科学研究。加强衰老机制的基础性研究，加强老年慢性病和共病诊疗技术、老年康复护理技术、老年功能维护技术等应用性研究，提升老年重大疾病防治水平。加强适宜技术研发推广，定期发布老年健康适宜技术产品目录，发展老年神经、睡眠等监测与干预相关技术及产品，发展适宜居家、社区应用的老年健康促进评估、诊断、监测技术与产品。支持老年健康技术研发基地和科研应用转化平台建设。(科技部、工业和信息化部、卫生健康委、中医药局按职责分工负责)

27. 推动老龄健康产业可持续发展。推动老年健康与养老、养生、文化、旅游、体育、教育等多业态深度融合发展，大力推动老年健康领域新产业、新业态、新商业模式发展。支持新兴材料、人工智能、虚拟现实技术等在老年健康领域的深度集成应用与推广。支持医疗卫生机构、企业、科研院所加强医工协同发展，研发老年人医疗辅助、家庭照护、安防监控、残障辅助、情感陪护、康复辅具等智能产品和可穿戴设备，提升产品的适老化水平，推进老年产品市场提质扩容。发展健康管理与服务、健康检测与监测等智慧健康养老服务。建立健全相关标准，规范老年用品和为老服务市场。加大监管力度，切实维护老年人权益。（科技部、工业和信息化部、卫生健康委、市场监管总局、中医药局、中国残联按职责分工负责）

28. **强化信息化支撑**。建立老年健康数据的收集和发布机制。充分运用互联网、物联网、大数据等信息技术手段，创新服务模式，提升老年健康智能化服务质量和效率。依托国家全民健康信息平台，完善全国老龄健康信息管理系统，整合各类老年健康相关数据，实现信息共享，为服务老年人提供信息化支撑。（卫生健康委、工业和信息化部、中医药局按职责分工负责）

四、保障措施

（一）加强组织领导

各地要认真贯彻落实全面推进健康中国建设、积极应对人口老龄化国家战略部署，广泛宣传促进健康老龄化的重要意义，把“十四五”健康老龄化规划纳入经济社会发展总体规划，把推动老龄健康事业和产业发展作为深化供给侧结构性改革、改进民生福祉的重要抓手，健全党委领导、政府主导、部门协同、社会参与的工作机制，积极出台相关扶持政策，全面完成“十四五”健康老龄化规划的各项目标任务。各地要结合实际制定本地区的“十四五”健康老龄化规划实施办法。

（二）加大投入力度

按照事权和支出责任相适应的原则，把促进健康老龄化必要经费列入本级预算。拓宽经费筹资渠道，充分发挥彩票公益金、慈善捐助等多元资金的作用，提供普惠性老年健康和医养结合服务，促进城乡老年健康服务均等化。（财政部、卫生健康委按职责分工负责）

（三）完善保障体系

完善高血压、糖尿病门诊用药保障机制。将患慢性病需长期服药或患重特大疾病需长期门诊治疗导致自负费用较高且基本生活出现困难的老年人按规定纳入医疗救助范围。稳妥推进长期护理保险制度试点，建立适合我国国情的长期护理保险制度框架。鼓励商业保险公司开发老年人疾病保险、长期护理保险、意外伤害保险等专属保险产品。推进社保卡（含电子社保卡）在老年人就医服务领域应用。（人力资源和社会保障部、医保局、银保监会按职责分工负责）

（四）强化督导考核

充分发挥全国老龄办的综合协调作用，把促进健康老龄化的政策措施作为评价全国老龄委成员单位履职尽责情况的重要内容。完善信息统计和需求反馈机制，加强对规划实施的动态跟踪监测。建立健全监测检查评估评价机制，督查重大项目、重大工程实施情况，组织开展规划实施进度和实施效果的全面检查评估。（卫生健康委负责）

可以看出，《“十四五”健康老龄化规划》坚持健康至上，以老年人健康为中心，提供包括健康教育、预防保健、疾病诊治、康复护理、长期照护、安宁疗护等在内的老年健康服务，进而为贯彻落实中央关于老龄工作的决策部署、协同推进健康中国战略和积极应对人口老龄化国家战略、不断满足老年人健康需求、稳步提升老年人健康水平，绘制了发展图景和前进方向。

思维导图

第十四章 《老年人照料设施建筑设计标准》及解读

扫码查看课程资源

小王是一所高职院校智慧健康养老服务与管理专业大二的学生。今天顶岗实习的任务是查看养老机构照料设施建筑设计是否符合标准，他需要在掌握《老年人照料设施建筑设计标准》理论知识的基础上到养老机构进行实际查看，并将实际查看的结果与《老年人照料设施建筑设计标准》进行对比，完成实践报告。

如果你是小王，你将如何完成此项任务？

学习目标

知识要求：

1. 了解《老年人照料设施建筑设计标准》JGJ 450—2018 总则。
2. 掌握《老年人照料设施建筑设计标准》JGJ 450—2018 术语。
3. 掌握《老年人照料设施建筑设计标准》JGJ 450—2018 基本规定。
4. 了解《老年人照料设施建筑设计标准》JGJ 450—2018 中的基地与总平面、建筑设计及建筑设备要求。
5. 掌握《老年人照料设施建筑设计标准》的专门要求。

能力目标：

1. 能够根据养老院的具体情况对设施建筑设计进行评估。
2. 能够辨识不符合要求的实际建筑。

素质要求：

1. 具有严谨求实的工作态度，对老年人关心体贴，确保安全。
2. 具有评判性思维，以服务对象为中心，获得老年人及家属的满意。

“十三五”期间，正值我国人口老龄化加速发展的关键时期，老年人对养老服务的需求发生了显著变化，养老服务供给侧结构性矛盾日益凸显，国家为此出台了一系列相关政策，包括《国务院关于印发“十三五”国家老龄事业发展和养老体系建设规划的通知》《关于加快推进养老服务业放管服改革的通知》《关于印发〈养老服务体系建设中央补助激励支持实施办法〉的通知》《国务院办公厅关于全面放开养老服务市场提升养老服务质量的若干意见》《国家卫生计生委关于印发全国护理事业发展规划（2016—2020 年）的通知》《国务院办公厅关于进一步扩大旅游文化体育健康养老教育培训等领域消费的意见》《“健康中国 2030”规划纲要》《关于支持整合改造闲置社会资源发展养老服务的通知》《关于印发〈关于推进老年宜居环境建设的指导意见〉的通知》《人力资源社会保障部办公厅关于开展长期护理保险制度试点的指导意见》《国家卫生计生委办公厅关于印发医养结合重点任务分工方案的通知》《中国人民银行 民政部 银监会 证监会 保监会关于金融支持养老服务业加快发展的指导意见》等。面对新形势、新要求，亟须修订原规范的相应技术内容，以满足今后对老年人照料设施建设的需要，提高此类设施的建筑设计质量。

我国的老年人设施可以按照民用建筑的分类方式划分为养老服务设施（老年人公共建筑）与老年人居住建筑。养老服务设施又可按是否提供照料服务划分为老年人照料设施和老年人活动设施。老年人照料设施可按提供照料服务的时段及类型进一步划分为老年人全日照料设施和老年人日间照料设施。

此标准明确了老年人照料设施建筑设计的总体原则。老年人照料设施建筑应针对健康自理、肢体残障、听力障碍、视力障碍、失智或其他认知障碍等不同老年人的使用需求进行设计。同时，在集中照料、集体生活的老年人照料设施中，应通过建筑设计保证照料效率和对老年人个人隐私的保护，让老年人有尊严地生活，切实保证老年人的基本生活质量。

此外，随着社会养老服务体系的逐步完善，养老服务市场向社会资本全面开放，老年人照料设施的运营模式将呈现多样化发展趋势。就具体的设计项目而言，需要适应相应的运营模式。并且，无论何种类型的老年人照料设施，都会有为老年人提供照料的服务人员和相关管理人员，合理的空间布局和细节设计，是保证照料服务有效开展的必要条件。

明确了本标准和国家现行的其他标准、规范的关系。老年人照料设施建筑设计涉及建筑、结构、防火、热工、节能、隔声、空气质量、采光、照明、给水排水、暖通空调、电气、智能化等多个专业，对各专业规范已有的规定，本标准除必要的重申外，不再重复。

《老年人照料设施建筑设计标准》及解读

1 总则

1.1 为适应我国老年人照料设施建设发展的需要，提高老年人照料设施建筑设计质量，符合安全、健康、卫生、适用、经济、环保等基本要求，制定本标准。

1.2 本标准适用于新建、改建和扩建的设计总床位数或设计总日托位数不少于20床（人）的老年人照料设施建筑设计。

1.3 老年人照料设施建筑设计应符合老年人生理、心理特点，保护老年人隐私和尊严，保证老年人基本生活质量；适应运营模式，保证照料服务有效开展。

1.4 老年人照料设施建筑老年人照料设施建筑设计除应符合本标准外，尚应符合国家现行有关标准的规定。

2 术语

2.1 老年人照料设施 care facilities for the aged

为老年人提供集中照料服务的设施，是老年人全日照料设施和老年人日间照料设施的统称，属于公共建筑。

2.2 老年人全日照料设施 24-hour care facilities for the aged

为老年人提供住宿、生活照料服务及其他服务项目的设施，是养老院、老人院、福利院、敬老院、老年养护院等的统称。

【解读1】《养老机构服务质量基本规范》（GB/T 35796—2017）对“生活照料服务”的定义为，协助或照顾老年人饮食、起居、清洁、卫生等日常生活的活动。

2.3 老年人日间照料设施 day care facilities for the aged

为老年人提供日间休息、生活照料服务及其他服务项目的设施，是托老所、日托站、老年人日间照料室、老年人日间照料中心的统称。

2.4 老年人用房 space for the aged

指老年人照料设施中供老年人使用的主要用房，包括生活用房、文娱与健身用房、康复与医疗用房。

2.5 生活用房 living space

指为满足老年人居住、就餐等基本生活需求以及为其提供生活照料服务而设置的用房。

2.6 文娱与健身用房 entertainment and fitness space

指为满足老年人文娱、健身活动需求而设置的用房。

2.7 康复与医疗用房 rehabilitation and medical space

指为老年人提供康复服务及医疗服务而设置的用房。

2.8 照料单元 care unit

主要为一定数量护理型床位而设的相对独立的生活空间组团，包含居室、单元起居厅和为其配套的护理站等居住及交通空间，一般相对独立，并有护理人员对此区域内的老年人提供照料服务。

2.9 生活单元 residential unit

主要为一定数量非护理型床位而设的生活空间组团，包含居室、卫生间、盥洗、洗浴、厨房等基本空间，一般成套布置，供老年人开展相对自主、独立的生活。

2.10 单元起居厅 living room in care unit

供照料单元内的老年人开展日常起居活动的空间。

【解读2】照料单元是为适应特定的服务管理模式而形成的建筑空间组织形式。这类服务管理模式提倡将设施划分为多个相对独立的照料单元，通过合理配置人员，实现分区、就近照料，从而提高服务管理质量。照料单元通常会根据服务对象的类型（以不同程度的失能老年人为主）及需求进行划分，并由专属的服务人员对其进行服务和管理。每个照料单元均包含一定数量的居室以及为开展相关服务而配套的各类用房（空间）。

生活单元与照料单元的区别在于，前者的主要服务对象是能力相对完好、对照料服务依赖程度不高的老年人，强调对集中照料和集体生活的安排，后者更强调老年人生活的自主性。生活单元宜成套布置，以便老年人开展相对独立的居住生活。

2.11 通行净宽 clear width

走廊、楼梯两侧墙面或固定障碍物之间的水平净距离。当设置扶手时，按扶手中心线计算。

2.12　开启净宽 clear opening width

门扇开启后，门框内缘与开启门扇内侧边缘之间的水平净距离。

2.13　轮椅回转空间 wheelchair turning space

为方便乘轮椅者旋转以改变方向而设置的空间。

【解读3】轮椅回转空间引自《无障碍设计规范》GB 50763—2012 第 2.0.7 条对“轮椅回转空间”的定义。轮椅回转包括旋转 90°、旋转 180°和旋转 360°等多种情况。在一些图集或建筑设计资料集中常以直径 1.50m 的圆圈作为轮椅回转 360°所需的最小空间尺寸。轮椅回转空间的形状及大小与轮椅的尺寸、所需旋转的角度、使用方式等均有关系。以他人辅助操作为主要使用方式时，轮椅回转空间一般按照直径 1.50m 的圆圈设计；以自行操作为主要使用方式时，轮椅回转空间并非 1.50m 圆圈一种可能，可结合实际情况设计。

2.14　紧急送医通道 emergency medical route

可通至救护车停靠的建筑出入口或室外场地的连续、无阻碍的路径。

3　基本规定

3.1　老年人照料设施建设应适应所在地区的自然条件与社会、经济发展现状，符合养老服务体系建设规划和城乡规划的要求，充分利用现有公共服务资源和基础设施，因地制宜地进行设计。

3.2　各类老年人照料设施应面向服务对象并按服务功能进行设计。服务对象的确定应符合国家现行有关标准的规定，且应符合表 14-1 的规定；服务功能的确定应符合国家现行有关标准的规定。

表 14-1　　老年人照料设施的基本类型及服务对象

基本类型 / 服务对象	老年人全日照料设施		老年人日间照料设施
	护理型床位	非护理型床位	
能力完好老年人	—	—	▲
轻度失能老年人	—	▲	▲
中度失能老年人	▲	▲	▲
重度失能老年人	▲	—	—

注：▲为应选择。

3.3　与其他建筑上下组合建造或设置在其他建筑内的老年人照料设施应位于独立的建筑分区内，且有独立的交通系统和对外出入口。

3.4　老年人照料设施的建筑设计应为未来发展和运营调整提供改造的可能性。

3.5　对于既有建筑改建的老年人照料设施，应预先进行可行性评估，确定通过改建能够符合本标准和国家现行有关标准的规定。

3.6　老年人照料设施的建筑设计应能体现对当地生活习惯、民族习惯和宗教信仰的尊重。

4　基地与总平面

4.1　基地选址

4.1.1　老年人照料设施建筑基地应选择在工程地质条件稳定、不受洪涝灾害威胁、日照充足、通风良好的地段。

4.1.2　老年人照料设施建筑基地应选择在交通方便、基础设施完善、公共服务设施使用方便的地段。

4.1.3　老年人照料设施建筑基地应远离污染源、噪声源及易燃、易爆、危险品生产、储运的区域。

4.2　总平面布局与道路交通

4.2.1　老年人照料设施建筑总平面应根据老年人照料设施的不同类型进行合理布局，功能分区、动静分区应明确。

4.2.2　老年人照料设施建筑基地及建筑物的主要出入口不宜开向城市主干道。货物、垃圾、殡葬等运输宜设置单独的通道和出入口。

4.2.3　总平面交通组织应便捷流畅，满足消防、疏散、运输要求的同时应避免车辆对人员通行的影响。

4.2.4　道路系统应保证救护车能停靠在建筑的主要出入口处，且应与建筑的紧急送医通道相连。

4.2.5　总平面内应设置机动车和非机动车停车场。在机动车停车场距建筑物主要出入口最近的位置上应设置无障碍停车位或无障碍停车下客点，并与无障碍人行道相连。无障碍停车位或无障碍停车下客点应有明显的标志。

【解读4】4.2.4为强制性条文。老年人是发生高危疾病和伤害事故频率最高的人群，因此要求救护车辆能够直接通达连接可容纳担架的电梯、楼梯的建筑出入口，救护车辆的停靠点即建筑的紧急送医通道的终点。建筑出入口处应有满足救护车辆停靠的场地条件，以保证救护车辆最大限度靠近事故地点，提高救治效率。考虑救护车通行、停靠和救援，救护车辆通道应满足最小3.50m×3.50m的净空要求。当利用道路作为救护车辆停靠场地时，道路应设置两条车道以上。当救护车辆停靠场地位于建筑出入口雨搭、挑棚、挑檐等遮蔽物之下时，地面至遮蔽物底面净空应不小于3.50m。

总平面应设置机动车和非机动车停车场满足老年人、探视人员及工作人员的停车需求。各类停车配比，宜根据不同种类老年人照料设施的运营特征，并结合所在城市或区域的交通发展因素，给予具体论证。考虑使用轮椅老年人的需要，在机动车停车场距建筑物主要出入口最近的位置上设置无障碍停车位或无障碍停车下客点，并与无障碍人行道相连。明显的标志可以起到强化提示的作用，避免无障碍停车位或无障碍停车下客点被其他车辆占用。

4.3　场地设计

4.3.1　老年人全日照料设施应为老年人设室外活动场地；老年人日间照料设施宜为老年人设室外活动场地。老年人使用的室外活动场地应符合下列规定：

①应有满足老年人室外休闲、健身、娱乐等活动的设施和场地条件。

②位置应避免与车辆交通空间交叉，且应保证能获得日照，宜选择在向阳、避风处。

③地面应平整防滑、排水畅通，当有坡度时，坡度不应大于2.5%。

4.3.2 老年人集中的室外活动场地应与满足老年人使用的公用卫生间邻近设置。

4.4 绿化景观

4.4.1 总平面布置应进行场地景观环境和园林绿化设计。绿化植物应适应当地气候，且不应对老年人安全和健康造成危害。

4.4.2 总平面内设置观赏水景水池时，应有安全提示与安全防护措施。

【解读5】4.3.1明确了对不同类型老年人照料设施的室外活动场地的规定。由于老年人室外活动内容和方式以及设施与儿童、青壮年有较大不同，老年人照料设施、老年人活动场地宜单独设置，既满足老年人活动要求，又避免共用场地其他活动者对老年人可能造成的冲撞等伤害。在与其他建筑合建的老年人照料设施场地设计时尤其要注意此点。①室外活动场地宜根据老年人活动特点进行动静分区，一般将运动项目场地作为活动区，设置健身运动器材，并与休憩静区保持适当距离。在静区根据情况进行园林设计，并设置亭、廊、花架、座椅等设施以及轮椅、助行器停放空间。座椅宜布置在冬季向阳、夏季遮阴处，便于老年人使用。②为保证老年人室外活动的安全性，室外活动场地的位置应避免与车辆交通空间交叉。同时，为创造适宜老年人活动的环境气候条件，活动场地位置宜选择在向阳、避风处，并保证场地能获得日照。③为了老年人使用安全方便，活动场地表面应平整、排水畅通，并采取防滑措施。同时为了满足轮椅使用者活动，场地坡度不应大于2.5%。

4.3.2根据老年人生理特点，老年人集中的室外活动场地应邻近设置满足老年人使用的公用卫生间，且需满足轮椅老年人的无障碍需要。公用卫生间的位置在活动场地附近或相邻的建筑内均可。

4.4.1为创造良好的景观环境，应对老年人照料设施建筑总平面进行场地景观绿化设计。绿化种植应选用适应当地气候的树种，乔、灌、草结合，以乔木为主，达到四季常青。为了避免对老年人安全和健康造成危害，不应种植易产生飞絮、有异味、带刺、有毒、根茎易于露出地面的植物。对于人可进入的绿化区，应保证林下净空不低于2.20m，并不应有蔓生枝条。

4.4.2老年人低头观察事物时间较长时，易发生头晕摔倒事故。因此，老年人照料设施建筑总平面中设置水池等观赏水景的，水深不宜大于0.50m，且水池周边需要设置警示牌等安全提示和栏杆等安全防护设施。

5 建筑设计

5.1 用房设置

5.1.1 老年人照料设施建筑应设置老年人用房和管理服务用房，其中老年人用房包括生活用房、文娱与健身用房、康复与医疗用房。各类老年人照料设施建筑的基本用房设置应满足照料服务和运营模式的要求。

5.1.2 老年人照料设施的老年人居室和老年人休息室不应设置在地下室、半地下室。

【解读6】5.1.2为强制性条文。老年人全日照料设施的老年人居室，是老年人平时久居的场所。老年人日间照料设施的老年人休息室也是老年人最经常使用的场所。这些场所如设置在地下、半地下室，在遭遇火灾等紧急状态下，烟气不易排除，人员疏散困难，直接危害老年人的安全。而且，处于地下的房间平时的卫生环境方面隐患较大，通风、采光等各方面均较地上房间为差。因此，全日照料设施的老年人居室、日间照料设施的老年人休息室均不允许布置在地下室、半地下室。老年人全日照料设施的老年人居室是指供老年人住宿且布置有床位的房间，以及供老年人住宿且布置有床位并兼作起居室的房间。日间照料设施中的老年人休息室是指专门供老年人日间休息且布置有靠椅或床位的安静房间。

5.1.3　老年人全日照料设施中，为护理型床位设置的生活用房应按照料单元设计；为非护理型床位设置的生活用房宜按生活单元设计。生活用房设置应符合下列规定：

①当按照料单元设计时，应设居室、单元起居厅、就餐、备餐、护理站、药存、清洁间、污物间、卫生间、盥洗、洗浴等用房或空间，可设老年人休息、家属探视等用房或空间。

②当按生活单元设计时，应设居室、就餐、卫生间、盥洗、洗浴、厨房或电炊操作等用房或空间。

5.1.4　照料单元的使用应具有相对独立使性，每个照料单元的设计床位数不应大于60床。失智老年人的照料单元应单独设置，每个照料单元的设计床位数不宜大于20床。

5.1.5　老年人全日照料设施的文娱与健身用房设置应满足老年人的相应活动需求，可设阅览、网络、棋牌、书画、教室、健身、多功能活动等用房或空间。

5.1.6　老年人全日照料设施的康复与医疗用房设置应符合下列规定：

①当提供康复服务时，应设相应的康复用房或空间。

②应设医务室，可根据所提供的医疗服务设其他医疗用房或空间。

5.1.7　老年人全日照料设施的管理服务用房设置应符合下列规定：

①应设值班、入住登记、办公、接待、会议、档案存放等办公管理用房或空间。

②应设厨房、洗衣房、储藏等后勤服务用房或空间。

③应设员工休息室、卫生间等用房或空间，宜设员工浴室、食堂等用房或空间。

5.1.8　老年人日间照料设施用房设置应符合下列规定：

①生活用房：应设就餐、备餐、休息室、卫生间、洗浴等用房或空间。

②文娱与健身用房：应设至少1个多功能活动空间，宜按动态和静态活动的不同需求分区或分室设置。

③康复与医疗用房：当提供康复服务时，应设相应的康复用房或空间；医疗服务用房宜设医务室、心理咨询室等。

④管理服务用房：应设接待、办公、员工休息和卫生间、厨房、储藏等用房或空间，宜设洗衣房。

5.2　生活用房

5.2.1　居室应具有天然采光和自然通风条件，日照标准不应低于冬至日日照时数2小时。当居室日照标准低于冬至日日照时数2小时时，老年人居住空间日照标准应按下列规定之一确定：

①同一照料单元内的单元起居厅日照标准不应低于冬至日日照时数2小时。

②同一生活单元内至少 1 个居住空间日照标准不应低于冬至日日照时数 2 小时。

5. 2. 2　每间居室应按不小于 6. 00m^2/床确定使用面积。

5. 2. 3　居室设计应符合下列规定：

①单人间居室使用面积不应小于 10. 00m^2，双人间居室使用面积不应小于 16. 00m^2。

②护理型床位的多人间居室，床位数不应大于 6 床；非护理型床位的多人间居室，床位数不应大于 4 床。床与床之间应有为保护个人隐私进行空间分隔的措施。

③居室的净高不宜低于 2. 40m；当利用坡屋顶空间作为居室时，最低处距地面净高不应低于 2. 10m，且低于 2. 40m 高度部分面积不应大于室内使用面积的 1/3。

④居室内应留有轮椅回转空间，主要通道的净宽不应小于 1. 05m，床边留有护理、急救操作空间，相邻床位的长边间距不应小于 0. 80m。

⑤居室门窗应采取安全防护措施及方便老年人辨识的措施。

5. 2. 4　老年人日间照料设施的每间休息室使用面积不应小于 4. 00m^2/人。

5. 2. 5　照料单元的单元起居厅应符合下列规定：

①应按不小于 2. 00m^2/床确定使用面积。

②平面及空间形式应适应老年人日常起居活动，并满足多功能使用的要求。

5. 2. 6　老年人集中使用的餐厅应符合下列规定：

①老年人全日照料设施中，护理型床位照料单元的餐厅座位数应按不低于所服务床位数的 40%配置，每座使用面积不应小于 4. 00m^2；非护理型床位的餐厅座位数应按不低于所服务床位数的 70%配置，每座使用面积不应小于 2. 50m^2。老年人日间照料设施中，餐厅座位数应按所服务人数的 100%配置，每座使用面积不应小于 2. 50m^2。

②单人座椅应可移动且牢固稳定，餐桌应便于轮椅老年人使用。

③空间布置应能满足餐车进出、送餐到位服务的需要，并应为护理人员留有分餐、助餐空间。

④当单元起居厅兼作为老年人集中使用的餐厅时，应同时符合单元起居厅与餐厅的设计规定。

5. 2. 7　护理型床位的居室应相邻设居室卫生间，居室及居室卫生间应设满足老年人盥洗、便溺需求的设施，可设洗浴等设施；非护理型床位的居室宜相邻设居室卫生间。居室卫生间应符合下列规定：

①当设盥洗、便溺、洗浴等设施时，应留有助洁、助厕、助浴等操作空间。

②应有良好的通风换气措施。

③与相邻房间室内地坪不宜有高差；当有不可避免的高差时，不应大于 15mm，且应以斜坡过渡。

5. 2. 8　照料单元应设公用卫生间，且应符合下列规定：

①应与单元起居厅或老年人集中使用的餐厅邻近设置。

②坐便器数量应按所服务的老年人床位数测算（设居室卫生间的居室，其床位可不计在内），每 6~8 床设 1 个坐便器。

③每个公用卫生间内至少应设 1 个供轮椅老年人使用的无障碍厕位，或设无障碍卫生间。

④应设1~2个盥洗盆或盥洗槽龙头。

5.2.9 当居室或居室卫生间未设盥洗设施时，应集中设置盥洗室，并应符合下列规定：

①盥洗盆或盥洗槽龙头数量应按所服务的老年人床位数测算，每6~8床设1个盥洗盆或盥洗槽龙头。

②盥洗室与最远居室的距离不应大于20.00m。

5.2.10 当居室卫生间未设洗浴设施时，应集中设置浴室，并应符合下列规定：

①浴位数量应按所服务的老年人床位数测算，每8~12床设1个浴位。其中轮椅老年人的专用浴位不应少于总浴位数的30%，且不应少于1个。

②浴室内应配备助浴设施，并应留有助浴空间。

③浴室应附设无障碍厕位、无障碍盥洗盆或盥洗槽，并应附设更衣空间。

5.2.11 照料单元内的护理站位置应明显易找且适当居中，并宜利于服务人员的视线通达至单元起居厅、走廊等老年人公共活动场所。

5.2.12 污物间的位置应邻近污物运输通道，内部应设清洗污物的水池及消毒设施。

5.3 文娱与健身用房

5.3.1 老年人照料设施的文娱与健身用房总使用面积不应小于2.00m^2/床（人）。

5.3.2 文娱与健身用房的位置应避免对老年人居室、休息室产生干扰。

5.3.3 大型文娱与健身用房宜设置在建筑首层，地面应平整，且应邻近设置公用卫生间及储藏间。

5.3.4 严寒、寒冷、多风沙、多雾霾地区的老年人照料设施宜设置阳光厅，湿热、多雨地区的老年人照料设施宜设置风雨廊。

5.4 康复与医疗用房

5.4.1 医务室使用面积不应小于10m^2，平面空间形式应满足开展基本医疗服务与救治的需求，且应有较好的天然采光和自然通风条件。

5.4.2 当设置康复用房时，除应符合国家现行有关标准的规定外，还应符合下列规定：

①室内地面应平整，表面材料应具有防护性，房间平面布局应适应不同康复设施的使用要求。

②宜附设盥洗盆或盥洗槽。

5.4.3 当设置临床、预防保健、医技等医疗服务用房时，应符合国家现行有关标准的规定。

5.5 管理服务用房

5.5.1 直接为老年人服务的入住登记、接待等窗口部门，其用房位置应明显易找并设置醒目标识。

5.5.2 办公管理用房应为电子办公设备的安装、使用及维护预留条件。

5.5.3 厨房应满足卫生防疫等要求，且应避免厨房工作时对老年人用房的干扰。

5.5.4 洗衣房平面布置应洁污分区，并应满足洗衣、消毒、叠衣、存放等需求；墙面、地面应易于清洁、不渗漏；宜附设晾晒场地。

5.6 交通空间

5.6.1 老年人使用的交通空间应清晰、明确、易于识别，且有规范、系统的提示标识，线路组织应便捷、连贯。

5.6.2 老年人使用的出入口和门厅应符合下列规定：

①宜采用平坡出入口，平坡出入口的地面坡度不应大于1/20，有条件时不宜大于1/30。

②出入口严禁采用旋转门。

③出入口的地面、台阶、踏步、坡道等均应采用防滑材料铺装，应有防止积水的措施，严寒、寒冷地区宜采取防结冰措施。

④出入口附近应设助行器和轮椅停放区。

【解读7】出入口是老年人集中使用的场所，又是建筑物室内外过渡区域。首先，要满足老年人进出方便，正常情况下残疾人能够使用的坡道坡度为1/16～1/10，对于处在机能衰退中的老年人是不便使用的，因此有条件时首选平坡出入口。如果是按台阶结合坡道的方式，就需要考虑助力进出，采用助力轮椅或采用人工助推。考虑到出入安全，旋转门对老年人来说是极易发生事故的一种设施，不论与何种门组合，均不能选用。排水、防滑和防结冰也是为避免不必要的安全事故采取的措施。门厅或门外雨棚下空间设置助行器和轮椅放置区域，方便老年人使用。

5.6.3 老年人使用的走廊，通行净宽不应小于1.80m，确有困难时不应小于1.40m；当走廊的通行净宽大于1.40m且小于1.80m时，走廊中应设通行净宽不小于1.80m的轮椅错车空间，错车空间的间距不宜大于15.00m。

【解读8】5.6.3以满足轮椅、担架通行作为确定交通空间最小尺寸的原则。本条中“确有困难时”是指某些通过既有建筑改建的老年人照料设施，由于结构原因，走道宽度不能达到1.80m，适当降低标准到1.40m也可接受。走廊的宽度要求如下：轮椅宽度由0.55m到0.69m不等，轮椅通行净宽为0.80m，担架通行净宽不超过0.80m；其他各类助行器最大宽度0.52m，其通行净宽按0.60m计；正常人流宽度0.50～0.55m，其通行净宽按0.60m计；员工的推车通行净宽按0.60m计，则走廊最小宽度按0.80m（轮椅及担架通行净宽）+0.60m（员工推车通行净宽或单股人流通行净宽）=1.40m。考虑老年人对距离和方向等的把握能力较弱，轮椅错车宽度应比两辆轮椅并排的1.60m适当留有余地，轮椅间留0.10m，轮椅同墙间留0.05m，则轮椅错车最小通行净宽确定为1.80m。

5.6.4 二层及以上楼层、地下室、半地下室设置老年人用房时应设电梯，电梯应为无障碍电梯，且至少1台能容纳担架。

【解读9】5.6.4为强制性条文。老年人行动能力较差且容易患病或发生意外，为方便老年人日常使用并在紧急情况下的方便救助，老年人照料设施建筑的二层及以上楼层、地下室、半地下室设有老年人用房时，老年人用房所在建筑分区内需要设置无障碍电梯作为老年人在楼层间的垂直交通工具，且至少1台能容纳担架，满足在紧急救助情况下为担架抬行老年人使用。供老年人使用的电梯均应为无障碍电梯，无障碍电梯应满足现行国家标准《无障碍设计规范》GB 50763和《电梯主要参数及轿厢、井道、机房的型式与尺寸 第1部分：Ⅰ、Ⅱ、Ⅲ、Ⅳ类电梯》GB/T 7025.1的要求。二层及以上楼层、地下室、半地下室设置的所有老年人用房均应具有通达能容纳担架的电梯的条件，且能容纳担架的电梯至少有 1 台。能容纳担架的电梯的主要参数及轿厢尺寸按各地地方标准执行。

在低层、多层、高层老年人照料设施建筑中，电梯作为各楼层间供老年人平时使用的主要竖向交通工具，符合老年人的体能和行为特征。规定了为老年人居室使用的电梯数量应按累计床位数测算，并给出每台电梯的服务规模上限指标。当没有设置在地下室、半地下室的老年人用房时，位于首层的老年人居室床位数可不计入累计床位数。规定电梯的位置应明显易找，与作为主要竖向交通工具的要求相适应，宜结合照料单元与建筑出入口均衡布置，有利于使用便捷、流线分散，避免拥堵。

5.6.5　电梯应作为楼层间供老年人使用的主要垂直交通工具，且应符合下列规定：

①电梯的数量应综合设施类型、层数、每层面积、设计床位数或老年人数、用房功能与规模、电梯主要技术参数等因素确定。为老年人居室使用的电梯，每台电梯服务的设计床位数不应大于 120 床。

②电梯的位置应明显易找，且宜结合老年人用房和建筑出入口位置均衡设置。

5.6.6　老年人使用的楼梯严禁采用弧形楼梯和螺旋楼梯。

【解读 10】5.6.6 为强制性条文。老年人动作不灵活，弧形楼梯和螺旋楼梯容易造成眩晕和跌倒事故。老年人用房所在的建筑分区内，无论是安全疏散还是日常使用，弧形楼梯和螺旋楼梯对老年人来说都极易造成危险，因此严禁采用这两种形式的楼梯。弧形楼梯和螺旋楼梯在建筑相关标准规范中均已明确定义。

5.6.7　老年人使用的楼梯应符合下列规定

①梯段通行净宽不应小于 1.20m，各级踏步应均匀一致，楼梯缓步平台内不应设置踏步。

②踏步前缘不应突出，踏面下方不应透空。

③应采用防滑材料饰面，所有踏步上的防滑条、警示条等附着物均不应突出踏面。

【解读 11】5.6.7 的第 1 款是满足安全疏散的必需要求。第 2、第 3 款着重强调对使用安全有影响的几个方面，踏步前缘不应突出、踏面下方不得透空、踏面不能有突出物等对于行动不便的老年人和拄杖老年人而言是必不可少的，否则容易造成牵绊、打滑失控以至引起摔伤事故。

5.7　建筑细部

5.7.1　老年人照料设施建筑的主要老年人用房采光窗宜符合表 14-2 的窗地面积比规定。

表 14-2　主要老年人用房的窗地面积比

房间名称	窗地面积比（A_c/A_d）
单元起居厅、老年人集中使用的餐厅、居室、休息室、文娱与健身用房、康复与医疗用房	≥1∶6
公用卫生间、盥洗室	≥1∶9

注：A_c——窗洞口面积；A_d——地面面积。

5.7.2 老年人用房东西向开窗时，宜采取有效的遮阳措施。

5.7.3 老年人使用的门，开启净宽应符合下列规定：

①老年人用房的门不应小于0.80m，有条件时，不宜小于0.90m。

②护理型床位居室的门不应小于1.10m。

③建筑主要出入口的门不应小于1.10m。

④含有2个或多个门扇的门，至少应有1个门扇的开启净宽不小于0.80m。

5.7.4 老年人用房的阳台、上人平台应符合下列规定：

①相邻居室的阳台宜相连通。

②严寒及寒冷地区、多风沙地区的老年人用房阳台宜封闭，其有效通风换气面积不应小于窗面积的30%。

③阳台、上人平台宜设衣物晾晒装置。

④开敞式阳台、上人平台的栏杆、栏板应采取防坠落措施，且距地面0.35m高度范围内不宜留空。

6 专门要求

6.1 无障碍设计

6.1.1 老年人照料设施内供老年人使用的场地及用房均应进行无障碍设计。并应符合国家现行有关标准的规定。无障碍设计具体部位应符合表14-3的规定。

表14-3 老年人照料设施场地及建筑无障碍设计的具体部位

场地	道路及停车场	主要出入口、人行道、停车场
	广场及绿化	活动场地、服务设施、活动设施、休憩设施
建筑	交通空间	主要出入口、门厅、走廊、楼梯、坡道、电梯
	生活用房	居室、休息室、单元起居厅、餐厅、卫生间、盥洗室、浴室
	文娱与健身用房	开展各类文娱、健身活动的用房
	康复与医疗用房	康复室、医务室及其他医疗服务用房
	管理服务用房	入住登记室、接待室等窗口部门用房

6.1.2 经过无障碍设计的场地和建筑空间均应满足轮椅进入的要求，通行净宽不应小于0.80m，且应留有轮椅回转空间。

6.1.3 老年人使用的室内外交通空间，当地面有高差时，应设轮椅坡道连接，且坡度不应大于1/12。当轮椅坡道的高度大于0.10m时，应同时设无障碍台阶。

6.1.4 交通空间的主要位置两侧应设连续扶手。

6.1.5 卫生间、盥洗室、浴室，以及其他用房中供老年人使用的盥洗设施，应选用方便无障碍使用的洁具。

6.1.6 无障碍设施的地面防滑等级及防滑安全程度应符合表14-4和表14-5的规定。

表 14-4　　室外及室内潮湿地面工程防滑性能要求

主要用途	防滑等级	防滑安全程度	防滑值 *BPN*
无障碍通行设施的地面	A_w	高	*BPN*≥80
无障碍便利设施及无障碍通用场所的地面	B_w	中高	80>*BPN*≥60

注：A_w、B_w 分别表示潮湿地面防滑安全程度为高级、中高级。

表 14-5　　室内干态地面工程防滑性能要求

主要用途	防滑等级	防滑安全程度	防滑值 *COF*
无障碍通行设施的地面	A_d	高	*COF*≥0.70
无障碍便利设施及无障碍通用场所的地面	B_d	中高	0.70>*COF*≥0.60

注：A_d、B_d 分别表示干态地面防滑安全程度为高级、中高级。

6.2　室内装修

6.2.1　老年人照料设施的室内装修设计宜与建筑设计结合，实行一体化设计。

6.2.2　室内装修应考虑康复辅助器具的收纳、使用空间，并预留所需建筑设备的条件。

6.2.3　室内装饰材料的选择，应符合国家现行有关标准的规定。室内环境污染浓度限量应符合表 14-6 的规定。

表 14-6　　老年人照料设施室内环境污染物浓度限量

污染物名称（单位）	浓度限量
氡（Bq/m^3）	≤200
游离甲醛（mg/m^3）	≤0.08
苯（mg/m^3）	≤0.09
氨（mg/m^3）	≤0.2
TVOC（mg/m^3）	≤0.5

【解读 12】表 14-6 数据摘自《民用建筑工程室内环境污染控制规范》GB 50325—2010（2013 年修订版）。室内空气中的氡、游离甲醛、苯、氨、总挥发性有机化合物（TVOC）等污染物对人体危害很大，必须对其浓度加以控制。其中，氡的浓度与建筑物所在区域土壤有关，需要对设施场地进行氡浓度或土壤氡析出率测定，并提供相应报告。氡的防治处理可采取增加地面抗开裂措施和增加地面防水构造等方式进行阻隔。游离甲醛、苯、氨、总挥发性有机化合物（TVOC）等污染物主要来源于室内装修材料中的人造板、胶黏剂、涂料、处理剂等，故建造和装修过程中应控制人造板材、墙体涂料、防水涂料、防火涂料、混凝土外加剂、防腐剂、防水剂、各类胶黏剂等材料的

相关指标，保证室内环境不受污染。

6.2.4　室内部品与家具布置应安全稳固，适合老年人生理特点和使用需求。

6.2.5　室内色彩应有利于营造温馨、宜居的环境氛围，宜以暖色调为主。

6.2.6　标志设置应系统、连续、科学合理，符合老年人认知特点，且应符合相关现行国家标准的规定

【解读13】考虑到老年人视力、反应能力、记忆力等不断衰退，强调标志设计非常必要。老年人照料设施的标志应设于显著位置，标志的图形符号和文字应放大、方便识别。通用符号应符合现行国家标准《公共信息图形符号 第1部分：通用符号》GB/T 10001.1的规定，无障碍标志应符合现行国家标准《公共信息图形符号 第9部分：无障碍设施符号》GB/T 10001.9的规定，安全标志应符合现行行业标准《养老机构安全管理》MZ/T 032的规定，服务应用标志应符合现行标准《养老机构服务应用标识规范》DB31/T 813的规定。

6.3　安全疏散与紧急救助

6.3.1　老年人照料设施的人员疏散应符合现行国家标准《建筑设计防火规范》GB 50016的规定。

6.3.2　每个照料单元的用房均不应跨越防火分区。

6.3.3　向老年人公共活动区域开启的门不应阻碍交通。

6.3.4　老年人用房的厅、廊、房间如设置休息座椅或休息区、布设管道设施、挂放各类物件等形成的突出物应有防刮碰的保护措施。

6.3.5　建筑的主要出入口至机动车道路之间应留有满足安全疏散需求的缓冲空间。

6.3.6　全部老年人用房与救护车辆停靠的建筑物出入口之间的通道，应满足紧急送医需求。紧急送医通道的设置应满足担架抬行和轮椅推行的要求，且应连续、便捷、畅通。

6.3.7　老年人的居室门、居室卫生间门、公用卫生间厕位门、盥洗室门、浴室门等，均应选用内外均可开启的锁具及方便老年人使用的把手，且宜设应急观察装置。

【解读14】6.3.2当老年人照料设施建筑发生火灾时，相应防火分区应封闭，尤其是护理型床位的老年人需要在工作人员的组织和协助下进行疏散。如果照料单元跨越防火分区，工作人员无法对身处不同防火分区的老年人进行有效组织和协助，存在较大安全隐患。

6.3.3当房间采用外开门时，应设门外凹空间，避免对走廊动线的影响。

6.3.4相比较其他类型建筑，老年人照料设施建筑中会存在大量的利用交通空间做休闲区域，或利用交通空间布设家居设施和用品的情况。针对这种情况，本条明确强调对突出物应有防刮碰的保护措施。

6.3.5出入口紧邻机动车道，对于反应和行动均很迟缓的老年人来说是极为危险的。建筑出入口同机动车道路之间是指出入口室外台阶最外一级踏步及残障坡道最外起坡点同机动车道路之间的空间，平坡出入口亦同。缓冲空间的深度至少应达到室外人行步道的最小宽度1.50m，宽度应达到同台阶或门洞等宽。

6.3.6为便于在紧急情况下，由内部的护理人员或外部的救护人员经紧急送医通道将老年人送至救护车所在位置，应提前规划出紧急送医通道。紧急送医通道的路径：

老年人用房—走廊—门厅—出入口—救护车停靠点或老年人用房—走廊—可容纳担架的电梯（楼梯）—门厅（或走廊）—出入口—救护车停靠点。老年人用房应与紧急送医通道联系直接，不能存在“孤岛”，紧急送医通道经由各处节点均应无阻碍且路径清晰、连续，此通道的宽度应能满足担架抬行或轮椅推行。考虑到在特殊情况下可容纳担架的电梯无法正常使用（如停电或电梯故障），此时应确保有符合条件的楼梯替代电梯作为紧急送医通道的一部分。

6.3.7 老年人在发生意外时，大多数需要依靠外部救援。本条给出门锁开启方式和应急观察装置的规定，满足外部救援需求。同时，也要求门的把手应能方便老年人使用，把手形式一般为执杆式，位置应能兼顾轮椅老年人抓握。

6.4 卫生控制

6.4.1 老年人照料设施的建筑和场地的设计应便于保持清洁、卫生，空间布局应有利于防止传染病传播。老年人全日照料设施设有生活用房的建筑间距应满足卫生间距要求，且不宜小于 12m。

6.4.2 建筑及场地内的物品运送应洁污分流，且运送垃圾废物、换洗被服等污物的流线不应穿越食品存放、加工区域及老年人用餐区域。

6.4.3 临时存放医疗废物的用房应设置专门的收集、洗涤、消毒设施，且有医疗废物运送路线的规划。

6.4.4 遗体运出的路径不宜穿越老年人日常活动区域。

6.5 噪声控制与声环境设计

6.5.1 老年人照料设施应位于现行国家标准《声环境质量标准》GB 3096 规定的 0 类、1 类或 2 类声环境功能区。

6.5.2 当供老年人使用的室外活动场地位于 2 类声环境功能区时，宜采取隔声降噪措施。

6.5.3 老年人照料设施的老年人居室和老年人休息室不应与电梯井道、有噪声振动的设备机房等相邻布置。

【解读 15】6.5.3 为强制性条文。噪声振动对老年人的心脑功能和神经功能系统有较大影响。从有利于老年人身心健康的角度考虑，远离噪声源布置老年人居室是十分必要的。避免与电梯井道、有噪声振动的设备机房等相邻布置，是保证居室免受噪声干扰的最有效措施。相邻布置是指在房间或场所的上一层、下一层或贴临的布置。

6.5.4 老年人用房室内允许噪声级应符合表 14-7 的规定。

表 14-7　老年人用房室内允许噪声级

房间类别		允许噪声级（等效连续 A 声级，dB）	
		昼间	夜间
生活用房	居室	≤40	≤30
	休息室	≤40	
文娱与健身用房		≤45	
康复与医疗用房		≤40	

6.5.5 房间之间的隔墙或楼板、房间与走廊之间的隔墙的空气声隔声性能，应符合表 14-8 的规定。

表 14-8　　房间之间的隔墙和楼板的空气声隔声标准

构件名称	空气声隔声评价量（R_w+C）
Ⅰ类房间与Ⅰ类房间之间的隔墙、楼板	≥50dB
Ⅰ类房间与Ⅱ类房间之间的隔墙、楼板	≥50dB
Ⅱ类房间与Ⅱ类房间之间的隔墙、楼板	≥45dB
Ⅱ类房间与Ⅲ类房间之间的隔墙、楼板	≥45dB
Ⅰ类房间与走廊之间的隔墙	≥50dB
Ⅱ类房间与走廊之间的隔墙	≥45dB

注：Ⅰ类房间——居室、休息室；Ⅱ类房间——单元起居厅、老年人集中使用的餐厅、卫生间、文娱与健身用房、康复与医疗用房等；Ⅲ类房间——设备用房、洗衣房、电梯间及井道等。

6.5.6 居室、休息室楼板的计权规范化撞击声压级应小于 65dB。

6.5.7 老年人用房空场 500Hz~1000Hz 的混响时间应符合表 14-9 的规定。

表 14-9　　老年人用房空场 500Hz~1000Hz 混响时间（倍频程）的平均值

房间容积（m^3）	混响时间（s）
<200	≤0.8
200~600	≤1.1
>600	≤1.4

6.5.8 老年人照料设施的声环境设计宜利用自然声创造良好的整体环境，并利用环境声景改善老年人的生活环境。

7 建筑设备

7.1 给水与排水

7.1.1 老年人照料设施建筑给水系统应符合国家现行标准的规定。非传统水源可用于室外绿化及道路浇洒，但不应进入建筑内老年人可触及的生活区域。

7.1.2 给水系统应满足给水配件最低工作压力需求，且最低配水点静水压力不宜大于 0.45MPa，水压力大于 0.35MPa 的配水横管应设减压措施。

7.1.3 建筑宜供应热水，并宜采取集中热水供应系统。储水温度不宜低于 60℃，热水配水点水温宜为 40~50℃。热水供应应有控温、稳压装置，宜采用恒温阀或恒温龙头，明装热水管道应设有保温措施。有条件的地区宜优先采用热泵或太阳能等非传统热源制备生活热水，并宜配有辅助加热设施。太阳能热水系统应设防过热设施。

7.1.4 建筑内应设置计量水表。设有集中热水供应系统的老年人照料设施建筑宜设置热水计量水表，且应热水供水、循环回水管道同时设置。

7.1.5 卫生洁具和给水排水配件应选用节水型低噪声产品。给水、热水管道设计流速不宜大于1.00m/s，排水管应选用低噪声管材或采用降噪声措施。

7.1.6　老年人使用的公用卫生间宜采用光电感应式、触摸式等便于操作的水龙头和水冲式坐便器冲洗装置。室内排水应通畅便捷，并保证有效的水封要求。截水用条形地漏宜与地面平齐，不影响人员及轮椅通行；卫生间地漏宜设在靠近角部最低处不易被踩踏的部位。

7.1.7　老年人照料设施的卫生间给排水管道宜暗装敷设。

7.2　供暖、通风与空气调节

7.2.1　老年人照料设施在严寒和寒冷地区应设集中供暖系统，在夏热冬冷地区应设安全可靠的供暖设施。采用电加热供暖应符合国家现行标准的规定。

7.2.2　设置散热器供暖系统时，应采用供水温度不大于85℃热水作为热媒。有条件时，宜采用热水地面辐射供暖系统，供水温度不应高于60℃。

7.2.3　主要房间供暖室内设计温度不应低于表14-10的规定。

表14-10　主要房间供暖室内设计温度

房间类别	居室	居室卫生间、盥洗室	公用卫生间	浴室	文娱与健身用房	康复与医疗用房	办公室	楼梯间、走廊
设计温度（℃）	20	20	18	25	20	20	20	18

7.2.4　无供暖设施的老年人照料设施，应根据当地的气候特点，在老年人浴室内安装安全可靠的供暖设备或预留安装供暖设备的条件。

【解读16】这几条是从运行调节、供暖质量、节能降耗、人员安全等方面考虑所做的规定。老年人体质差，对室温要求较高，供暖室内设计温度应适当提高。含洗浴设备的卫生间宜设置安全可靠的辅助供暖设施，平时保持20℃，洗浴时借助辅助供暖设施升温至25℃，保证洗浴时的室内温度。

7.2.5　散热器、热水辐射供暖分集水器必须有防止烫伤的保护措施。

【解读17】本条为强制性条文。规定本条的目的是保护老年人的安全健康，采取有效措施避免老年人烫伤。热水散热器、电供暖散热器、热水辐射供暖分集水器等必须暗装或加防护罩。

7.2.6　老年人用房内不应敷设温度高于当地大气压下沸点的高温水管道及蒸汽管道。

7.2.7　厨房、卫生间、浴室等应设置具备防止回流功能的机械排风设施。

7.2.8　严寒、寒冷及夏热冬冷地区的老年人照料设施建筑，宜设置满足室内卫生要求且运行稳定的通风换气设施。

7.2.9　老年人用房人员长期逗留区域舒适性空调室内设计参数应符合表14-11的规定。

表 14-11　　老年人用房人员长期逗留区域舒适性空调室内设计参数

类别	温度（℃）	相对湿度（%）	风速（m/s）
供热工况	22~24	—	≤0.2
供冷工况	26~28	≤70	≤0.25

7.2.10　当设置集中空调系统时，应设置新风系统。主要房间设计最小新风量宜按换气次数法确定，并应符合下列规定：

①康复与医疗用房以及护理型床位的居室、单元起居厅等生活用房设计最小换气次数宜为每小时 2 次。

②非护理型床位的居室等生活用房设计最小换气次数宜符合表 14-12 规定。

表 14-12　　非护理型床位的居室等生活用房设计最小换气次数

人均居住面积（F_p）	每小时换气次数
$F_p \leqslant 10m^2$	0.70
$10m^2 < F_p \leqslant 20m^2$	0.60
$20m^2 < F_p \leqslant 50m^2$	0.50
$F_p > 50m^2$	0.45

7.3　建筑电气

7.3.1　居室、单元起居厅、餐厅、文娱与健身用房宜设置备用照明，照明值不应低于该场所一般照明照度标准值的 10%。

7.3.2　生活用房、文娱与健身用房及辅助空间照度值应符合表 14-13 的规定。光源宜选用暖色节能光源，相关色温小于 3300K，显色指数宜大于 80，眩光指数宜小于 19。

表 14-13　　生活用房、文娱与健身用房及辅助空间照度值

房间名称	居室	单元起居厅、餐厅	卫生间、浴室、盥洗室	文娱健身用房	门厅	走廊	楼梯间
照度值（lx）	150	200	200	300	200	150	100

7.3.3　建筑出入口、阳台等均应设照明设施。供老年人使用的盥洗盆或盥洗槽、厨房操作台应设局部照明，有条件时，每个居室的门外可增设局部照明。

7.3.4　居室至居室卫生间的走道墙面距地 0.40m 处应设嵌装脚灯，居室的顶灯、长过道的照明宜采用双控开关两地控制。

7.3.5　照明开关应选用带夜间指示灯的宽板翘板开关，安装位置应醒目，且颜色应与墙壁区分，高度宜距地面 1.10m。

7.3.6　电源插座应结合建筑家具布置设置，并应满足主要家用电器和安全报警装

置的使用要求。居室床头、盥洗盆或盥洗槽、厨房操作台、洗衣机应设置电源插座。

【解读18】7.3.6对电源插座的设置提出了要求，除具体明确的位置，还应满足主要电器的使用要求。

7.3.7 电源插座应采用安全型电源插座。居室的电源插座高度距地宜为0.60~0.80m；供老年人使用的电炊操作台的电源插座高度距地宜为0.90~1.10m。

7.3.8 低压配电导体应采用铜芯电缆、电线，并应采用阻燃低烟无卤交联聚乙烯绝缘电缆、电线或无烟无卤电缆、电线。

7.3.9 每个生活单元应设单元配电箱，照料单元的居室宜单设配电箱，配电箱内应设电源总开关，电源总开关应采用可同时断开相线和中性线的开关电器，配电箱内的插座回路应装设剩余电流动作保护器。

【解读19】7.3.7要求采用安全型电源插座，主要是从安全与使用方面考虑，以防老年人无意碰到或使用不当时，造成触电危险。居室插座安装高度的确定是以床头柜高度为依据，厨房操作台电源插座的高度是以方便坐轮椅的人操作为依据。

7.3.8老年人行动能力弱，一旦发生火灾，后果更加严重，要求低压配电导体采用铜芯电缆、电线，主要是为了降低由于导体原因发生的电气火灾。采用燃烧性能应为B1级、产烟毒性应为t1级、燃烧滴落物/微粒等级应为d1级电线是为了防止火灾时导体燃烧释放的有毒气体，造成二次伤害。

7.3.10 安全防护应符合下列规定：

①医疗服务用房和带洗浴设备的卫生间应做辅助等电位联结。

②当采用Ⅰ类灯具时，灯具的外露可导电部分应可靠接地。

③医疗服务用房宜设防静电接地。

7.3.11 供配电设备、用电设备均应选用高效节能产品。

7.4 智能化系统

7.4.1 信息设施系统应符合下列规定：

①应配置有线电视、电话、信息网络等信息设施系统。

②老年人居室、单元起居厅和餐厅、文娱与健身用房、康复与医疗用房应设有线电视、电话及信息网络插座。

③宜设无线局域网络全覆盖设施。

7.4.2 公共安全系统应符合下列规定：

①建筑内以及室外活动场所（地）应设视频安防监控系统。各出入口、走廊，单元起居厅、餐厅，文娱与健身用房，各楼层的电梯厅、楼梯间，电梯轿厢等场所应设安全监控设施。

②建筑首层宜设入侵报警装置。

③老年人居室、单元起居室、餐厅、卫生间、浴室、盥洗室、文娱与健身用房，康复与医疗用房均应设紧急呼叫装置，且应保障老年人方便触及。紧急呼叫信号应能传输至相应护理站或值班室。呼叫信号装置应使用50V及以下安全特低电压。

④失智照料单元应设出入口管理措施。

7.4.3 老年人居室、单元起居厅、餐厅、卫生间、浴室、盥洗室、文娱与健身用房，以及康复与医疗用房宜设温度监测及调控系统，并宜在各用房内单独调控。

7.4.4　照护及健康管理平台应符合下列规定：

①宜设照护及健康管理平台，对照护人群的健康数据进行采集、分析和管理。

②建筑内以及室外活动场所（地）宜设活动监护及无线定位报警系统。

③特殊照料人群（如失智老年人）空间应设防走失装置。

④宜设照料人群与家人间信息及时传递措施。

本标准用词说明

1. 为便于在执行本标准条文时区别对待，对要求严格程度不同的用词，说明如下：

①表示很严格，非这样做不可的：正面词采用“必须”，反面词采用“严禁”；

②表示严格，在正常情况下均应这样做的：正面词采用“应”，反面词采用“不应”或“不得”；

③表示允许稍有选择，在条件许可时首先应这样做的：正面词采用“宜”，反面词采用“不宜”；

④表示有选择，在一定条件下可以这样做的，采用“可”。

2. 本标准中指明应按其他有关标准执行的写法为：“应符合……的规定”或“应按……执行”。

《老年人照料设施建筑设计标准》对老年人照料设施建筑设计提供了标准与指导，可以适应我国老年人照料设施建设发展的需要，提高老年人照料设施建筑设计质量，符合安全、健康、卫生、适用、经济、环保等基本要求。

思维导图

第十五章《养老机构设施设备配置》及解读

扫码查看课程资源

小李现在是一所高职院校智慧健康养老服务与管理专业大一的学生。从小在爷爷奶奶身边长大的他对养老服务产生了浓厚的兴趣，他觉得应该担负起家庭养老乃至社会养老的责任。今天顶岗实习的任务是查看养老机构设施设备配置，他需要在掌握《养老机构设施设备配置》理论知识的基础上到养老机构进行实际查看，并将查看到的结果与配置标准进行对比，完成实践报告。

如果你是小李，你将如何完成此项任务？

知识要求：

1. 掌握《养老机构设施设备配置》标准中设施建设、设备配置、系统要求、安全保护的具体内容。
2. 熟悉《养老机构设施设备配置》标准中术语和定义、总则的具体内容。
3. 了解《养老机构设施设备配置》标准中涉及的国家标准及行业标准的内容。

能力目标：

1. 能根据《养老机构设施设备配置》标准对养老机构设施设备配置进行实际查看、对比。
2. 能根据《养老机构设施设备配置》标准对查看的结果进行分析和思考。

素质要求：

1. 具有严谨求实、谦虚谨慎的工作态度，数据翔实准确，内容真实可靠。
2. 具有团队合作意识及评判性思维，以工作任务为中心，确保安全。

《养老机构设施设备配置》是养老机构设施设备配置的基本原则，为养老机构进行适老环境设计、标准化设施设备配置提供了科学依据。2015 年 11 月 27 日，山东省质量技术监督局发布山东省地方标准《养老机构设施设备基本配置规范》（DB 37/T 2720—2015），于 2016 年 1 月 1 日实施。2022 年，民政部发布《养老机构设施设备配置规范（征求意见稿）》。2024 年 6 月 28 日民政部发布行业标准《养老机构设施设备配置》（M2/T 215—2024），于 2024 年 8 月 1 日实施，为各级养老机构设施设备配置提供了标准和依据。

《养老机构设施设备配置》及解读

1 范围

本文件提出了养老机构设施设备配置的总则、规定了养老机构的设施建设和设备配置。

本文件适用于养老机构开展设施设备配置工作。

2 规范性引用文件

下列文件中的内容通过文中的规范性引用而构成本文件必不可少的条款。其中，注日期的引用文件，仅该日期对应的版本适用于本文件；不注日期的引用文件，其最新版本（包括所有的修改单）适用于本文件。

GB/T 16432 康复辅助器具 分类和术语

【解读 1】GB/T 16432 是我国残疾人工作和康复工程领域的一项基本文件，极大地丰富了我们对辅助器具的类别和品种的认知，该标准对辅助器具行业和产业的发展起到积极的引导作用。

GB 24436 康复训练器械安全通用要求

【解读 2】国家质量监督检验检疫总局（现为国家市场监督管理总局）和国家标准化管理委员会 2009 年 9 月 30 日发布 GB 24436—2009，2009 年 12 月 1 日实施。本标准规定了康复训练器械的术语定义，在安全方面的通用要求和试验方法等。本标准适用于身体功能障碍者，在康复训练场所或家庭，在康复医师或护理人员指导下进行康复训练的器械。

GB 38600 养老机构服务安全基本规范

【解读 3】《养老机构服务安全基本规范》是我国养老服务领域第一项强制性国家标准，明确了养老机构服务安全“红线”，将有利于防范、排查和整治养老机构服务中的安全隐患，推进养老服务高质量发展。

GB/T 42195—2022 老年人能力评估规范

【解读 4】《老年人能力评估规范》国家标准的发布实施，将为科学划分老年人能力等级，推进基本养老服务体系建设，优化养老服务供给，规范养老服务机构运营等提供基本依据。

GB 50222 建筑内部装修设计防火规范

【解读 5】中华人民共和国住房和城乡建设部 2017 年 7 月 31 日批准《建筑内部装修设计防火规范》为国家标准，编号为 GB 50222—2017，自 2018 年 4 月 1 日起实施

GB 50763 无障碍设计规范

【解读 6】中华人民共和国住房和城乡建设部于 2012 年 3 月 30 日批准《无障碍设计规范》为国家标准，编号为 GB 50763—2012，自 2012 年 9 月 1 日起实施。

GB 55036 消防设施通用规范

GB 55037 建筑防火通用规范

JGJ 450—2018 老年照料设施建筑设计标准

【解读7】2018年3月30日，中华人民共和国住房和城乡建设部批准《老年人照料设施建筑设计标准》为行业标准，编号为JGJ 450—2018，自2018年10月1日起实施。

MZ/T 032—2012 养老机构安全管理

MZ/T 131 养老服务常用图形符号及标志

MZ/T 189 养老机构洗涤服务规范

3　术语和定义

本文件没有需要界定的术语和定义。

4　总则

4.1　以人为本

以服务老年人为中心，适合老年人生理特点。

4.2　安全便利

创造安全、无障碍的环境，便于老年人活动。

4.3　健康护理

满足老年人的健康需求和护理服务的开展。

4.4　便于社交

促进老年人之间、老年人与服务人员之间的交流和互动，提升生活质量。

5　设施建设

5.1　养老机构设施设计应符合JGJ 450—2018的要求，无障碍设计应符合GB 50763的要求，内部装修设计应符合GB 50222的要求。

【解读8】JGJ 450—2018为《老年人照料设施建筑设计标准》。《老年人照料设施建筑设计标准》中主要应熟悉的内容如下：

①道路系统应保证救护车辆能停靠在建筑的主要出入口处，且应与建筑的紧急送医通道相连。

② 老年人照料设施的老年人居室和老年人休息室不应设置在地下室、半地下室。

③二层及以上楼层、地下室、半地下室设置老年人用房时应设电梯，电梯应为无障碍电梯，且至少1台能容纳担架。

④老年人使用的楼梯严禁采用弧形楼梯和螺旋楼梯。

⑤老年人照料设施的老年人居室和老年人休息室不应与电梯井道、有噪声振动的设备机房等相邻布置。

⑥散热器、热水辐射供暖分集水器必须有防止烫伤的保护措施。

【解读9】GB 50222为《建筑内部装修设计防火规范》，《建筑内部装修设计防火规范》中主要应熟悉的内容有：

①建筑内部装修不应擅自减少、改动、拆除、遮挡消防设施、疏散指示标志、安全出口、疏散出口、疏散走道和防火分区、防烟分区等。

②建筑内部消火栓箱门不应被装饰物遮掩，消火栓箱门四周的装修材料颜色应与消火栓箱门的颜色有明显区别或在消火栓箱门表面设置发光标志。

③疏散走道和安全出口的顶棚、墙面不应采用影响人员安全疏散的镜面反光材料。

④地上、地下建筑的疏散走道和、安全出口的门厅、疏散楼梯间和前室的顶棚、

墙面和地面均应采用A级装修材料。

⑤建筑物内设有上下层相连通的中庭、走马廊、开敞楼梯、自动扶梯时，其连通部位的顶棚、墙面应采用A级装修材料。

⑥无窗房间内部装修材料的燃烧性能等级应达A级以上。

⑦消防水泵房、机械加压送风排烟机房、固定灭火系统钢瓶间、配电室、变压器室、发电机房、储油间、通风和空调机房等，其内部所有装修均应采用A级装修材料。

⑧ 消防控制室等重要房间，其顶棚和墙面应采用A级装修材料，地面及其他装修应采用不低于B1级的装修材料。

⑨ 建筑物内的厨房，其顶棚、墙面、地面均应采用A级装修材料。

5.2 设施建设宜预留护理空间，便于配置康复辅助器具，其配置符合GB/T 16432的要求。

5.3 建筑材料宜选择安全节能环保材料。

5.4 消防设施建设和设备配置应符合GB 55036和GB 55037的相关要求。

5.5 照明设施应符合JGJ 450—2018中7.3.1~7.3.5的要求。

5.6 建筑物各功能区域、道路均应配置相关提示、标志，并符合MZ/T 131的要求。

5.7 养老机构设施设备配置的安全性应符合MZ/T 032—2012中5和GB 38600的要求。

6 设备配置

6.1 居住空间

6.1.1 居室

6.1.1.1 居室设备配置，应包括：

a. 单人护理床、床头牌、桌椅、衣柜、采暖系统和降温设备等；

b. 紧急呼叫装置，宜采用按钮和拉绳结合式。

6.1.1.2 居室设备配置，宜包括：

a. 多人间居室物理间隔屏障；

b. 电话、电视、饮水机、活动餐桌、空气净化设备等。

6.1.2 居室卫生间

6.1.2.1 居室卫生间设备配置，应包括：

a. 坐便器，坐便器附近留有助厕操作空间，墙面设扶手；

b. 紧急呼叫装置，宜采用按钮和拉绳结合式；

c. 可双向开启门锁；

d. 无自然通风条件时，配置通风设备。

6.1.2.2 居室卫生间设备配置，宜包括：

a. 推拉移动门，配置横向拉手；

b. 无障碍洗面台、墙面镜；

c. 大小便智能护理设备。

6.1.3 浴室

6.1.3.1 浴室设备配置，应包括：

a. 便于老年人使用的淋浴设备，且有易于识别冷热水的标识；

b. 便于老年人使用的扶手；

c. 紧急呼叫装置，宜采用按钮和拉绳结合式；

d. 防滑沐浴垫；

e. 洗澡椅（凳）；

f. 取暖、通风设备。

6.1.3.2　浴室设备配置，宜包括：

a. 折叠式门或向外开式门；

b. 便携式洗浴设备、洗澡床等。

6.2　就餐空间

6.2.1　厨房餐厅设备配置，应包括：

a. 灶具、工作台、排烟设备等；

b. 便于老年人使用的餐桌、座椅、洗手池等；

c. 留样柜、餐具消毒设备；

d. 燃气厨房燃气泄漏报警装置。

6.2.2　宜配置保温送餐车、食品搅拌机、微波炉、烤箱、电磁炉等。

6.3　公共空间

6.3.1　公共卫生间设备配置，应包括：

a. 女卫生间配置无障碍厕位和无障碍洗手盆，男卫生间配置无障碍厕位、无障碍小便器和无障碍洗手盆；

b. 无自然通风条件时，配置通风设备；

c. 可双向开启门锁，宜提供使用状态标识；

d. 紧急呼叫装置，宜采用按钮和拉绳结合式。

6.3.2　洗涤空间设备配置，应包括：

a. MZ/T 189 规定的相关设施设备；

b. 衣物、被褥等织物的收集、清洗设备；

c. 清洁设备与消毒设备。

6.3.3　洗涤空间设备配置，宜包括：

a. 烘干设备；

b. 专门的污洗空间，配备浸泡池、净化池、给排水系统等。

6.3.4　宜设置储物间，配置货物架、柜子等。

6.3.5　宜设置开水间，配置开水器、恒温水箱等。

6.4　功能空间

6.4.1　设置活动场所，宜包括：

a. 文体娱乐区（室），配置便于老年人使用的桌椅等；

b. 阅览区（室），配置适合老年人阅读的图书、杂志和报纸，配置放大镜、助视器、阅读架、阅读灯、电脑、电视机、音像播放设备等；

c. 棋牌活动区（室），配置象棋、麻将、棋牌游具等；

d. 健身区（室），配置便于老年人使用的健身器械或乒乓球、台球等；

e. 书画手工区（室），配置便于老年人使用的书画桌椅，书法、绘画用具，手工制作用品用具等；

f. 音乐、舞蹈活动区（室），配置舞台、灯光、音响设备，设有储藏间，满足播放多媒体需求等；

g. 教室，配置投影设施或黑（白）板等教学用具。

6.4.2 养老机构未内设医疗机构时，应设置相对独立的医疗空间，并配置轮椅、防压力性损伤床、收合型屏风等，可配置移位机等康复辅助器具。

6.4.3 应设置能力评估空间，其要求应符合 GB/T 42195—2022 中 5.1 的规定。

6.4.4 宜设置接待空间，设有业务咨询室、入住登记室和临时探望区，并配置便于使用的桌椅等。

6.4.5 宜设置康复空间，康复辅助器具配置可参考 MZ/T 174，康复训练器械的配置应符合 GB 24436 的相关要求。

6.4.6 宜设置心理咨询空间，可配置柔色桌椅、可调节光系统和心理沙盘等。

6.5 其他空间

6.5.1 应设置设备用房，配置办公桌（椅）和安保监控设备等，视频监控设备应覆盖养老机构内所有出入口、接待大厅、值班室、楼道、就餐空间、活动场所和其他公共区域。

6.5.2 应设置值班室，配置传呼监护系统、电话和轮椅等。

6.5.3 宜设置办公室，配置办公桌（椅）、电话、文件柜、电脑、打印机和消防设施、器材等。

6.5.4 宜设置会议室，配置会议桌（椅）、音箱和麦克风等。

6.5.5 宜设置档案室，配置档案柜、电脑和档案管理系统等。

6.5.6 宜设置护理站，配置办公桌、座椅、电脑、文件柜、呼叫接收装置等。

6.5.7 宜根据规模设置职工宿舍，配置床和桌椅等。

6.5.8 宜设置仓储用房，配置储物柜和货物架等。

6.5.9 宜根据机构规模配置老年人专用接送车辆。

6.5.10 宜配置智能系统，系统配置可参考 JGJ/T 484。

《养老机构设施设备配置》是养老机构设施设备配置的标准，对设施建设和设备配置提出了明确的配置要求规定，为养老机构进行适老环境设计、标准化设施设备配置提供了科学依据，为老年人的生活质量提供了保障。

思维导图

第十六章 《养老机构等级划分与评定》标准及解读

扫码查看课程资源

小王是一所高职院校智慧健康养老服务与管理专业大三的学生。目前在养老机构实习，近期民政局要组织第三方机构对全市的养老机构进行等级划分与评定，她今天的任务是对机构进行自评，需要在掌握《养老机构等级划分与评定》（GB/T 37276—2018）标准理论知识的基础上对机构进行实际查看，并将查看的结果对照标准完成自评报告。

如果你是小王，你将如何完成此项任务？

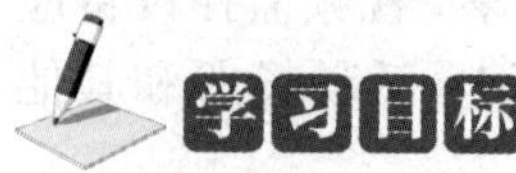

知识要求：

1. 掌握养老机构申请等级评定应满足的基本要求与条件。
2. 掌握《养老机构等级划分与评定》的评定原则及方法。
3. 熟悉养老机构的等级划分与标志。

能力目标：

1. 能根据养老机构的实际情况进行评定。
2. 能根据评定标准的要求对机构不合格项进行整改提升。

素质要求：

1. 具有严谨求实的工作态度，对老年人关心体贴，确保安全。
2. 具有评判性思维，以服务对象为中心，获得老年人及家属的满意。

为了保证养老机构的服务质量和管理水平，需要对养老机构进行等级划分和评定。通过养老机构的等级划分和评定，老年人和家属可以更全面地了解养老机构的服务质量和管理水平，从而更合理地选择养老机构。同时，养老机构也会因此不断提高自身的服务质量和管理水平，以满足老年人的养老需求。

《养老机构等级划分与评定》标准及解读

1 范围

本标准规定了养老机构等级划分与标志、申请等级评定应满足的基本要求与条件、等级评定。

本标准适用于养老机构等级划分与评定工作。

2 规范性引用文件

下列文件对于本文件的应用是必不可少的。凡是注日期的引用文件，仅注日期的版本适用于本文件。凡是不注日期的引用文件，其最新版本（包括所有的修改单）适用于本文件。

GB/T 10001.1 公共信息图形符号 第1部分：通用符号

【解读1】国家市场监督管理总局与国家标准化管理委员会2023年9月7日发布，2024年1月1日实施。

GB/T 10001.9 标志用公共信息图形符号 第9部分：无障碍设施符号

【解读2】原标准于2021年10月1日废止。国家市场监督管理总局与国家标准化管理委员会2021年3月9日发布《公共信息图形符号 第9部分：无障碍设施符号》，2021年10月1日实施。

GB/T 35796—2017 养老机构服务质量基本规范

【解读3】国家质量监督检验检疫总局（现为国家市场监督管理总局）与国家标准化管理委员会2017年12月29日发布并实施。规定了养老机构服务的基本要求、服务项目与质量要求、管理要求、服务评价与改进，适用于养老机构的服务质量管理。

MZ/T 032—2012 养老机构安全管理

【解读4】中华人民共和国民政部于2012年3月26日发布，2012年4月1日实施。本标准规定了养老机构的安全管理体系、设备设施安全、食品安全、消防安全、医疗护理安全、人身安全、财产安全、信息安全、突发事件应急管理和安全教育与培训的要求。本标准适用于养老机构的安全管理。

MZ/T 039 老年人能力评估

【解读5】《老年人能力评估》为行业标准。国家市场监督管理总局与国家标准化管理委员会于2022年12月30日发布并实施《老年人能力评估规范》，该文件规定了老年人能力评估的指标与评分、组织实施及评估结果，适用于开展老年人能力的评估。

3 术语和定义

下列术语和定义适用于本文件

3.1 等级 rank

在综合考察养老机构的环境、设施设备、运营管理、服务的基础上所作的分级。

3.2 活动场所 activity area

为满足老年人文化娱乐、健身活动需求而设置的室内和室外区域。

3.3 责任事故 liability accident

在养老机构的设施、场地内，管理失职或操作不当导致严重人身伤害及财产损失的事故。

注：包括但不限于侮辱、虐待、走失、食物中毒、火灾。

3.4 特困老年人 elderly living in extreme difficulties

无劳动能力，无生活来源，无法定赡养、抚养、扶养义务人或者其法定义务人无履行义务能力的60周岁以上老年人。

3.5 机构入住率 occupancy rate

入住老年人总数与养老机构内总床位数的比率（%）。

3.6 委托服务 authorized service

受老年人及相关第三方办理托付事项的活动。

3.7 康复服务 rehabilitation service

采用科学方法、设施和设备，消除或减轻老年人身心、社会功能障碍，达到和保持老年人生理、智力、精神和社会功能的活动。

3.8 教育服务 education service

为满足老年人身心发展需求，有计划地面向老年人开展知识、技能、思想、信息传递的一系列教育活动与过程。

3.9 居家上门服务 home care services

为居家的老年人提供生活照料、膳食、清洁卫生、心理/精神支持等方面服务的活动。

4 等级划分与标志

4.1 等级划分

养老机构的评定分为五个等级，从低到高依次为一级、二级、三级、四级、五级。级数越高，表示养老机构在环境、设施设备、运营管理、服务方面的综合能力越强。

4.2 等级标志

4.2.1 等级标志由五角星图案构成，用一颗五角星表示一级，两颗五角星表示二级，三颗五角星表示三级，四颗五角星表示四级，五颗五角星表示五级。

4.2.2 等级标志实行统一管理。

4.2.3 等级标志的有效期为三年（自颁发证书之日起计算），到期应向评定机构申请复核。

5 申请等级评定应满足的基本要求与条件

5.1 养老机构应具备以下有效执业证明：

a. 具有《营业执照》或《事业单位法人证书》或《民办非企业单位登记证书》；

b. 具有消防安全合格证明；

c. 具有房产证明或租赁使用证明；

d. 养老机构内设的餐饮服务机构具有食品经营许可证；

e. 养老机构内设的医疗机构具有医疗机构执业许可证或医疗机构执业备案证明；

f. 养老机构使用的特种设备，具有特种设备使用登记证；

g. 养老机构提供其他须经许可的服务，具有相应资质。

5.2 养老机构工作人员应具备相应要求或资质：

a. 养老机构院长、副院长具有初中及以上文化程度；

b. 养老护理员经岗前培训合格后上岗；

c. 医生持有医师资格证书和医师执业证书，护士持有护士执业证书，特种设备管理人员具备相应上岗资质，其他专业技术人员持有与岗位相适应的专业资格证书或执业证书；

d. 所有提供生活照料、膳食、医疗护理服务的工作人员均持有健康证明。

5.3 养老机构的空间配置应满足以下要求：

a. 老年人居室内床位平均可使用面积不应低于6m^2，单人居室使用面积不低于10m^2；

b. 老年人居室、卫生间、洗浴空间设置紧急呼叫装置或为老年人配备可穿戴紧急呼叫设备；

c. 养老机构主要出入口、门厅、走廊、居室无障碍，能够满足轮椅、担架通行的需求，卫生间、洗浴空间无障碍，能够满足轮椅通行的需求；

d. 养老机构出入口、就餐空间、活动场所安装视频监控系统；

e. 公共区域和老年人居室应整洁，地面干燥，物品摆放安全合理，空气无异味；

f. 卫生间设置便器、洗手盆，配有安全防护措施、无障碍设施，通风良好，空气无异味；

g. 洗浴空间包括但不限于防滑地面、安全扶手等安全防护措施，并留有助浴空间；

h. 室内活动场所明亮、配置活动用品；

i. 就餐空间桌椅牢固稳定；

j. 设接待空间；

k. 公共区域设有明显的公共信息图形标志，并符合 GB/T 10001.1 和 GB/T 10001.9 的规定。

【解读6】GB/T 1001.1 规定了信息载体中使用的通用公共信息图形符号及其应用原则，包括正方形边长大于 10mm 的公共信息图形符号（简称图形符号）和正方形边长为 3~10mm 的公共信息图形符号（简称小型图形符号）。本部分中规定的图形符号适用于公共场所及相关设施，具体用于公共信息导向系统中的位置标志、导向标志、信息版、示意图等导向要素的设计。其中规定的小型图形符号适用于导向图、旅游指南，手册等便携印刷品以及设备操作面板等信息载体。

【解读7】GB/T1001.9 规定了供残疾人、老年人、伤病人及其他有特殊需求的人群使用的无障碍设施的标志用公共信息图形符号（以下简称图形符号）。适用于飞机场、火车站、港口、商场、医院、学校、公园景点等公共场所及相关设施，具体用于公共信息导向系统中的位置标志、导向标志、信息索引标志、平面示意图、信息板、街区导向图、便携印刷品及其他信息载体中的导向要素的设计。本部分也适用于出版物及其他信息载体中尺寸大于 10mm×10mm 的图形标志。

5.4 养老机构的运营管理与服务应满足以下要求：

a. 1 年内无责任事故发生；

b. 按照 GB/T 35796—2017 中 6. 1. 1 的要求建立基本管理制度，包括但不限于行政办公制度、人力资源管理制度、服务管理制度、财务管理制度、安全管理制度、后勤管理制度、评价与改进制度；

c. 按照 MZ/T 032—2012 中第 4 章的规定建立安全管理体系。

【解读8】MZ/T 032—2012《养老机构安全管理》中第 4 章的相关规定如下：

1. 安全管理部门及职责

养老机构的安全责任人应是机构法定代表人或主要负责人。养老机构应依法建立安全管理部门，安全管理部门由安全责任人、安全管理人员、相关部门和具体实施安全工作的专（兼）职人员组成，逐级负责本机构的安全管理工作。

2. 安全管理人员要求及职责

(1) 安全管理人员要求。

①养老机构应按照机构总人数及服务内容配置相适应的专（兼）职安全管理人员。

②安全管理人员应熟悉国家和地方安全管理相关的法律法规及技术规范，并取得相关部门认可的资格证书，持证上岗，具备必要的组织协调能力和突发事件应变处置能力。

(2) 各级安全管理人员职责。

①安全责任人应全面负责本机构的安全工作，依法开展安全管理工作；建立安全管理部门和组织（含义务消防组织）；审查批准安全制度、组织制定并实施安全事故应急预案；定期研究、督导安全问题及时、如实向上级主管部门报告安全事故。

②安全管理人员应负责本机构主管范围内的安全工作；负责制定安全管理制度和年度安全工作计划，组织实施日常安全管理工作；督促、落实隐患整改工作；定期向安全责任人报告安全工作情况及时报告涉及安全的重大问题。

(3) 安全管理制度。

①养老机构应遵守国家法律法规要求，建立健全各项安全管理制度。制度应包括但不限于：

a. 安全责任制度；

b. 安全教育制度；

c. 安全操作规范或规程；

d. 安全检查制度；

e. 事故处理与报告制度；

f. 突发事件应急预案；

g. 考核与奖惩制度。

②安全管理制度应明确相关部门及人员的职责、权限、工作内容、工作流程及要求，应建立健全岗位操作规范。

(4) 报告。

①发生意外或可能引发意外的过失行为后，应按要求逐级上报。

②报告程序应符合下列要求。

a. 发现设施、服务过程或服务对象存在安全隐患，工作人员应向安全管理人员报告，安全管理人员应及时组织力量采取积极的措施，消除隐患，并向上级报告；

b. 发生安全事故后，工作人员应立即向安全管理人员报告，并详细记录事故；安全管理人员应迅速向安全责任人报告；安全责任人应按照有关规定及时向上级主管部门和相关行政主管部门报告。

③发生重大疫情，应及时向机构属地疾病预防控制机构报告。

a. 对机构内各项管理制度、安全记录建档并留存；

b. 服务提供与质量符合 GB/T 35796—2017 中第 5 章的规定。

【解读 9】GB/T 35796—2017《养老机构服务质量基本规范》中第 5 章的相关规定如下：

服务项目与质量要求

1　出入院服务

1.1　服务内容

出入院服务内容包括但不限于：入院评估、入院手续办理、出院手续办理。

1.2　服务要求

1.2.1　应建立老年人入院评估制度，评估内容包括但不限于：老年人生理心理状况、服务需求。

1.2.2　老年人入院评估结果应经老年人或相关第三方认可，并作为提供相应服务的依据。

1.2.3　应采集相关第三方基本信息。

1.2.4　老年人确认入住后，养老机构应与老年人和相关第三方签署服务合同，服务合同内容包括但不限于：权利义务、服务内容、服务标准、收费标准、合同的变更和解除。

1.2.5　特困人员入住应按规定办理接收手续。

1.2.6　协助老年人及相关第三方办理入院手续。

1.2.7　老年人终止服务，出院，养老机构应通知相关第三方。协助老年人及相关第三方办理出院手续。

2　生活照料服务

2.1　服务内容

生活照料服务内容包括但不限于：协助老年人个人饮食、起居、清洁卫生、排泄、体位转移。

2.2　服务要求

2.2.1　应提供24小时服务，记录交接班情况。

2.2.2　养老护理员应了解所服务老年人的基本信息，包括但不限于：姓名、个人生活照料重点、个人爱好、精神心理情况。

2.2.3　养老护理员应定时巡查老年人居室，观察老年人身心状况，发现特殊情况及时报告并协助处理。

2.2.4　生活照料服务的要求包括但不限于：

2.2.4.1　防止跌倒、烫伤；

2.2.4.2　保持皮肤、口腔、头发、手足指（趾）甲、会阴部清洁，外表整洁，无长指（趾）甲；保持老年人床铺整洁。

2.3　膳食服务

2.3.1　服务内容

膳食服务内容包括但不限于：为老年人提供集体用餐和个人用餐服务。

2.3.2　服务要求

2.3.2.1　应尊重老年人宗教信仰、民族习惯，结合老年人生理特点、身体状况、生活习惯制定食谱，做到营养均衡。

2.3.2.2　食品加工与制作应符合食品监督管理要求，符合食品安全相关规定。

2.3.2.3　加工后的储存应做到成品与半成品分开、生熟分开。

2.3.2.4　每周应对食谱内容进行调整，向老年人公布并存档。临时调整时，应提前告知。

2.3.2.5　应建立食品留样备查制度，每日留样品种齐全，每种样品不少于100g，并在专用盒上标注品名、时间、餐别、采样人，并将留样盒放置于0~4 ℃冰箱内，储存时间不少于48小时，并留样记录。

2.3.2.6　每餐应对餐（饮）具、送餐工具清洗消毒，每日处理餐厨垃圾。

2.3.2.7　膳食服务人员应身着洁净的工作服，佩戴口罩和工作帽，保持个人清洁。

2.3.2.8　老年人集体用餐时，应配备相应服务人员予以协助。

2.4　清洁卫生服务

2.4.1　服务内容

清洁卫生服务内容包括但不限于：公共区域及老年人居室内的清洁。

2.4.2　服务要求

2.4.2.1　公共区域和老年人居室应整洁，地面干燥，物品摆放安全合理，空气无异味。

2.4.2.2　应每日清扫老年人居室，整理老年人个人物品及生活用品；定期更换床上用品及窗帘等，被污染的及时更换；定期清洁老年人居室内电器、家具、玻璃等；定期清洗消毒卫浴设备。

2.4.2.3　应定期对公共区域及设施设备进行清洁和消毒。

2.4.2.4　被污染的物品，应单独清洁，消毒。

2.4.2.5　卫生间、厨房、居室及其他区域的清洁设备、用具应区别使用及消毒。

5.4.2.6　提供清洁服务前及清洁过程中，应在显著位置设置安全提示标识。

2.5　洗涤服务

2.5.1　服务内容

洗涤服务内容包括但不限于：老年人衣物、被褥等织物的收集、清洗和消毒。

2.5.2　服务要求

2.5.2.1　应配备洗涤设备及固定场所，定期对设备进行消毒，保持洗衣场所环境整洁。

2.5.2.2　应按照不同织物确定收集时间，定期清洗。

2.5.2.3　老年人个人衣物与被褥应分类清洗。

2.5.2.4　被污染的织物，应单独收集、清洗、消毒。

2.5.2.5　应有指定地点收集被污染织物，避免在老年人居住区域清点。

2.5.2.6　应检查洗涤后的织物是否清洗干净、完好无损，并进行清点核对。

2.6　医疗护理服务

2.6.1　服务内容

医疗护理服务内容包括但不限于：常见病多发病诊疗、健康指导、预防保健、康复护理、院内感染控制。

2.6.2　服务要求

2.6.2.1　应对有需要的老年人提供护理服务，包括但不限于：翻身、叩背、尿管管理。

2.6.2.2　应指导老年人使用机构提供的康复辅助器具，包括但不限于轮椅、助行器。

2.6.2.3　应遵医嘱使用约束用具，并与相关第三方签署知情同意书，按操作规范执行。

2.6.2.4　老年人突发疾病时，应及时与相关第三方联系，不能处置的，应立即联系医疗救护机构，并协助做好老年人转诊转院工作。

2.6.2.5　应根据老年人评估结果，签订相应的服药管理协议；提供服药管理服务时，工作人员应核对处方和药品，按照医疗卫生相关部门的规定进行药品发放。

2.6.2.6　应组织老年人开展健康体检，每年不少于1次。

2.6.2.7　老年人Ⅱ度及以上压疮在院新发生率应低于5%。

2.6.2.8　养老机构内设医疗机构，应做到：

a. 按照内设医疗机构核准登记的诊疗科目开展诊疗活动；

b. 观察老年人生命体征、病情变化、体重变化；

c. 开展医疗巡视，发现老年人出现病情变化，做出相应处理；

d. 对老年人常见慢性病进行监测及健康指导；

e. 进行老年人保健和传染病的预防，定期开展卫生知识宣教工作。

2.7　文化娱乐服务

2.7.1　服务内容

文化娱乐服务内容包括但不限于：文化、体育、娱乐、节日及纪念日庆贺活动。

2.7.2　服务要求

2.7.2.1　应每日组织开展1项以上适合老年人生理、心理特点的文化娱乐活动。

2.7.2.2　服务过程中，应密切关注老年人的身体情况，保障老年人安全地进行活动。

2.8　心理/精神支持服务

2.8.1　服务内容

心理/精神支持服务内容包括但不限于：环境适应、情绪疏导、心理支持、危机干预。

2.8.2　服务要求

2.8.2.1　应帮助入住养老机构的老年人熟悉机构环境，融入集体生活。

2.8.2.2　应了解掌握老年人心理和精神状况，发现异常及时与老年人沟通了解，并告知相关第三方。必要时请医护人员、社会工作者等专业人员协助处理或转至医疗机构。

2.8.2.3　应定期组织协调志愿者为老年人提供服务，促进老年人与外界社会接触交往；倡导老年人参与力所能及的志愿活动。

2.8.2.4　应督促相关第三方定期探访老年人，与老年人保持联系。

2.9　安宁服务

2.9.1　服务内容

安宁服务内容包括但不限于：临终关怀、哀伤辅导和后事指导。

2.9.2　服务要求

2.9.2.1 应尊重老年人宗教信仰、民族习惯和个人意愿，帮助老年人安详、有尊严地度过生命终期。

2.9.2.2 宜引导相关第三方接受老年人临终状况，根据需要协助处理老年人后事

a. 按照老年人的能力进行入院评估，制定照护计划；

b. 与所有入住的老年人签订服务协议（特困老年人送养协议或社会老年人服务协议）；

c. 建立老年人入住档案和健康档案；

d. 组织老年人开展健康体检，每年不少于1次；

e. 入住老年人Ⅱ度及以上压疮新发生率低于5%；

f. 每日至少组织2次适宜老年人的活动。

5.5 一级养老机构应同时满足以下条件：

a. 机构入住率不低于30%；

b. 提供的服务项目包括但不限于出入院服务、生活照料服务、膳食服务、清洁卫生服务、洗涤服务、医疗护理服务、文化娱乐服务、心理/精神支持服务、安宁服务、委托服务。

5.6 二级养老机构应同时满足以下条件：

a. 机构入住率不低于35%；

b. 提供的服务项目包括但不限于出入院服务、生活照料服务、膳食服务、清洁卫生服务、洗涤服务、医疗护理服务、文化娱乐服务、心理/精神支持服务、安宁服务、委托服务。

5.7 三级养老机构应同时满足以下条件：

a. 机构入住率不低于40%；

b. 提供的服务项目包括但不限于出入院服务、生活照料服务、膳食服务、清洁卫生服务、洗涤服务、医疗护理服务、文化娱乐服务、心理/精神支持服务、安宁服务、委托服务、康复服务；

c. 院长或副院长具有高中及以上文化程度；

d. 至少有1名社会工作者指导开展社会工作服务；

e. 设卫生间的老年人居室占能力完好、轻度失能、中度失能老年人居室总数的比例不低于50%，其中能力完好、轻度失能、中度失能老年人应符合MZ/T 039的有关要求。

【解读10】MZ/T 039—2013规定了老年人能力评估的主要指标、实施要求及评估结果。适用于需要接受养老服务的老年人。目前，已有更新的相关国家标准：《老年人能力评估规范》（GB/T 42195—2022）。

5.8 四级养老机构应同时满足以下条件：

a. 机构入住率不低于45%；

b. 提供的服务项目包括但不限于出入院服务、生活照料服务、膳食服务、清洁卫生服务、洗涤服务、医疗护理服务、文化娱乐服务、心理/精神支持服务、安宁服务、委托服务、康复服务、教育；

c. 院长或副院长具有大专及以上文化程度；

d. 每200名老年人（不足200名的按200名计算）至少配有1名专职社会工作者；

e. 设卫生间的老年人居室占能力完好、轻度失能、中度失能老年人居室总数的比例不低于60%；

f. 每间中度失能老年人居室的床位数不多于4张，每间重度失能老年人居室的床位数不多于6张，其中重度失能老年人应符合MZ/T 039的有关要求。

5.9 五级养老机构应同时满足以下条件：

a. 机构入住率不低于50%；

b. 提供的服务项目包括但不限于出入院服务、生活照料服务、膳食服务、清洁卫生服务、洗涤服务、医疗护理服务、文化娱乐服务、心理/精神支持服务、安宁服务、委托服务、康复服务、教育服务、居家上门服务；

c. 院长或副院长具有大专及以上文化程度；

d. 每200名老年人（不足200名的按200名计算）至少配有1名专职社会工作者；

e. 设卫生间的老年人居室占能力完好、轻度失能、中度失能老年人居室总数的比例不低于80%；

f. 每间中度失能老年人居室的床位数不多于4张，每间重度失能老年人居室的床位数不多于6张。

6 等级评定

6.1 评定原则

全面客观，质量为重，注重实效，独立公正。

6.2 评定方法

6.2.1 等级评定总分为1000分，包括环境120分、设施设备130分、运营管理150分、服务600分。评分时按“优秀”“良好”“一般”“较差”打分并计算得分，评定内容与分值见附录A。

6.2.2 养老机构评定得分不低于360分且每一分项得分不低于该项总分40%的，为一级养老机构；养老机构评定得分不低于450分且每一分项得分不低于该项总分50%的，为二级养老机构；养老机构评定得分不低于570分且每一分项得分不低于该项总分60%的，为三级养老机构；养老机构评定得分不低于780分且每一分项得分不低于该项总分80%的，为四级养老机构；养老机构评定得分不低于900分且每一分项得分不低于该项总分90%的，为五级养老机构。

6.3 评定人员

6.3.1 熟悉有关法律和政策，熟悉养老服务工作，并经等级评定培训合格。

6.3.2 具有维护评定工作客观、公平、公正的职业道德与操守。

6.3.3 参与等级评定工作之前应向有关方面申明利益相关性。

6.4 评定

6.4.1 按第5章的要求，养老机构可根据自身情况向评定机构提出申请，并提交自评报告及相关材料。

6.4.2 评定机构根据细则开展评定，并出具评定报告。

附 录 A
（规范性附录）
养老机构等级评定内容与分值

表 A.1 规定了养老机构等级评定内容与分值。

表 A.1　养老机构等级评定内容与分值

评定项目	分项总分	评定内容	次分项总分	优秀	良好	一般	较差
环境	120	交通便捷度	10	10~8	7~5	4~2	1~0
		周边服务设施	10	10~8	7~5	4~2	1~0
		公共信息图形标志	10	10~8	7~5	4~2	1~0
		院内无障碍	50	50~36	35~26	25~6	5~0
		室内温度	15	15~12	11~7	6~3	2~0
		室内光照	15	15~12	11~7	6~3	2~0
		室内噪声	5	5~4	3~2	1	0
		绿化	5	5~4	3~2	1	0
设施设备	130	居室	20	20~15	14~9	8~3	2~0
		卫生间、洗浴空间	20	20~15	14~9	8~3	2~0
		就餐空间	15	15~12	11~7	6~3	2~0
		洗涤空间	10	10~8	7~5	4~2	1~0
		接待空间	5	5~4	3~2	1	0
		活动场所	10	10~8	7~5	4~2	1~0
		储物间	5	5~4	3~2	1	0
		医疗卫生用房	15	15~12	11~7	6~3	2~0
		停车区域	5	5~4	3~2	1	0
		评估空间	5	5~4	3~2	1	0
		康复空间	10	10~8	7~5	4~2	1~0
		社工工作室/心理咨询空间	10	10~8	7~5	4~2	1~0
运营管理	150	行政办公管理	10	10~8	7~5	4~2	1~0
		人力资源管理	20	20~15	14~9	8~3	2~0
		服务管理	30	30~22	21~13	12~4	3~0
		财务管理	15	15~12	11~7	6~3	2~0
		安全管理	30	30~22	21~13	12~4	3~0
		后勤管理	15	15~12	11~7	6~3	2~0
		评价与改进	30	30~22	21~13	12~4	3~0

续表

评定项目	分项总分	评定内容	次分项总分	优秀	良好	一般	较差
服务	600	出入院服务	50	50~36	35~26	25~6	5~0
		生活照料服务	120	120~85	84~49	48~13	12~0
		膳食服务	70	70~50	49~29	28~8	7~0
		清洁卫生服务	40	40~29	28~17	16~5	4~0
		洗涤服务	25	25~19	18~11	10~4	3~0
		医疗护理服务	60	60~43	42~25	24~7	6~0
		文化娱乐服务	50	50~36	35~26	25~6	5~0
		心理/精神支持服务	35	35~26	25~15	14~5	4~0
		安宁服务	30	30~22	21~13	12~4	3~0
		委托服务	20	20~15	14~9	8~3	2~0
		康复服务	50	50~36	35~26	25~6	5~0
		教育服务	20	20~15	14~9	8~3	2~0
		居家上门服务	30	30~22	21~13	12~4	3~0

《养老机构等级划分与评定》是全国统一的养老机构等级标准，填补了养老机构等级国家标准空白，健全了养老机构分级标准体系，是养老机构开展质量建设的规范，也是社会对养老机构质量进行评价的依据。一方面，老年人和家属可以因此更加全面地了解养老机构的服务质量和管理水平，更加合理地选择养老机构。另一方面，也会倒逼养老机构不断提高自身的服务质量和管理水平，满足老年人的养老需求。

思维导图

第十七章 《养老机构服务安全基本规范》标准及解读

扫码查看课程资源

案例导入

小刘现在是一所高职院校智慧健康养老服务与管理专业大三的学生。目前在养老机构实习，近期要迎接养老机构服务安全大检查。今天的实习任务是查看养老机构服务安全是否规范，他需要在掌握《养老机构服务安全基本规范》理论知识的基础上，到养老机构进行实际查看，并比照基本规范进行整改提升。

如果你是小刘，你将如何完成此项任务？

学习目标

知识要求：

1. 掌握《养老机构服务安全基本规范》的基本要求。
2. 掌握《养老机构服务安全基本规范》中的管理要求。
3. 熟悉《养老机构服务安全基本规范》中服务防护的要求。

能力目标：

1. 能根据养老机构的具体情况进行自查整改。
2. 能辨识养老服务中的安全隐患。

素质要求：

1. 具有严谨求实的工作态度，对老年人关心体贴，确保安全。
2. 具有评判性思维，以服务对象为中心，获得老年人及家属的满意。

随着我国人口老龄化程度的不断加深，养老行业快速发展。然而由于监管缺位、服务标准不统一等原因，养老机构服务领域存在一定的安全隐患，给老年人的生命财产安全带来威胁。为了规范养老机构的服务安全管理，提高老年人的生活保障水平，2019 年 12 月 27 日，国家市场监督管理总局、国家标准化管理委员会发布了《养老机构服务安全基本规范》（GB 38600—2019）。

《养老机构服务安全基本规范》标准及解读

1 范围

本标准规定了养老机构服务安全的基本要求、安全风险评估、服务防护、管理要求。

本标准适用于养老机构的服务安全管理。

2　规范性引用文件

下列文件对于本文件的应用是必不可少的。凡是注日期的引用文件，仅注日期的版本适用于本文件。凡是不注日期的引用文件，其最新版本（包括所有的修改单）适用于本文件。

GB 2893　安全色

【解读 1】国家质量监督检验检疫总局（现为国家市场监督管理总局）、国家标准化管理委员会 2008 年 12 月 11 日发布，于 2009 年 10 月 1 日实施。

GB 2894　安全标志及其使用导则

【解读 2】国家质量监督检验检疫总局（现为国家市场监督管理总局）、国家标准化管理委员会 2008 年 12 月 11 日发布，2009 年 10 月 1 日实施。

3　术语和定义

下列术语和定义适用于本文件。

3.1　相关第三方 relevant third party

老年人配偶、监护人以及为老年人提供资金担保或委托代理的个人或组织。

注：改写 GB/T 35796—2017，定义 3.4.

【解读 3】老年人配偶、监护人以及为老年人提供资金担保或委托代理的个人或组织。法律上的第三方是指合同关系双方的两个主体之外相对独立的，有一定公正性的第三主体，一般引入第三方的目的是确保交易的公平、公正，避免纠纷和欺诈。第三方一般称为第三人，指除双方当事人之外的，在法律关系和法律诉讼关系中，与标的或者诉讼有关的第三人。

3.2　床单元 bed unit

养老机构老年人床位所包含的设备和物品。

【解读 4】养老机构老年人床位所包含的设备和物品。即房间内为每位住养老年人配备的基本服务设施，一般包括床及其床上用品、床头柜等。它是老年人住养期间的护理、休息、活动、个人用品存放等接触最多的基本服务设施。

4　基本要求

4.1　养老机构应符合消防、卫生与健康、环境保护、食品药品、建筑、设施设备标准中的强制性规定及要求。

4.2　使用安全标志应按照 GB2893、GB2894 的要求。

【解读 5】GB 2893 规定了不同类型安全标志和安全标记的安全色和设计原则，这些安全标志和安全标记在工作区域和公共场所中主要用于预防事故、防止火灾、传递危险情况信息和紧急疏散等。也规定了在制定含有安全标志的标准时所适用的基本原则，适用于需要关注与人身相关的安全问题的所有场所。不适用于引导铁路、公路、内河航运、海运以及空中交通的信号，总之，不适用于法律法规中对此另有规定的领域。

【解读 6】GB 2894 规定了传递安全信息的标志及其设置、使用的原则。适用于公共场所、工业企业、建筑工地和其他有必要提醒人们注意安全的场所。

4.3　养老护理员应经培训合格后上岗。

4.4　应制定昼夜巡查、交接班制度，并对检查、服务开展情况进行记录。

4.5　应制定老年人个人信息和监控内容保密制度。

4.6　应防止在养老机构内兜售保健食品、药品。

4.7　污染织物应单独清洗、消毒、处置。

4.8　老年人生活、活动区域应禁止吸烟。

5　安全风险评估

5.1　老年人入住养老机构前应结合老年人日常生活活动、精神状态、感知觉与沟通、社会参与进行服务安全风险评估。

5.2　服务安全风险评估应包括噎食、食品药品误食、压疮、烫伤、坠床、跌倒、他伤和自伤、走失、文娱活动意外方面的风险。

5.3　每年应至少进行1次阶段性评估，并保存评估记录。

5.4　评估结果应告知相关第三方。

5.5　应根据评估结果划分风险等级。

6　服务防护

6.1　防噎食

6.1.1　应为有噎食风险的老年人提供适合其身体状况的食物。

示例：流质、软食。

6.1.2　有噎食风险的老年人进食时应在工作人员视线范围内，或由工作人员帮助其进食。

6.2　防食品药品误食

6.2.1　应定期检查，防止老年人误食过期或变质的食品。

6.2.2　发现老年人或相关第三方带入不适合老年人食用的食品，应与老年人或相关第三方沟通后处理。

6.2.3　提供服药管理服务的机构，应与老年人或相关第三方签订服药管理协议，准确核对发放药品。

6.2.4　发生误食情况时应及时通知专业人员。

6.3　防压疮

6.3.1　应对有压疮风险的老年人进行检查：皮肤是否干燥、颜色有无改变、有无破损，尿布、衣被等是否干燥平整。

6.3.2　预防压疮措施应包括：变换体位、清洁皮肤、器具保护、整理床铺并清除碎屑。

6.3.3　应对检查情况予以记录。

6.4　防烫伤

6.4.1　倾倒热水时 应避开老年人。

6.4.2　洗漱、沐浴前应调节好水温，盆浴时先放冷水再放热水。

6.4.3　应避免老年人饮用、进食高温饮食。

6.4.4　应避免老年人接触高温设施设备与物品。

示例：开水炉、高温消毒餐具、加热后的器皿。

6.4.5　使用取暖物时，应观察老年人的皮肤。

6.4.6　应有安全警示标志。

6.5 防坠床

6.5.1 应对有坠床风险的老年人重点观察与巡视。

6.5.2 应帮助有坠床风险的老年人上下床。

6.5.3 睡眠时应拉好床护栏。

6.5.4 应检查床单元安全。

6.6 防跌倒

6.6.1 老年人居室、厕所、走廊、楼梯、电梯、室内活动场所应保持地面干燥，无障碍物。

6.6.2 应观察老年人服用药物后的反应。

6.6.3 有跌倒风险的老年人起床、行走、如厕等应配备助行器具或由工作人员协助。

6.6.4 地面保洁等清洁服务实施前及过程中应放置安全标志。

6.7 防他伤和自伤

6.7.1 发现老年人有他伤和自伤风险时应进行干预疏导，并告知相关第三方。

6.7.2 应专人管理易燃易爆、有毒有害、尖锐物品以及吸烟火种。

6.7.3 发生他伤和自伤情况时，应及时制止并视情况报警、呼叫医疗急救，同时及时告知相关第三方。

6.8 防走失

6.8.1 有走失风险的老年人应重点观察、巡查，交接班核查。

6.8.2 有走失风险的老年人外出应办理手续。

6.9 防文娱活动意外

6.9.1 应观察文娱活动中老年人的身体和精神状态。

6.9.2 应对活动场所进行地面防滑、墙壁边角和家具防护处理。

7 管理要求

7.1 应急预案

7.1.1 应制定噎食、压疮、坠床、烫伤、跌倒、走失、他伤和自伤、食品药品误食、文娱活动意外突发事件应急预案，并每年至少演练1次。

7.1.2 应制定突发事件报告程序。

7.2 评价与改进

7.2.1 应每半年至少对本标准涉及的服务安全风险防范工作评价1次。

7.2.2 服务及评价中发现安全隐患应整改、排除。

7.3 安全教育

7.3.1 应制订安全教育年度计划。

7.3.2 养老机构从业人员上岗、转岗前应接受安全教育。

7.3.3 养老机构从业人员每半年应至少接受1次岗位安全、职业安全教育，考核合格率不低于80%。

7.3.4 相关第三方、志愿者和从事维修、保养、装修等短期工作人员应接受养老机构用电、禁烟、火种使用、门禁使用、尖锐物品管理安全教育。

7.3.5 应对老年人开展安全宣传教育。

《养老机构服务安全基本规范》为养老机构的服务安全提供了明确的规范和指导，是保障老年人生命财产安全的重要举措。各地相关部门应该进一步加强对养老机构的监管，确保养老机构依据标准开展服务。同时，养老机构也应该认真落实标准要求，提高服务安全管理水平，为老年人提供更加优质的生活保障。

思维导图

第十八章 《养老机构接待服务基本规范》标准及解读

扫码查看课程资源

小高现在是一所高职院校智慧健康养老服务与管理专业大一的学生。他热爱养老事业，到养老机构进行顶岗实习，先学习了《养老机构接待服务基本规范》的理论知识，然后到养老机构实际查看，并与基本规范进行比照，完成实践报告。

如果你是小高，你将如何完成此项任务？

学习目标

知识要求：

1. 掌握养老机构接待服务的基本要求。
2. 掌握养老机构接待人员业务要求。
3. 熟悉养老机构接待场所和设施设备要求。

能力目标：

1. 能根据养老机构接待服务的基本要求接待来访。
2. 能根据养老机构接待人员业务要求完成接待。

素质要求：

1. 具有严谨求实的工作态度，对老年人关心体贴，确保安全。
2. 具有评判性思维，以服务对象为中心，获得老年人及家属的满意。

做好接待服务，是保持养老机构与外界联系的基本工作，有利于提高养老机构服务质量、保障入住老年人人身安全，保障家属和社会的知情权、降低接待服务过程风险。《养老机构接待服务基本规范》（MZ/T 188—2021）规定了接待服务的基本要求、场所和设施设备要求、接待人员业务要求、接待服务方式内容、流程等。

《养老机构接待服务基本规范》标准及解读

1 范围

本文件规定了养老机构接待服务的基本要求、场所和设施设备、接待人员、方式、内容及要求、评价与改进。

本文件适用于养老机构接待服务管理。

2 规范性引用文件

下列文件中的内容通过文中的规范性引用而构成本文件必不可少的条款。其中，注日期的引用文件，仅该日期对应的版本适用于本文件；不注日期的引用文件，其最新版本（包括所有的修改单）适用于本文件。

GB 38600 养老机构服务安全基本规范

3 术语和定义

GB 38600 界定的以及下列术语和定义适用于本文件。

3.1 接待服务 reception service

养老机构通过电话、互联网、现场等方式为来访者提供的咨询、接洽、迎送等活动。

3.2 来访者 visitor

前来养老机构进行咨询、探访、参观学习、检查调研、志愿服务等活动的个人或组织。

3.3 相关第三方 relevant third party

老年人配偶、监护人以及为老年人提供资金担保或委托代理的个人或组织。（来源：GB 38600—2019，3.1）

4 基本要求

4.1 养老机构应明确负责接待服务的部门或岗位。

4.2 养老机构应核验来访者的身份、来意，并对出入时间、人数等信息进行登记。

4.3 入院前，养老机构应对来访者的身体和精神状况进行评估，做好体温测量、手部消毒等卫生防疫工作。

4.4 接待人员应根据来访者需求，真实全面地介绍本机构基本情况、服务性质、功能定位、功能区域分布、设施设备、服务方式和项目、服务等级、收费标准、入住条件、入住流程等内容。

4.5 养老机构应规定接待时间和参观路线，避免影响老年人生活作息和工作业务开展。

4.6 接待活动中应向来访者告知注意事项，并保护老年人个人隐私。

4.7 养老机构应对志愿服务提供者开展相关培训，对志愿服务全过程进行监管。

4.8 养老机构应建立并保存接待服务活动必要的文字、影像记录档案。

4.9 养老机构应明确接待服务过程中突发公共卫生事件、火灾、治安事件、人身意外、自然灾害、设施设备故障、重大活动意外等情况的应急措施。

5 场所和设施设备

5.1 应设置与养老机构规模匹配的接待服务区域，位置明显、易找，标志醒目。应在接待场所的醒目位置清晰明示下列内容：

a. 养老机构证照；

b. 养老服务项目及价格表；

c. 咨询、投诉和监督电话信息；

d. 接待来访的工作时间；

e. 来访须知（包括注意事项和禁忌事项）。

5.2 接待服务区域应配备必要的座椅、沙发、轮椅等满足服务需求的设施设备及用品。

5.3 应设置物品存放区（处）。

5.4 公共区域应配置高清视频监控设备，并有醒目标志。

6 接待人员

6.1 接待人员应精神饱满，仪容端庄、仪表整洁，着工装、佩戴工牌上岗。

6.2 接待人员宜根据来访者实际情况使用普通话或方言提供服务，语言表达清晰，不使用服务禁用语。

6.3 接待人员应经岗前培训并考核合格后上岗，同时应定期接受在岗培训与考核。

6.4 接待人员应具有较强的沟通能力和风险识别能力，具备养老服务专业知识，熟悉养老机构服务流程、应急事件处理流程和措施。

7 接待服务方式

7.1 养老机构应通过电话、互联网、现场等方式开展接待服务。

7.2 应设置咨询和投诉服务电话，开通互联网信息交流通道；可利用视频电话等信息化手段开展业务洽谈、家属探视等接待活动。

7.3 应制定完整的现场接待服务流程。

8 接待服务内容及要求

8.1 老年人或相关第三方咨询接待

8.1.1 应了解来访老年人或相关第三方的咨询服务内容和需求。

8.1.2 应尊重来访者的意愿，明确回复来访者关心的重点内容和问题，不应无故中断接待服务。

8.1.3 应根据来访者的年龄、身体情况和服务需求，合理安排参观路线和项目。

8.2 探视人员接待

8.2.1 应告知探视人员养老机构相关规定。未成年人、残疾人、高龄老年人等特殊群体前来探视宜由监护人陪同。

8.2.2 对于非亲属探视人员，应征得老年人或相关第三方同意后由接待人员陪同探视。

8.2.3 探视人员携带给老年人的物品应进行登记和管理。

8.2.4 对超过探视时间的人员，接待人员应及时提醒并告知相关规定。

8.2.5 关注探视者和被探视老年人的沟通和心理状况，必要时应及时终止探视。

8.3 团体来访者接待

8.3.1 养老机构接到团体来访者信函或通知后，应做好沟通并确认以下相关信息，视情况组织开展相关接待活动。

a. 单位名称和性质；

b. 人员数量和结构；

c. 参观、学习、调研、检查的内容；

d. 抵达养老机构时间、停留时间、离场时间等。

8.3.2　结合实际制定接待计划，安排接待人员，准备相关资料，按计划有序开展接待。对团体来访者应限制人数，一次进入养老机构的团体来访者，不宜超过 50 人，1 天不宜超过 2 批次。

8.3.3　对随机检查或未预约但已到访的团体来访者，应核实情况酌情处理。

8.3.4　应提前告知老年人接待服务相关的信息，积极沟通，取得理解和配合。

9　服务评价与改进

9.1　可通过意见箱、意见簿、电话、互联网等方式收集意见和建议，及时做好针对接待服务的投诉处理。

9.2　养老机构应将接待服务作为日常检查、定期检查、专项检查等必要内容之一。

9.3　养老机构宜至少每半年进行 1 次接待服务质量自我评价或考核，针对不足制定改进措施并落实。

9.4　养老机构宜至少每年开展 1 次接待服务满意度测评。

接待是养老机构服务工作的重要内容。《养老机构接待服务基本规范》规定了接待服务的基本要求、场所和设施设备要求、接待人员业务要求、接待服务方式内容与流程等。它是养老机构做好接待工作的基本准则，是养老机构工作人员树立良好的形象的重要参照。通过规范的接待服务，养老机构可以与外界建立良好的沟通关系，从而塑造良好的企业形象。

思维导图

第十九章 《养老机构基本规范》标准及解读

扫码查看课程资源

案例导入

小李现在是一所高职院校智慧健康养老服务与管理专业大三的学生，即将到机构实习工作。今天顶岗实习的工作任务是查看养老机构的基本规范，他需要在掌握《养老机构基本规范》理论知识的基础上到养老机构进行实际查看，并将查看到的结果与该规范进行对比，完成实践报告。

如果你是小李，你将如何完成此项任务？

学习目标

知识要求：

1. 掌握《养老机构基本规范》中人员要求、管理要求、环境与设施设备要求、服务内容及要求的具体内容。
2. 熟悉《养老机构基本规范》中术语和定义、基本要求的具体内容。
3. 了解《养老机构基本规范》中涉及的国家标准及行业标准的内容。

能力目标：

1. 能根据《养老机构基本规范》对养老机构进行实际查看、对比。
2. 能对养老机构实际查看的结果进行正确的分析和理性的思考。

素质要求：

1. 具有严谨求实、谦虚谨慎的工作态度，确保数据翔实准确，内容真实可靠。
2. 具有团队合作意识及评判性思维，以工作任务为中心，确保安全。

为了促进养老机构的运行和管理，为其提供科学依据和标准，2012 年 12 月 31 日，国家质量监督检验检疫总局（现为国家市场监督管理总局）、国家标准化管理委员会发布国家标准《养老机构基本规范》（GB/T 29353—2012），于 2013 年 5 月 1 日实施。

《养老机构基本规范》标准及解读

1 范围

本标准规定了养老机构的基本要求、人员要求、管理要求、环境与设施设备要求和服务内容及要求。

本标准适用于全日制养老机构的运行和管理。

本标准不适用于非全日制的社区日间照料或托老服务机构。

2　规范性引用文件

下列文件对于本文件的应用是必不可少的。凡是注日期的引用文件，仅所注日期的版本适用于本文件。凡是不注日期的引用文件，其最新版本（包括所有的修改单）适用于本文件。

GB 3096—2008　声环境质量标准

【解读1】中华人民共和国环境保护部（现为中华人民共和国生态环境部）、国家质量监督检验检疫总局（现为国家市场监督管理总局）2008年8月19日发布中华人民共和国国家标准GB 3096—2008《声环境质量标准》，2008年10月1日实施。为贯彻《中华人民共和国环境噪声污染防治法》，防治噪声污染，保障城乡居民正常生活、工作和学习的声环境质量，制定本标准。本标准规定了五类声环境功能区的环境噪声限值及测量方法。适用于声环境质量评价与管理。养老机构设施应位于GB 3096规定的0类、1类或2类声环境功能区。

0类声环境功能区：指康复疗养区等特别需要安静的区域。日间环境噪声限值50dB，夜间40dB；

1类声环境功能区：指以居民住宅、医疗卫生、文化教育、科研设计、行政办公为主要功能，需要保持安静的区域。日间环境噪声限值55dB，夜间45dB；

2类声环境功能区：指以商业金融、集市贸易为主要功能，或者居住、商业、工业混杂，需要维护住宅安静的区域。日间环境噪声限值60dB，夜间50dB。

GB/T 10001

【解读2】概述。GB/T 10001《标志用公共信息图形符号》系列国家标准包括GB/T 10001. 1—2006《标志用公共信息图形符号 第1部分：通用符号》、GB/T 10001. 2—2006《标志用公共信息图形符号 第2部分：旅游休闲符号》、GB/T 10001. 3—2004《标志用公共信息图形符号 第3部分：客运与货运》、GB/T 10001. 4—2003《标志用公共信息图形符号 第4部分：体育运动符号》、GB（10001. 5—2006《标志用公共信息图形符号 第5部分：购物符号》和GB/T 10001. 6—2006《标志用公共信息图形符号 第6部分：医疗保健符号》。该系列标准是我国图形符号领域的基础性国家标准。它规定了373个用于宾馆饭店、旅游景点、飞机场、火车站、体育运动场馆、商场、医院等公共场所的图形符号和标志，并规定了标志用公共信息图形符号的内容、范围、颜色及应用等方面的内容。

该系列国家标准构建了我国的标志用公共信息图形符号体系，是支撑我国城市公共信息导向系统建设的重要标准，按照该系列标准中规定的图形符号建立的城市导向系统，能让不同语言、不同文化程度的人在城市的各公共场所内方便、快捷、自如地活动，从而达到以人为本，节约时间，提高效率的目的，并可进一步提升我国建立国际化大都市的形象。

GB/T 15565

【解读3】国家市场监督管理总局、国家标准化管理委员会2020年3月31日发布GB/T 15565—2020《图形符号 术语》，2020年10月1日实施。它取代了GB/T

15565.1—2008 和 GB/T 15565.2—2008 两个旧标准。本标准属于基础类别，适用于传递安全信息的标志和导向系统，适用于工矿企业、建筑工地、厂内运输和其他需要提醒人们注意安全的场所。

GB/T 18883—2002 室内空气质量标准

【解读 4】国家质量监督检验检疫总局（现为国家市场监督管理总局）、国家环境保护总局（现为生态环境部）2002 年 11 月 19 日发布 GB/T 18883—2002《室内空气质量标准》，自 2003 年 3 月 1 日起实施。本标准规定了室内空气质量参数及检验方法。本标准适用于住宅和办公建筑物，其他室内环境可参照本标准执行。

GB/T 50340—2003 老年人居住建筑设计标准

【解读 5】中华人民共和国建设部（现为中华人民共和国住房和城乡建设部）、国家质量监督检验检疫总局（现为国家市场监督管理总局）于 2003 年 5 月 28 日发布《老年人居住建筑设计标准》为国家标准，编号为 GB/T 50340—2003，自 2003 年 9 月 1 日起实施。本标准适用于专为老年人设计的居住建筑，包括老年人住宅、老年人公寓及养老院、护理院、托老所等相关建筑设施的设计。

中华人民共和国卫生部．消毒技术规范．2002.

3 术语和定义

下列术语和定义适用于本文件。

3.1 养老机构 senior care organization

为老年人提供生活照料、膳食、康复、护理、医疗保健等综合性服务的各类组织

3.2 相关第三方 relevant party

为老年人提供资金担保，监护或委托代理责任的个人或组织。

4 基本要求

4.1 机构应具有独立法人的资质。

4.2 应具有相对独立、固定、专用的场所。

4.3 养老机构建筑及设施的设计与设置应符合 GB/T 50340—2003 相关要求。

4.4 人力资源配置应满足养老服务的需要。

5 人员要求

5.1 机构管理者应具有高中及以上文化程度，具有五年以上的相关工作经验，并经行业培训合格，获得相关资质证书。

5.2 专业技术人员应持有与其岗位相适应的专业资格证书。

5.3 养老护理员应持有与岗位要求一致的职业资格证书。

5.4 宜配备社会工作者、康复师、营养师等。

6 管理要求

6.1 应制定老年人服务合同管理制度，明确相关内容。

6.2 应制定各类人员的聘用、培训和管理制度，建立各类人员职业健康制度、岗位资质审核制度、绩效考核制度。

6.3 应建立管理组织架构，设置工作岗位，明确工作标准。

6.4 应建立财务管理制度。

6.5 应制定设施、设备及用品的购置、使用、维保、报废等管理制度。

6.6 应建立外包服务质量管理和监督机制。

6.7 应建立安全管理机制，制定相关应急预案。

6.8 应建立老年人健康状况评估制度、入住档案和健康档案管理制度。

6.9 应制定以下规范：

——服务规范，明确服务内容及质量要求；

——服务提供规范，明确提供服务的时间、地点、内容、环节、程序等；

——服务质量控制规范，根据质量控制指标，明确不合格服务的预防措施，制定服务质量的评价及改进办法。

7 环境与设施设备要求

7.1 环境

7.1.1 室外环境应符合 GB/T 50340—2003 第 3 章的要求。

【解读 6】室外环境要求：

①大型、特大型老年人居住建筑规划结构应完整，功能分区明确，安全疏散出口不应少于 2 个。

②老年人使用的步行道路应做成无障碍通道系统，道路的有效宽度不应小于 0.90mm；坡度不宜大于 2.5%；当大于 2.5%时，变坡点应予以提示，并宜在坡道较大处设扶手。

③距活动场地半径 100m 内应有便于老年人使用的公共厕所。

④与老年人活动相关的各建筑物附近应设供轮椅使用者专用的停车位，其宽度不应小于 3.50m，并应与人行通道衔接。

⑤步行道路有高差处、入口与室外地面有高差处应设坡道。室外坡道的坡度不应大于 1/12，每上升 0.75m 或长度超过 9m 时应设平台，平台的深度不应小于 1.50m 并应设连续扶手。

⑥台阶的踏步宽度不宜小于 0.30m，踏步高度不宜大于 0.15m。台阶的有效宽度不应小于 0.90m。坡道的起止点应有不小于 1.50m×1.50m 的轮椅回转面积。

⑦扶手高度应为 0.90m，设置双层扶手时下层扶手高度宜为 0.65m。坡道起止点的扶手端部宜水平延伸 0.30m 以上。

7.1.2 应按 GB/T 15565.2—2008 中标志及其应用要求设置相应场所标识图案，无障碍设施符号应符合 GB/T 10001.9—2008 的要求。

7.1.3 居室应符合 GB/T 50340—2003 中第 4 章的要求。

【解读 7】①老年人卧室短边净尺寸不宜小于 2.50m，轮椅使用者的卧室短边净尺寸不宜小于 3.20m。②主卧室宜留有护理空间。③卧室宜采用推拉门。采用平开门时，应采用杆式门把手。宜选用内外均可开启的锁具。

7.1.4 室内灯光照度应柔和，居室及通道应设有夜灯及应急灯。

7.1.5 室内宜配备房间空气温度调节设施。

7.1.6 室内空气应符合 GB/T 18883—2002 的要求。

【解读 8】①室内空气应无毒、无害、无异常嗅味。②室内空气标准：夏季温度 22~28℃、冬季温度 16~24℃、夏季相对湿度 40%~80%、冬季相对湿度 30%~60%。

7.1.7 室内噪声应符合 GB 3096—2008 中 0 类标准。

【解读 9】室内噪声符合《声环境质量标准》中的 0 类标准，即昼间 50dB，夜间 40dB。

7.2 设施设备

7.2.1 配套服务设施配置应符合 GB/T 50340—2003 中 4.1.5 的要求。

7.2.2 公共区域应设置餐厅、卫生间、浴室、活动场所，并满足：

——餐厅布局合理，桌椅应完备、干净整洁；

——卫生间应设置坐式蹲位、残疾人蹲位，具有安全防护设施，通风良好、无异味；

——浴室应有安全防护措施，洗浴用水水温应可调节，温度适宜；

——活动场所应设置固定的健身设施、设备，应设置固定座椅，设施、设备应符合老年人的体能心态特征；

——室内活动场所应光线充足，配有文化娱乐用品；

——应设置公共洗涤场所，配备洗涤用具；

——应配备老年人常用的康复器具。

7.2.3 居室和卫生间应配置紧急呼叫设备。

8 服务内容及要求

8.1 生活照料服务

8.1.1 生活照料服务至少应包括：

——穿衣，包括协助穿衣、更换衣物、整理衣物等；

——修饰，包括洗头、洗脸、理发、梳头、化妆、修剪指甲、剃须等；

——口腔清洁，包括刷牙、漱口、清洁口腔、装卸与清理假牙等；

——饮食照料，包括协助进食、饮水或喂饭、管饲等；

——排泄护理，包括定时提醒如厕、提供便器、协助排便与排尿，实施人工排便，清洗与更换尿布等；

——皮肤清洁护理，包括清洗会阴、擦洗身体、沐浴和使用护肤用品等；

——压疮预防，包括定时更换卧位、翻身，减轻皮肤受压状况，清洁皮肤及会阴部等。

8.1.2 生活照料应由养老护理人员承担。

8.1.3 应配备生活照料服务必要的设施与设备。

8.1.4 应根据老年人的具体需要提供相应的照料服务。

8.2 膳食服务

8.2.1 膳食服务至少应包括食品的加工、配送，制作过程应安全、卫生，送餐应保温、密闭。

8.2.2 膳食服务提供者应由持有健康证并经过专业培训合格的人员承担。

8.2.3 应配备提供膳食服务必要的设施与设备。

8.2.4 应根据老年人身体状况及需求、地域特点、民族、宗教习惯制定菜谱，提供均衡饮食。

8.3 清洁卫生服务

8.3.1 应包括环境清洁、居室清洁、床单位清洁、设施设备清洁。

8.3.2 应设置专职岗位并配备相应的清洁卫生人员。

8.3.3 应配备必要的设施、设备与用具。

8.3.4 环境清洁包括生活区和医疗区的环境分类管理、生活和医疗垃圾的分类处理。

8.3.5 环境、居室、床单位、设施设备应整洁有序、及时清扫。

8.3.6 采取服务外包的方式时，应对服务质量进行监控。

8.4 洗涤服务

8.4.1 洗涤服务包括织物的收集、登记、分类、消毒、洗涤、干燥、整理和返还。

8.4.2 应配备相应的洗涤服务人员。

8.4.3 应配备必要的洗涤设施、设备与用具。

8.4.4 洗涤物品应标识准确，当面验清。

8.4.5 采取服务外包的方式时，应对服务质量进行监控。

8.5 老年护理服务

8.5.1 老年护理服务应包括基础护理、健康管理、健康教育、心理护理、治疗护理、感染控制等。

8.5.2 应由内设医疗机构提供或委托医疗机构提供。

8.5.3 应由在内设医疗机构或委托医疗机构注册的护士承担。

8.5.4 应配备必要的设施与设备。

8.5.5 应遵医嘱，应执行医疗机构规定的护理常规和护理技术操作规范。

8.5.6 应参照医疗文书书写规范进行记录。

8.5.7 应参照对老年人能力等级评估的情况提供相应的护理服务。

8.5.8 院内感染控制技术要求应符合《消毒技术规范》的规定。

8.6 心理/精神支持服务

8.6.1 心理或精神支持服务至少应包括沟通、情绪疏导、心理咨询、危机干预等服务内容。

8.6.2 应由心理咨询师、社会工作者、医护人员或经过心理学相关培训的养老护理员承担。心理咨询、危机干预宜由心理咨询师、社会工作者承担。

8.6.3 应配备心理或精神支持服务必要的环境、设施与设备。

8.6.4 应适时与老年人进行交流，掌握老年人心理或精神的变化。

8.6.5 应制定心理咨询和危机干预工作程序。

8.6.6 应保护老年人的隐私。

8.7 文化娱乐服务

8.7.1 根据老年人身心状况需求，开展文艺、美术、棋牌、健身、游艺、观看影视、参观游览等活动。

8.7.2 主要由养老护理员、社会工作者组织，邀请专业人士或相关志愿者给予指导。

8.7.3 应配备文化娱乐服务必要的环境、设施与设备。

8.7.4 开展活动时，机构应提供必要的安全防护措施。

8.8 咨询服务

8.8.1 咨询服务包括信息提供和问询解答。

8.8.2 应由各类相关服务人员承担。

8.8.3 所提供的信息和解答应真实、准确、完整。

8.8.4 应提供咨询服务必要的环境、设施与设备。

8.9 安全保护服务

8.9.1 安全保护服务是通过医护人员的评估，为老年人采取适当的安全防护措施的活动。

8.9.2 应由专业技术人员及养老护理员承担。

8.9.3 应提供安全保护服务必要的设施、设备及用具，包括提供床档、防护垫、安全标识、安全扶手、紧急呼救系统等。

8.9.4 满足以下条件之一时，应对老年人进行身体约束或其他限制行为并记录时间、身心状况以及原因：

——当发生自我伤害或伤害他人的紧急情况时；

——经专业执业医师书面认可，并经相关第三方书面同意后。

8.9.5 满足以下条件之一时，应解除对老年人进行身体约束或其他限制行为并记录：

——当发生自我伤害或伤害他人的紧急情况解除时；

——经专业执业医师书面认可，并经相关第三方书面同意后。

8.10 医疗保健服务

8.10.1 医疗保健服务是为老年人提供预防、保健、康复、医疗等方面的活动。

8.10.2 应由内设医疗机构或委托医疗机构提供。

8.10.3 医疗保健包括常见病和多发病、慢性非传染性疾病的诊断、治疗、预防和院前急救工作，康复治疗和转院工作。

8.10.4 应由执业医师或康复师承担，符合多点执业要求。

8.10.5 应参照医疗机构设置要求配备设施与设备。

8.10.6 应运用综合康复手段，为老年人提供维护身心功能的康复服务。

8.10.7 应符合卫生行政主管部门有关诊疗科目及范围的规定。

8.10.8 医疗行为应参照临床医疗诊疗常规。

《养老机构基本规范》是养老机构基础性的规范标准，主要包括养老机构基本规范的基本要求、人员要求、管理要求、环境与设施设备要求、服务内容及要求等方面的内容，对机构法人、场所、建筑及设施设计、服务人员、环境与设施设备、服务内容提出了明确的要求规定，为老年人的生活质量提供了保障，也为养老机构的运行和管理提供了科学依据。

思维导图

第二十章 《养老机构分级护理服务规范》标准及解读

扫码查看课程资源

案例导入

小张是一所高职院校智慧健康养老服务与管理专业大三的学生。这周要去养老机构实习，院长布置的任务是在掌握《养老机构分级护理服务规范》的理论基础上，对当天即将入住的4位老年人进行评估，确认属于哪个分级，并且对现场一线照护工作人员的服务进行现场督查，将评估和督查的结果对照《养老机构分级护理服务规范》，完成实践报告。

如果你是小张，你将如何完成此项任务？

学习目标

知识要求：

1. 掌握《养老机构分级护理服务规范》中护理分级评估、各项护理服务内容的具体内容。
2. 熟悉《养老机构分级护理服务规范》中术语和定义、基本要求的具体内容。
3. 了解《养老机构分级护理服务规范》中涉及的国家标准及行业标准的内容。

能力目标：

1. 能根据《养老机构分级护理服务规范》对入住老年人进行评估，并根据评估结果为老年人划分服务等级。
2. 能考核养老机构现场照护人员服务内容是否符合规范要求。

素质要求：

1. 具有严谨求实、谦虚谨慎的工作态度，确保数据翔实准确，内容真实可靠。
2. 具有团队合作意识及评判性思维，以工作任务为中心，确保安全。

老年人分级护理服务是一项结合了医学、护理学、心理学、社会工作、教育学等多学科知识的工作。统一的分级护理标准和服务规范，是老年人服务质量监控和不断推进服务品质的基础，也是长期照护保险合理支付及老年人在不同机构转介的依据。科学的分级护理标准和服务规范有利于引导照护行业规范发展，提升照护品质。

《养老机构分级护理服务规范》（DB 37/T 4401—2021）（山东省）发布之前，全国养老机构分级各不相同：护理级别从1~16级不等；分级名称不统一，有特级护理、专护、救护、康复护理等；分级护理规范各不相同，缺少针对性的服务规范，随意性大。而《养老机构分级护理服务规范》（DB 37/T 4401—2021）为老年人入住机构、如何评估、如何分级、各级别所需要提供的服务内容等提供了科学依据。

《养老机构分级护理服务规范》标准及解读

1 范围

本文件规定了养老机构分级护理服务规范的术语和定义、基本要求、护理分级、护理服务内容及要求、分级护理服务内容及要求、服务质量评价与改进。

本文件适用于山东省养老机构分级护理服务。

2 规范性引用文件

下列文件中的内容通过文中的规范性引用而构成本文件必不可少的条款。其中，注日期的引用文件，仅该日期对应的版本适用于本文件；不注日期的引用文件，其最新版本（包括所有的修改单）适用于本文件。

GB/T 35796—2017 养老机构服务质量基本规范

【解读 1】《养老机构服务质量规范》中应熟悉的内容主要有以下方面：

①养老机构应持有养老机构设立许可证；提供餐饮服务应持有食品经营许可证；养老机构的内设医疗机构，应持有医疗机构执业许可证；外包服务应与有资质的外包服务机构签订协议。

②出入院服务内容包括但不限于：入院评估、入院手续办理、出院手续办理。要求：应建立老年人入院评估制度、评估结果经老年人或相关第三方认可、老年人确认入住后需签署服务合同。

③生活照料服务应提供 24 小时服务，记录交接班情况。养老护理员应了解老年人的基本信息。养老护理员应定时巡查老年人居室，观察老年人身心状况。

④应尊重老年人宗教信仰、民族习惯，结合老年人生理特点、身体状况、生活习惯制定食谱。食品加工与储存应符合食品安全相关规定。

⑤应遵医嘱使用约束用具，并与相关第三方签署知情同意书，按操作规范执行。老年人突发疾病时，应及时与相关第三方联系；不能处置的，应立即联系医疗救护机构，并协助做好老年人转诊转院工作。应组织老年人开展健康体检，每年不少于 1 次。

⑥应每日组织开展 1 项以上适合老年人生理、心理特点的文化娱乐活动。

⑦应了解老年人心理和精神状况，发现异常及时与老年人沟通了解，并告知相关第三方。应定期组织协调志愿者为老年人提供服务，促进老年人与外界社会接触了解，倡导老年人参与力所能及的志愿活动。

⑧应尊重老年人宗教信仰、民族习惯和个人意愿，帮助老年人安详、有尊严地度过生命终期。提供安宁服务，内容包括但不限于临终关怀、哀伤辅导和后事指导。

⑨应建立基本管理制度，包括但不限于行政办公制度、人力资源制度、服务管理制度、财务管理制度、安全管理制度、后勤管理制度、评价与改进制度。

GB 38600—2019 养老机构服务安全基本规范

【解读 2】《养老机构服务安全基本规范》，应熟悉的内容主要有以下方面：

①养老护理员应经培训合格后上岗。

②应制定昼夜巡查、交接班制度，并对检查、服务开展情况进行记录。

③应制定老年人个人信息和监控内容保密制度。

④应防止在养老机构内兜售保健食品、药品。

⑤污染织物应单独清洗、消毒、处置。

⑥老年人生活、活动区域应禁止吸烟。

JGJ 450—2018 老年人照料设施建筑设计标准

【解读3】《老年人照料设施建筑设计标准》中应熟悉的内容主要有以下方面：

①道路系统应保证救护车辆能停靠在建筑的主要出入口处，且应与建筑的紧急送医通道相连。

②老年人照料设施的老年人居室和老年人休息室不应设置在地下室、半地下室。

③二层及以上楼层、地下室、半地下室设置老年人用房时应设电梯，电梯应为无障碍电梯，且至少1台能容纳担架。

④老年人使用的楼梯严禁采用弧形楼梯和螺旋楼梯。

⑤老年人照料设施的老年人居室和老年人休息室不应与电梯井道、有噪声振动的设备机房等相邻布置。

⑥散热器、热水辐射供暖分集水器必须有防止烫伤的保护措施。

MZ/T 039—2013 老年人能力评估

DB37/T 3092—2018 养老机构服务人员配备及技能要求

【解读4】《养老机构服务人员配备及技能要求》，关于人员配备要求如下：

①养老机构应配备养老护理员；宜配备医生、护士、康复治疗师（士）、营养师、心理咨询师、老年社会工作者等服务人员。

②养老护理员与老年人的配备比例应符合以下要求：

养老护理员与自理老人比例为1∶8~10；

养老护理员与半失能老人比例为：1∶4~6；

养老护理员与失能、失智老人比例为1∶1~3。

3 术语和定义

下列术语和定义适用于本文件。

3.1 精神状态 mental state

老年人在认知功能、行为、情绪等方面的表现。

（来源：MZ/T 039—2013，2.3）

3.2 日常生活活动 activities of daily living

老年人为了满足日常生活需要而进行的最基本的、具有共性的日常活动，包括进食、洗澡、修饰、穿衣、如厕、行走等。

（来源：MZ/T 039—2013，2.2）

3.3 感知觉与沟通能力 sensory perception and communication skills

老年人在意识水平、视力、听力、沟通交流等方面的表现。

（来源：MZ/T 039—2013，2.4，有修改）

3.4 社会参与能力 social participation ability

老年人与周围人群和环境联系与交流的能力，包括生活能力、工作能力、时间/空间定向、人物定向、社会交往能力。

（来源：MZ/T 039—2013，2.5，有修改）

3.5 护理分级 elderly care classification

根据老年人日常生活活动、精神状态、感知觉和社会参与能力进行评定而确定的照护级别。

4 基本要求

4.1 养老机构服务场所及设施设备应符合 JGJ 450—2018 的要求，且有专人对设施设备进行管理和维护。

4.2 养老机构服务质量应符合 GB/T 35796—2017 的要求家。

【解读 5】国家质量监督检验检疫总局（现为国家市场监督管理总局）、国家标准化管理委员会 2017 年 12 月 29 日发布 GB/T357969—2017《养老机构服务质量基本规范》，2017 年 12 月 29 日实施。本标准是我国养老机构服务质量管理首个国家标准，标志着全国养老机构服务质量迈入标准化管理的新时代。规范主要包括基本要求、服务项目与质量要求、管理要求、服务评价与改进等内容。该规范对出入院服务、生活照料服务、膳食服务、清洁卫生服务、洗涤服务、医疗护理服务、文化娱乐服务、心理/精神支持服务、安宁服务都提出最低要求。并对于服务管理、人力资源管理、环境及设施设备管理、安全管理均提出相应要求。如出入院服务内容包括但不限于入院评估、入院手续办理、出院手续办理。应建立老年人入院评估制度，入院评估结果应经老年人或相关第三方认可，并作为提供相应服务的依据。如生活照料服务应提供 24 小时服务，记录交接班情况。护理员应了解所服务老年人的基本信息，包括但不限于姓名、个人生活照料重点、个人爱好、精神心理情况。如膳食服务中加工后的储存应做到成品与半成品分开、生熟分开。

4.3 养老机构分级护理服务的安全管理应符合 GB 38600—2019 的要求。

【解读 6】国家市场监督管理总局、国家标准化管理委员会 2019 年 12 月 27 发布中华人民共和国国家标准 GB 38600—2019《养老机构服务安全基本规范》，2022 年 1 月 1 日实施。

该规范提出基本要求：如护理员应培训合格后上岗。养老机构应符合消防、卫生与健康、环境保护、食品药品、建筑、设施设备标准中的强制性规定及要求。对于安全风险评估：规定老年人入住机构前应结合老年人日常生活活动、精神状态、感知觉与沟通、社会参与进行服务安全风险评估。对于服务防护也提出具体详细要求，包括防噎食、防食品药品误食、防压疮、防烫伤、防坠床、防跌倒、防他伤和自伤、防走失、防文娱活动意外。同时提出管理要求，需要有各项应急预案、每年至少演练 1 次。机构需每半年至少对该规范中涉及的服务安全风险防范工作评价 1 次。对于从业人员，需进行安全教育，制订安全教育年度计划，考核合格率不低于 80%。

4.4 养老机构应与医疗机构建立绿色就医通道。

4.5 养老机构人员配备应符合 DB37/T 3092—2018 的要求。

【解读 7】山东省质量技术监督局 2018 年 5 月 17 日发布 DB37/T 3092—2018 养老机构服务人员配备及技能要求，2018 年 6 月 17 日实施。标准规定了养老机构服务人员配备数量、服务技能要求。养老护理员与老年人的配备比例应符合以下要求：养老护理员与自理老人比例为1∶8~10；养老护理员与半失能老人比例为1∶4~6；养老护理员与失能、失智老人比例为1∶1~3。标准适用于山东省养老机构服务人员配备及技能管理工作。

5 护理分级

5.1 护理级别

根据老年人日常生活活动、精神状态、感知觉和社会参与能力等将护理级别分为七级，包括：三级护理、二级护理、一级护理、特级护理1（特1）、特级护理2（特2）、特级护理3（特3）、专需护理。

5.2 分级方法

5.2.1 老年人入住养老机构后，应对老年人进行全面的入住评估，评估内容包括：老年人的自理能力、精神状态、感知觉和沟通、社会参与能力及健康风险等。

5.2.2 应依据MZ/T 039—2013，采用日常生活活动评估表、精神状态评估表、感知觉和沟通能力评估表、社会参与能力评估表进行评估。

5.2.3 根据评估结果，综合其中对老年人自理能力起决定性作用的指标和照护的难易程度，确定护理等级。

5.2.4 老年人入住后应每年至少进行1次定期评估，若老年人情况发生重大变化时应及时进行再评估，并根据评估结果动态调整护理级别。

5.3 分级依据

5.3.1 符合下列全部条件，可确定为三级护理：

——年龄80周岁以下；

——身体基本健康或病情控制良好，日常生活活动能力评估95分以上；精神状态评估0分；感知觉与沟通能力评估0~1分；时间/空间定向、人物定向、社会参与能力评估0~1分；

——能参加力所能及的工作和体力劳动。

5.3.2 符合下列条件之一，可确定为二级护理：

——年龄为80~90周岁；

——患慢性病但病情稳定；

——日常生活活动能力评估70~90分；

——精神状态评估1分；

——感知觉与沟通能力评估1分（听力或视力一项评为2分）；

——时间/空间定向、人物定向、社会参与能力评估2~5分。

5.3.3 符合下列条件之一，可确定为一级护理：

——年龄在90周岁以上；

——日常生活活动能力评估50~69分；

——精神状态评估2~3分；

——感知觉与沟通能力评估中度受损（听力或视力其中一项评为3分，或沟通评为2分）；

——时间/空间定向、人物定向、社会参与能力评估6~9分。

5.3.4 符合下列条件之一，可确定为特级护理1（特1）：

——日常生活活动能力评估40~49分；

——精神状态评估 4 分；

——感知觉与沟通能力评估重度受损，嗜睡；

——时间/空间定向、人物定向、社会参与能力评估 10 分。

5.3.5 符合下列条件之一，可确定为特级护理 2（特 2）：

——日常生活活动能力评估 30~39 分；

——精神状态评估 5 分；

——感知觉与沟通能力评估重度受损，视力或听力其中一项评为 4 分，或沟通评为 3 分；

——时间/空间定向、人物定向、社会参与能力评估 11 分。

5.3.6 符合下列条件之一，可确定为特级护理 3（特 3）：

——日常生活活动能力评估 20~29 分；

——精神状态评估 6 分；

——感知觉与沟通能力评估重度受损，视力或听力至少一项评为 4 分，或沟通评为 3 分；

——时间/空间定向、人物定向、社会参与能力评估 12 分。

5.3.7 符合下列条件之一，可确定为专需护理：

——有异常行为，影响他人日常生活和睡眠的；

——有留置导尿、鼻饲、膀胱造瘘等；

——患有老年痴呆症；

——老年人或者家属有要求，需给予专门照护的老年人。

6 护理服务内容及要求

6.1 基本服务

6.1.1 每日清扫居室和公共区域、室内外设备、物品保持清洁，摆放整齐，地面保持干净不湿滑，门窗家具擦拭干净，坐便器、痰盂等干净无污物、定期消毒。酌情开窗通风，保持空气清新、无异味、蚊蝇等。

6.1.2 保持老年人身体清洁，衣着整洁得体，定期理发、剃胡须、剪指（趾）甲。

6.1.3 每天整理床单位，保持床铺整洁，定期清洗床单、被套、枕巾，必要时随脏随换，定期翻晒被褥，夏天使用凉席者每天擦拭清洁。

6.1.4 中午、晚上为老年人提供睡眠环境和保护性措施。

6.1.5 每天按需送开水，尊重老年人宗教信仰、民族习惯，结合老年人生理特点、身体状况，制定符合营养学、卫生学要求的膳食食谱，并做好餐前、餐中、餐后服务。另外，护理人员应定期检查老人的私人食品，以免老人误食过期或变质的食品。

6.1.6 护理人员 24 小时值班，提供床头呼叫服务，老年人出现异常情况及时处理。

6.1.7 为老年人提供文化、娱乐、体育活动及各种兴趣活动等场所，定期组织老年人参与各类活动；每年至少组织 1~2 次为老年人送温暖、送欢乐社交服务活动；有条件的机构，可组织机构内部和外部的志愿服务组织和社会工作者，开展各类志愿服务活动，增进老年人身心健康；每月为本月过生日的老年人庆生，给予老年人家的温暖。

6.1.8 教育、督促、协助老人经常户外活动，除恶劣天气外，原则上每天 30 分钟以上，或者于阳台、露台等处，接受阳光照射。

6.1.9　每天巡视老人房间，沟通交流，及时掌握老年人的身心变化，并采取适当措施。

6.1.10　护理期间根据老年人能力变化，结合护理分级标准，随时调整护理级别。

6.1.11　一年一次体检，半年一次评估，根据老年人评估结果，按等级护理。

6.1.12　建立就医绿色通道，老年人突发病或病情发生变化时，及时通知家属，保证第一时间送医。

6.1.13　和老年人及家属签订保管代发药物协议，并根据医嘱按时督促（喂）老年人服药，并记录。

6.1.14　为老年人提供常见病多发病诊疗、健康指导、预防保健服务，一月一次健康讲座。

6.1.15　每月进行满意度调查，并设立意见箱，建立信息交流渠道，接受反馈信息，及时处理各类问题，提高机构服务质量。

6.2　三级护理

基本服务之外，还应提供以下服务：

——每天巡视房间，2小时一次，及时了解老年人的身心变化、异常情况，提供咨询、指导服务；

——督促引导老年人建立良好的生活方式，做好个人卫生，保持床单位及个人衣物整洁；

——督促老年人积极参与健身、娱乐、学习等活动。

6.3　二级护理

基本服务之外，还应提供以下服务：

——每天巡视房间，2小时一次，及时了解老年人的异常情况，为老人提供咨询、指导服务；

——指导、协助老年人建立健康的生活方式、做好个人卫生及环境卫生，保持床单位及个人物品的整洁；

——协助老年人积极参与各类娱乐、健身、兴趣、学习等活动，组织志愿者为有需要的老年人提供出行陪伴、协助各类活动等。

——协助老年人用餐、饮水和所需的各项活动。

6.4　一级护理

基本服务之外，还应提供以下服务：

——每天定时巡视房间，1.5小时一次，及时了解老年人的身心变化，为老年人提供咨询、指导服务记录；

——帮助老年人用餐、饮水，和所需的各项活动；

——提供合适辅具，帮助老年人做好个人卫生，帮助洗澡、洗头，定期修剪指（趾）甲每周一次，做好环境卫生，保持老年人身体及室内环境整洁；

——提供送餐服务，尽量帮助到餐厅就餐。

6.5　特级护理1（特1）

基本服务之外，还应提供以下服务：

——每天定时巡视房间，1 小时一次，及时了解老年人的身心变化，为老年人提供咨询、指导服务记录；

——做好晨间护理和晚间护理，尽量创造条件、提供辅具，帮助老年人洗脸、刷牙、洗脚、清洁会阴、洗澡、洗头、帮助如厕等；

——送餐到床前，利用辅具等尽量帮助（提供喂水、喂食服务）老年人进水、进食；保证老年人摄入足够的食物和水；

——帮助老人每天离床活动不少于 1 次；

——根据医嘱，记录出入量；

——清理大小便，穿脱纸尿裤，保持老人良好的个人卫生和环境整洁，无异味；

——提供胃、尿道等管道护理、压疮护理、康复护理和其他针对性的护理服务。

6.6 特级护理 2（特 2）

基本服务之外，还应提供以下服务：

——提供持续的床边服务；

——做好晨间护理和晚间护理，尽量创造条件、提供辅具，帮助老年人洗脸、刷牙、洗脚、清洁会阴、洗澡、洗头、帮助如厕等；

——送餐到床前，利用辅具等尽量帮助（提供喂水、喂食服务）老年人进水、进食；保证老年人摄入足够的食物和水；

——帮助老人每天离床活动不少于 1 次；

——建立翻身卡，定时按摩、擦身，保持床单位整洁、预防皮肤损伤发生压疮；

——根据医嘱，记录出入量；

——清理大小便，穿脱纸尿裤，保持老人良好的个人卫生和环境整洁，无异味；

——提供胃、尿道等管道护理、压疮护理、康复护理和其他针对性的护理服务。

6.7 特级护理 3（特 3）

基本服务之外，还应提供以下服务：

——提供持续的床边服务；

——做好晨间护理和晚间护理，尽量创造条件、提供辅具，帮助老年人洗脸、刷牙、洗脚、清洁会阴、洗澡、洗头、帮助如厕等；

——送餐到床前，利用辅具等尽量帮助（提供喂水、喂食服务）老年人进水、进食；保证老年人摄入足够的食物和水；

——帮助老人每天离床活动不少于 1 次；

——建立翻身卡，定时按摩、擦身，保持床单位整洁、预防皮肤损伤发生压疮；

——根据医嘱，记录出入量；

——清理大小便，穿脱纸尿裤，保持老人良好的个人卫生和环境整洁，无异味；

——提供胃、尿道等管道护理、压疮护理、康复护理和其他针对性的护理服务；

——定时摇高床头，开展被动锻炼。

6.8 专需护理

基本服务之外，还应提供以下服务：

——根据老年人及家属的服务需求，制订针对性护理计划；

——根据老年人生活自理情况，开展针对性服务，随时记录；

——提供持续的床边护理；

——开展针对性认知训练；

——针对失智老年人，安排在专门区域集中管理。

7 服务质量评价与改进

7.1 养老机构内部应建立老年人服务满意度测评、自我监督与员工考核等工作机制，完善服务质量的自我评价，并应通过实施第三方机构社会化满意度测评、老年人家属满意度测评调查问卷、群众意见反馈和社会媒体监督以及聘用社会监督员实施监督检查等方式，建立服务质量外部监督评价制度，完善服务质量的外部评价。

7.2 应按照 GB/T 35796—2017 中第 7 章内容进行服务质量评价，完善服务质量的评价。

7.3 依据检查、回访、评价的结果，召开工作例会研究讨论，分析原因，查找问题及时制定整改措施，持续改进服务质量。

《养老机构分级护理服务规范》的制定让养老机构、老年人及家属都有据可依，顺应了养老行业发展的新变化和老年人的迫切需求。标准进一步明确老年人应该得到的具体服务内容及频次，有利于保障老年人权利，使养老机构在提升养老服务质量方面有章可循，进而提高了行业对老年人分级护理的认同度，促进了行业发展。

思维导图

第二十一章 《养老机构服务质量基本规范》标准及解读

扫码查看课程资源

小李是一所高职院校智慧健康养老服务与管理专业大三的学生。这天顶岗实习的任务是调研养老机构服务质量是否符合标准，他需要在掌握《养老机构服务质量基本规范》理论知识的基础上到养老机构进行实际查看，并将查看结果与规范进行比照，完成实践报告。

如果你是小李，你将如何完成此项任务？

学习目标

知识要求：

1. 了解《养老机构服务质量基本规范》范围。
2. 掌握《养老机构服务质量基本规范》基本要求。
3. 掌握《养老机构服务质量基本规范》服务项目与质量要求。
4. 掌握《养老机构服务质量基本规范》管理要求。
5. 掌握《养老机构服务质量基本规范》服务评价与改进。

能力目标：

1. 能对养老机构服务质量进行评估。
2. 能根据养老机构服务质量进行整改提升。

素质要求：

1. 具有严谨求实的工作态度，对老年人关心体贴，确保安全。
2. 具有评判性思维，以服务对象为中心，获得老年人及家属的满意。

随着人口老龄化不断加剧，养老服务需求快速增长，提高养老院服务质量成为涉及人民生活质量的大事。由于缺乏全国统一的养老机构服务质量标准，养老机构开展服务质量建设便缺乏遵循，社会评价养老机构服务质量也缺乏依据。《养老机构服务质量基本规范》（GB/T 35796—2017）填补了养老机构服务质量国家标准空白，健全了养老机构标准体系，为进一步规范养老机构服务质量提供了指引。

《养老机构服务质量基本规范》包括养老机构服务的基本要求、服务项目与质量要求、管理要求、服务评价与改进四个方面。其中养老机构服务的基本要求包括养老机构设立许可证、食品经营许可证、医疗机构执业许可证、外包服务等内容，服务项目与质量要求包括出入院服务、生活照料服务、膳食服务、清洁卫生服务、洗涤服务、医疗护理服务、文化娱乐服务、心理/精神支持服务、安宁服务九个方面内容，管理要求包括服务管理要求、人力资源管理要求、环境及设施设备管理要求、安全管理要求四个方面要求，服务评价与改进包括评价方式、评价内容、持续改进三个方面。

《养老机构服务质量基本规范》标准及解读

1 范围

本标准规定了养老机构服务的基本要求、服务项目与质量要求、管理要求、服务评价与改进。

本标准适用于养老机构的服务质量管理。

2 规范性引用文件

下列文件对于本文件的应用是必不可少的。凡是注日期的引用文件，仅注日期的版本适用于本文件。凡是不注日期的引用文件，其最新版本（包括所有的修改单）适用于本文件。

GB 50140 建筑灭火器配置设计规范

【解读 1】中华人民共和国建设部（现为中华人民共和国住房和城乡建设部）、国家质量监督检验检疫总局（现为国家市场监督管理总局）2005 年 7 月 15 日发布，2005 年 10 月 1 日实施。为了合理配置建筑灭火器，有效地扑救工业与民用建筑初期火灾，减少火灾损失，保护人身和财产的安全，制定本规范。本规范适用于生产、使用或储存可燃物的新建、改建、扩建的工业与民用建筑工程。本规范不适用于生产或储存炸药、弹药、火工品、花炮的厂房或库房。

GB 50763 无障碍设计规范

【解读 2】中华人民共和国住房和城乡建设部、国家质量监督检验检疫总局（现为国家市场监督管理总局）2012 年 3 月 30 日发布，2012 年 9 月 1 日实施。为建设城市的无障碍环境，提高人民的社会生活质量，确保有需求的人能够安全地、方便地使用各种设施，制定本规范。本规范适用于全国城市新建、改建和扩建的城市道路、城市广场、城市绿地、居住区、居住建筑、公共建筑及历史文物保护建筑等。本规范未涉及的城市道路、城市广场、城市绿地、建筑类型或有无障碍需求的设计，宜按本规范中相似类型的要求执行。农村道路及公共服务设施宜按本规范执行。铁路、航空、城市轨道交通以及水运交通相关设施的无障碍设计，除应符合本规范的要求外，尚应符合相关行业的有关无障碍设计的规定。城市无障碍设计在执行本规范时尚应遵循国家的有关方针政策，符合城市的总体发展要求，应做到安全适用、技术先进、经济合理。

MZ/T 032—2012 养老机构安全管理

【解读 3】中华人民共和国民政行业标准 MZ/T 032—2012。本标准规定了养老机构的安全管理体系、设备设施安全、食品安全、消防安全、医疗护理安全、人身安全、财产安全、信息安全、突发事件应急管理和安全教育与培训的要求。适用于养老机构的安全管理。

3 术语和定义

下列术语和定义适用于本文件。

3.1 生活照料服务 daily living care service

协助或照顾老年人饮食、起居、清洁、卫生等日常生活的活动。

3.2 医疗护理服务 medical nursing service

为老年人提供疾病预防、保健、康复、照护的活动。

3.3 安宁服务 hospice service

为临终老年人及相关第三方提供特别服务支持及心理慰藉的活动，以及应相关第三方要求，协助办理相关后事的活动。

3.4 相关第三方 relevant third party

为老年人提供资金担保，监护或委托代理责任的个人或组织，如亲属、村（居）委会、老年人原单位等。

4 基本要求

4.1 养老机构应持有养老机构设立许可证。

4.2 提供餐饮服务的养老机构，应持有食品经营许可证。

4.3 养老机构的内设医疗机构，应持有医疗机构执业许可证。

4.4 提供其他应依法许可的服务的养老机构，应持有相应许可证明。

4.5 外包服务应与有资质的外包服务机构签订协议。

5 服务项目与质量要求

5.1 出入院服务

5.1.1 服务内容

出入院服务内容包括但不限于：入院评估、入院手续办理、出院手续办理。

5.1.2 服务要求

5.1.2.1 应建立老年人入院评估制度，评估内容包括但不限于：老年人生理心理状况、服务需求。

5.1.2.2 老年人入院评估结果应经老年人或相关第三方认可，并作为提供相应服务的依据。

5.1.2.3 应采集相关第三方基本信息。

5.1.2.4 老年人确认入住后，养老机构应与老年人和相关第三方签署服务合同，服务合同内容包括但不限于：权利义务、服务内容、服务标准、收费标准、合同的变更和解除。

5.1.2.5 特困人员入住应按规定办理接收手续。

5.1.2.6 协助老年人及相关第三方办理入院手续。

5.1.2.7 老年人终止服务，出院，养老机构应通知相关第三方，协助老年人及相关第三方办理出院手续。

5.2 生活照料服务

5.2.1 服务内容

生活照料服务内容包括但不限于：协助老年人个人饮食、起居、清洁卫生、排泄、体位转移。

5.2.2 服务要求

5.2.2.1 应提供24小时服务，记录交接班情况。

5.2.2.2　养老护理员应了解所服务老年人的基本信息，包括但不限于：姓名、个人生活照料重点、个人爱好、精神心理情况。

5.2.2.3　养老护理员应定时巡查老年人居室，观察老年人身心状况，发现特殊情况及时报告并协助处理。

5.2.2.4　生活照料服务的要求包括但不限于：

a. 防止跌倒、烫伤；

b. 保持皮肤、口腔、头发、手足指（趾）甲、会阴部清洁，外表整洁，无长指（趾）甲；保持老年人床铺整洁。

5.3　膳食服务

5.3.1　服务内容

膳食服务内容包括但不限于：为老年人提供集体用餐和个人用餐服务。

5.3.2　服务要求

5.3.2.1　应尊重老年人宗教信仰、民族习惯，结合老年人生理特点、身体状况、生活习惯制定食谱，做到营养均衡。

5.3.2.2　食品加工与制作应符合食品监督管理要求，符合食品安全相关规定。

5.3.2.3　加工后的储存应做到成品与半成品分开、生熟分开。

5.3.2.4　每周应对食谱内容进行调整，向老年人公布并存档。临时调整时，应提前告知。

5.3.2.5　应建立食品留样备查制度，每日留样品种齐全，每种样品不少于100g，并在专用盒上标注品名、时间、餐别、采样人，并将留样盒放置于0~4 ℃冰箱内，储存时间不少于48小时，并留样记录。

5.3.2.6　每餐应对餐（饮）具、送餐工具清洗消毒，每日处理餐厨垃圾。

5.3.2.7　膳食服务人员应身着洁净的工作服，佩戴口罩和工作帽，保持个人清洁。

5.3.2.8　老年人集体用餐时，应配备相应服务人员予以协助。

5.4　清洁卫生服务

5.4.1　服务内容

清洁卫生服务内容包括但不限于：公共区域及老年人居室内的清洁。

5.4.2　服务要求

5.4.2.1　公共区域和老年人居室应整洁，地面干燥，物品摆放安全合理，空气无异味。

5.4.2.2　应每日清扫老年人居室，整理老年人个人物品及生活用品；定期更换床上用品及窗帘等，被污染的及时更换；定期清洁老年人居室内电器、家具、玻璃等；定期清洗消毒卫浴设备。

5.4.2.3　应定期对公共区域及设施设备进行清洁和消毒。

5.4.2.4　被污染的物品，应单独清洁，消毒。

5.4.2.5　卫生间、厨房、居室及其他区域的清洁设备、用具应区别使用及消毒。

5.4.2.6　提供清洁服务前及清洁过程中，应在显著位置设置安全提示标识。

5.5　洗涤服务

5.5.1　服务内容

洗涤服务内容包括但不限于：老年人衣物、被褥等织物的收集、清洗和消毒。

5.5.2 服务要求

5.5.2.1 应配备洗涤设备及固定场所，定期对设备进行消毒，保持洗衣场所环境整洁。

5.5.2.2 应按照不同织物确定收集时间，定期清洗。

5.5.2.3 老年人个人衣物与被褥应分类清洗。

5.5.2.4 被污染的织物，应单独收集、清洗、消毒。

5.5.2.5 应有指定地点收集被污染织物，避免在老年人居住区域清点。

5.5.2.6 应检查洗涤后的织物是否清洗干净、完好无损，并进行清点核对。

5.6 医疗护理服务

5.6.1 服务内容

医疗护理服务内容包括但不限于：常见病多发病诊疗、健康指导、预防保健、康复护理、院内感染控制。

5.6.2 服务要求

5.6.2.1 应对有需要的老年人提供护理服务，包括但不限于：翻身、叩背、尿管管理。

5.6.2.2 应指导老年人使用机构提供的康复辅助器具，包括但不限于：轮椅、助行器。

5.6.2.3 应遵医嘱使用约束用具，并与相关第三方签署知情同意书，按操作规范执行。

5.6.2.4 老年人突发疾病时，应及时与相关第三方联系，不能处置的，应立即联系医疗救护机构，并协助做好老年人转诊转院工作。

5.6.2.5 应根据老年人评估结果，签订相应的服药管理协议；提供服药管理服务时，工作人员应核对处方和药品，按照医疗卫生相关部门的规定进行药品发放。

5.6.2.6 应组织老年人开展健康体检，每年不少于1次。

5.6.2.7 老年人Ⅱ度及以上压疮在院新发生率应低于5%。

5.6.2.8 养老机构内设医疗机构，应做到：

a. 按照内设医疗机构核准登记的诊疗科目开展诊疗活动；

b. 观察老年人生命体征、病情变化、体重变化；

c. 开展医疗巡视，发现老年人出现病情变化，做出相应处理；

d. 对老年人常见慢性病进行监测及健康指导；

e. 进行老年人保健和传染病的预防，定期开展卫生知识宣教工作。

5.7 文化娱乐服务

5.7.1 服务内容

文化娱乐服务内容包括但不限于：文化、体育、娱乐、节日及纪念日庆贺活动。

5.7.2 服务要求

5.7.2.1 应每日组织开展1项以上适合老年人生理、心理特点的文化娱乐活动。

5.7.2.2 服务过程中，应密切关注老年人的身体情况，保障老年人安全地进行活动。

5.8 心理/精神支持服务

5.8.1 服务内容

心理/精神支持服务内容包括但不限于：环境适应、情绪疏导、心理支持、危机干预。

5.8.2 服务要求

5.8.2.1 应帮助入住养老机构的老年人熟悉机构环境，融入集体生活。

5.8.2.2 应了解掌握老年人心理和精神状况，发现异常及时与老年人沟通了解，并告知相关第三方。必要时请医护人员、社会工作者等专业人员协助处理或转至医疗机构。

5.8.2.3 应定期组织协调志愿者为老年人提供服务，促进老年人与外界社会接触交往；倡导老年人参与力所能及的志愿活动。

5.8.2.4 应督促相关第三方定期探访老年人，与老年人保持联系。

5.9 安宁服务

5.9.1 服务内容

安宁服务内容包括但不限于：临终关怀、哀伤辅导和后事指导。

5.9.2 服务要求

5.9.2.1 应尊重老年人宗教信仰、民族习惯和个人意愿，帮助老年人安详、有尊严地度过生命终期。

5.9.2.2 宜引导相关第三方接受老年人临终状况，根据需要协助处理老年人后事。

6 管理要求

6.1 服务管理要求

6.1.1 应建立基本管理制度，包括但不限于行政办公制度、人力资源制度、服务管理制度、财务管理制度、安全管理制度、后勤管理制度、评价与改进制度。

6.1.2 应在机构内醒目位置公布服务管理信息，包括但不限于：服务资质、服务管理部门设置、服务管理专业技术人员资质、主要服务项目、收费标准。

6.1.3 应定期评估老年人身体状况和精神状态；老年人身体状况和精神状态发生变化时，应即时评估；应根据评估结果提供相应服务。

6.1.4 应建立老年人入住档案和健康档案，包括但不限于：服务合同、老年人身份证及户口本复印件、病史记录、体检报告及评估报告。老年人健康档案保管期限应不少于老年人出院后5年。

6.1.5 财务、人事、医疗和其他档案的保管期限，应按照国家有关规定执行。

6.1.6 应及时、准确、完整地记录服务过程，并由记录人员签字确认。工作记录保管期限应不少于3年。

6.1.7 应保护老年人及相关第三方信息，未经老年人或相关第三方同意，不应泄露老年人及相关第三方信息。

6.1.8 应设立投诉受理部门，公开投诉电话和负责人电话。

6.2 人力资源管理要求

6.2.1 应明确养老机构工作人员岗位职责。

6.2.2 养老护理员配置应满足服务需求。

6.2.3 应配备专职或兼职安全管理人员，包括但不限于：消防安全管理人员、食品安全管理人员。

6.2.4 养老机构工作人员应掌握相应的知识和技能。养老机构负责人应具有养老服务专业知识，定期参加相关培训；养老护理员应经职业技能培训后上岗；护士应持有护士执业资格证；医生应持有相应的执业资格证书；餐饮人员应持有健康合格证；特种设备管理人员应具备相应上岗资质；其他专业技术技能人员应持与岗位相适应的专业资格证书、执业证书或经过技能培训后上岗。

6.2.5 应定期开展或参加培训，培训内容包括但不限于：以人为本、爱老尊老孝老服务理念、相关政策法规及管理服务技能。

6.2.6 应组织工作人员每年进行1次健康体检，患传染性疾病的工作人员应停止为老年人提供服务。

6.3 环境及设施设备管理要求

6.3.1 老年人居室内床位平均可使用面积不应低于$6m^2$，单人居室使用面积不低于$10m^2$。

6.3.2 老年人居室配置的各种设施设备应安全、稳固，若有突出尖锐的阳角应做软包处理，床头、浴室、卫生间应设呼叫装置。

6.3.3 应设置无障碍设施，包括但不限于：无障碍出入口、安全扶手、无障碍卫生间、防滑地面。无障碍设施的设计应符合的规定。

【解读4】GB 50763《无障碍设计规范》中关于轮椅坡道、台阶、扶手等的相关要求如下：

(1) 轮椅坡道的无障碍设计应符合下列规定

轮椅坡道宜设计成直线形、直角形或折返形。净宽度不应小于1.00m，无障碍出入口的轮椅坡道净宽度不应小于1.20m。高度超过300mm且坡度大于1：20时，应在两侧设置扶手，坡道与休息平台的扶手应保持连贯。轮椅坡道的最大高度和水平长度应符合1：20、1：16、1：12、1：10、1：8的比例。轮椅坡道的坡面应平整、防滑、无反光。轮椅坡道起点、终点和中间休息平台的水平长度不应小于1.50m，临空侧应设置安全阻挡措施，轮椅坡道应设置无障碍标志。

(2) 台阶的无障碍设计应符合下列规定

公共建筑的室内外台阶踏步宽度不宜小于300mm，踏步高度不宜大于150mm，并不应小于100mm；踏步应防滑；三级及三级以上的台阶应在两侧设置扶手；台阶上行及下行的第一阶宜在颜色或材质上与其他阶有明显区别。

(3) 扶手的无障碍设计应符合下列规定

无障碍单层扶手的高度应为850~900mm，无障碍双层扶手的上层扶手高度应为850~900mm，下层扶手高度应为650~700mm。扶手应保持连贯，靠墙面的扶手的起点和终点处应水平延伸不小于300mm的长度，扶手末端应向内拐到墙面或向下延伸不小于100mm，栏杆式扶手应向下成弧形或延伸到地面上固定，扶手内侧与墙面的距离不应小于40mm。扶手应安装坚固，形状易于抓握。圆形扶手的直径应为35~50mm，矩形扶手的截面尺寸应为35~50mm，扶手的材质宜选用防滑、热惰性指标好的材料。

6.3.4 应设置垃圾专门存放区域，并分类存放、分类管理。

6.3.5 老年人居室内及其他非吸烟区域应禁止吸烟，若有需要，可设立吸烟区域。

6.3.6 应符合公安消防部门相关要求，配备消防设施设备。消防灭火器的配备应符合 GB 50140 的规定。

6.3.7 应设置醒目、易懂的标志。

6.4 安全管理要求

6.4.1 应按照 MZ/T 032—2012 中第 4 章的规定建立安全管理体系，建立健全各项安全管理制度。安全管理制度应包括但不限于：安全责任制度；安全教育制度；安全操作规范或规程；安全检查制度；事故处理与报告制度；突发事件应急预案；考核与奖惩制度。

【解读 5】MZ/T 032—2012 为行业性标准《养老机构安全管理》。

6.4.2 突发事件应急管理应符合 MZ/T 032—2012 中第 12 章的要求，明确应急管理部门及其责任，制定应急预案，应急预案内容包括但不限于：突发事件类型；组织机构；职责分工；处置原则；处理流程；工作要求。

6.4.3 突发事件类型包括但不限于：火灾；食物中毒；公共卫生事件；自然灾害；老年人自伤、跌倒、噎食、窒息、误吸、走失、烫伤。

6.4.4 养老机构发生意外或可能引发意外的过失行为后，应按要求逐级上报。发生重大疫情，应及时向机构属地疾病预防控制机构报告。

6.4.5 特种设备安全管理应符合 MZ/T 032—2012 中 5.4 的规定，应定期对设施设备进行维护和保养，特种设施设备应设置专人负责管理，定期进行检查，并经有资质的检验机构检验合格后使用。

6.4.6 设施设备安全管理应符合 MZ/T 032—2012 中第 5 章的规定，消防安全设施、器材，每年至少进行 1 次全面检测，确保完好有效。

6.4.7 应每半年至少开展 1 次消防演练和应急预案演练；每季度至少开展 1 次安全教育培训；每月至少组织 1 次防火检查；白天防火巡查、夜间防火巡查每日各不少于 2 次。

7 服务评价与改进

7.1 评价方式

7.1.1 应定期听取老年人及相关第三方的建议和意见，采取设置意见箱、网上收集等方式收集信息。

7.1.2 应定期开展机构内的服务质量检查与考核。

7.1.3 宜采取日常检查、定期检查、不定期抽查、专项检查等方式进行内部评价。每年开展不少于 1 次的自我检查，并形成检查报告。

7.1.4 应每年开展不少于 1 次的服务满意度测评，向住院老年人或相关第三方发放满意度调查问卷，并形成分析报告。

7.1.5 宜邀请相关专家或第三方专业机构，对服务质量进行评价。

7.2 评价内容

服务评价的内容包括但不限于：

a. 服务项目；

b. 服务质量；

c. 服务人员；

d. 服务满意度；

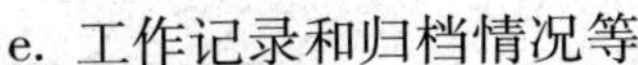

e. 工作记录和归档情况等。

7.3　持续改进

7.3.1　通过召开工作例会、座谈会等相关会议，进行沟通交流，查找问题，分析原因，及时制定整改措施。

7.3.2　工作人员日常工作中发现问题应及时上报相关部门，及时制定整改措施。

《养老机构服务质量基本规范》包括养老机构服务的基本要求、服务项目与质量要求、管理要求、服务评价与改进四个方面内容，填补了养老机构服务质量国家标准空白，健全了养老机构标准体系，为进一步规范养老机构服务质量提供了指引。

思维导图

第二十二章 《社区居家养老服务质量评估规范》标准及解读

扫码查看课程资源

小王是智慧健康养老服务与管理专业的大二学生。在本学期的课程当中，他所在的小组接到了老师布置的任务：调查阳光社区居家养老服务的情况。对此，小王和他的组员开始时感到无从下手。经过上网查询，小王找到了山东省市场监督管理局2020年6月8日发布的《社区居家养老服务质量评估规范》（DB37/T 3776—2020）。他与他的小组成员需要在了解该规范的基础上，对阳光社区的社区居家养老服务质量进行评估。

如果你是小王，你将如何完成此项任务？

学习目标

知识要求：

1. 掌握《社区居家养老服务质量评估规范》的适用范围。
2. 掌握《社区居家养老服务质量评估规范》中包含的术语定义、评价要求以及评价方法。

能力目标：

1. 能理解《社区居家养老服务质量评估规范》的评估原则。
2. 能掌握托养服务和入户服务的不同评估内容及指标。
3. 能掌握基本的评估方式和一般性的评估流程。

素质要求：

1. 对于各类评估量表的制作有进一步的了解。
2. 增强对于老年服务事业的认同感与责任感。

随着中国人口老龄化、高龄化、家庭小型化、空巢化的快速发展，占绝对比例的居家老年人的生活照料需求在飞速增长，而社区居家养老服务供给侧不足的问题越发凸显。由于社区居家养老的服务模式刚刚起步不久，在供给侧数量增加的同时，在服务内容、场所、团队、标准、运营、风控、质控、监管等方面还存在诸多问题和不足，而过去用于机构养老的相关标准和规范无法完全适用社区居家养老的服务规律和场景，存在着不健全、不安全、不规范等诸多问题。因此，在服务的过程中存在着服务质量不稳定、安全有隐患、易产生客服和法务纠纷等。鉴于此，山东省制定了地方标准《社区居家养老服务质量评估规范》。

《社区居家养老服务质量评估规范》（DB37/T 3776—2020）按照GB/T 1.1—2009

给出的规则起草，由山东省民政厅提出、归口并组织实施。本标准起草单位：山东省标准化研究院、甸柳新村街道办事处、山东安养养老服务促进中心、山东青年政治学院。本标准主要起草人：原静、杨全勇、曲发川、宋坤、岳睿。

《社区居家养老服务质量评估规范》标准及解读

1 范围

本标准规定了社区居家养老服务质量评估的原则、评估内容及指标、评估方式、评估流程、评估结果运用等。

本标准适用于我省社区居家养老服务质量评估工作。

2 评估原则

坚持公开透明、公平公正、客观量化的原则，参照量化的评估指标，评定社区居家养老服务机构服务质量等次。

3 评估内容及指标

3.1 托养服务

3.1.1 社区居家养老服务（托养服务）质量评估内容主要包括服务机构的场所及设施设备配备、机构运营管理、服务提供、服务成效及服务质量管理等，其中：

——场所及设施配置评估内容包括环境、场所标识及场所主要功能区域等；

——设备及用品配备评估内容包括基本设备配备、应急设备配备、设备管理等；

——运营管理评估内容包括制度建设、财务管理、安全管理、人力资源管理等；

——服务提供评估内容包括膳食供应服务、生活照料服务、康复服务、健康管理服务、文化娱乐服务、心理慰藉服务、接送服务以及其他服务等；

——服务成效评估内容包括服务人数和服务满意度等；

——服务质量管理评估内容包括服务监督、服务档案管理、投诉处理、回访等。

3.1.2 社区居家养老服务（托养服务）质量评估指标见附录 A。

3.2 入户服务

3.2.1 社区居家养老服务（入户服务）质量评估内容主要包括服务提供、服务人员、服务成效、服务质量管理等，其中：

——服务提供评估内容包括助餐服务、助浴服务、助洁服务、洗涤服务、助行服务、心理慰藉服务、代办服务、助医服务、康养保健服务、康复护理服务等；

——服务人员评估内容包括人员资质、人员培训和人员管理等；

——服务成效评估内容包括服务人数、服务满意度等；

——机构运营及服务质量管理评估内容包括信息公开公示、财务管理、服务监督、签约建档、投诉处理、回访等。

3.2.2 社区居家养老服务（入户服务）质量评估指标见附录 B。

4 评估方式

4.1 服务现场及过程观察

对社区居家养老服务的场地及服务过程进行现场观察和信息收集，包括但不限于场地硬件、制度建设、服务人员情况、服务过程等。

4.2 文件审阅

通过材料收集和查看等方式，查阅社区居家养老服务机构的各类文件档案，包括但不限于机构资质证明、各类规章制度、服务档案记录等。

4.3 访谈

通过与社区居家养老服务机构的管理人员、服务人员、服务对象、服务对象家属及其他相关人员交谈进行评估，交流内容包括但不限于服务项目介绍、特殊个案处理经验、服务存在的问题、服务投诉处理情况等。

4.4 服务对象满意度调查

针对服务质量、服务设施设备配备、服务态度、服务效率等进行满意度调查分析和量化评估，服务对象满意度调查表可参照附录C进行设计。

5 评估流程

5.1 服务机构自评

社区居家养老服务机构根据服务项目类别，对照服务质量评估指标进行自查自评，并将自评结果上报县级民政部门。

5.2 第三方评估

5.2.1 县级民政部门委托第三方评估机构开展社区居家养老服务质量评估。

5.2.2 评估机构根据评估要求制定评估计划和方案。

5.2.3 成立评估小组，明确小组成员职责分工；评估小组一般由养老行业行政主管部门工作人员、养老服务从业人员、执业医师、专家学者、社会工作者等人员组成。

5.2.4 进行评估准备，由评估人员与被评估服务机构的负责人进行工作对接，确认评估时间，准备评估材料。

5.2.5 组织实施评估，评估人员依据评估指标综合采用现场观察、文档查阅、访谈、服务对象满意度调查等方式进行综合评估打分，做好记录，并将改进意见反馈给被评估机构。

5.2.6 统计评估结果，评估机构根据以下评估规则统计评估结果：

——综合得分90分（含）以上为优秀；

——综合得分80分（含）以上为良好；

——综合得分60分（含）以上为合格；

——综合得分60分以下为不合格。

5.3 评估结果公示

5.3.1 评估机构将评估结果上报县级民政部门，县级民政部门定期将评估结果在县级民政网站上进行公示。

5.3.2 参加评估的服务机构若对评估结果存在异议，应在评估结果公示期间向县级民政部门提出书面复评申请；县级民政部门委托评估机构重新评估并及时公布评估结果。

6 评估结果运用

6.1 社区居家养老服务质量评估结果可作为政府选择购买社区居家养老服务承接

主体的重要参考依据。

6.2 县级民政部门应对评估定级不合格的服务机构提出整改要求，整改后仍不合格的服务机构，由服务购买方中止服务合同或服务委托协议。

《社区居家养老服务质量评估规范》标准的制定与实施有利于更好地适应人口老龄化快速发展的客观形势，满足社区居家长者日益多样化、专业化、个性化的养老服务需求。对于确保服务质量、科学防控风险、有效监督管理和规范社区居家养老服务供给侧管理，具有重要意义。

附 录 A
（资料性附录）
社区居家养老服务质量评估表（托养服务）

表 A.1 社区居家养老服务质量评估表（托养服务）

服务区域：________市________（县/市/区）________（街/镇）

服务提供方名称：________________ 评估日期：________年____月____日

项目负责人姓名：________ 电子邮箱：________________

联系电话：________________

评估内容	评估指标	分值	评估标准	得分
1. 场所及设施（25分）	1.1 环境	1	交通便利，供电、给排水、通讯等市政条件较好	
		1	设置在首层的，应相对独立并设有独立的出入口；设置在二层或以上的，应设有垂直电梯或其他无障碍设施，不应使用地下层	
		1	环境安静，室内声音环境≤60分贝，附近无高噪音源	
		1	日照充足：通风良好，室内无异味；附近无污染源	
		1	地形平坦，出入口能保证牧护车辆通畅到达	
	1.2 场所标识	1	应在场所外墙显著位置悬挂规范的服务场所标识	
		1	场所内部色调温馨、简洁大方、统一标识，标识文字、图标相结合，字体醒目、图案消晰	
	1.3 服务接待区	1	应为固定且相对独立的场所，配备有办公桌椅以及供老年人休息的座椅等	
		1	配备宣传资料、纸笔、放大镜等	
	1.4 公共活动区	1	公共区域沿墙应安装安全扶手，并保持连续	
		1	过厅、走道、房间无门槛，地面无高差；若地面有高差应设置坡道并明显标识：地面应使用安全防滑材料	
		1	老年人集中活动和单独逗留的区域应安装紧急呼叫装置	

续表

评估内容	评估指标	分值	评估标准	得分
1. 场所及设施（25分）	1.5 卫生间	1	设置如厕专用椅及扶手；门锁能双向开启，地面易清洗、防滑	
		1	配置排气扇、干手设备、墙面镜、洗手用品、废纸篓等用品	
	1.6 膳食供应区	1	人均就餐面积≥0.2m²，留有可供轮椅车出入的空间，根据需要设置轮椅就餐位	
		2	配备热水供应、消毒餐具、餐饮公告栏、时钟、餐巾纸、洗刷用品、防蝇蚊用具等	
	1.7 康复训练区	2	在康复医师的指导下配置康复训练器材、康复辅助器具	
	1.8 健康管理区	1	配置生命体征测量器具（如血压计、听诊器、体重计、体温计）等	
	1.9 体息区	1	人均休息位使用面积≥4m²	
		1	配备单人床、折叠床或按摩椅等，满足老年人1~2小时的睡眠需求	
		1	配有老年人休息所需的基本生活用具（如毛毯、痰盂）；公用物品应定期进行清洗、消毒	
		1	休息区相对独立，不与电梯井道、有躁声振动的设备机房等贴邻设置	
		1	注意保护老年人隐私，根据老年人需求设置隔间	
2. 设备及用品（5分）	2.1 基本设备配备	1	配置监控系统，监控范围应覆盖公共区域：在醒目位置设置视频监控标志	
		1	配备空调、通风换气等设备，配备饮水设备，定期检查保养并有记录	
		1	设有个人物品存放空间或储物柜，制定并公示个人物品储存管理办法	
	2.2 应急设备配备	1	配备应急使用的轮椅、拐杖、急救箱等，配备广播系统或扩音设备	
	2.3 设备管理	1	有清晰的设施设备使用及维护记录	
3. 运营管理（10分）	3.1 制度建设	1	具备完善的管理制度，包括岗位职责、工作流程及服务标准以及合同、卫生、安全（保密）、档案等管理制度	
		1	重要的规章制度应公示上墙或做成工作手册等	

续表

评估内容	评估指标	分值	评估标准	得分
3. 运营管理（10分）	3.2 财务管理	1	具有完善的财务管理制度，财务记录（运营经费、服务资助、服务补助等资金的使用情况）清晰，做到专款专用	
	3.3 安全管理	1	具有健全的安全管理制度体系，制定包括火灾、食物中毒、呼吸道传染性疾病等突发事件应急预案	
		1	设施设备安全、食品安全、消防安全、人身安全等符合MZ/T 032的相关要求	
		1	定期进行安全巡查、抽查，有完整的安全检查记录表单	
		1	定期针对服务对象及工作人员开展安全教育和培训，并保存相关记录	
	3.4 人力资源管理	1	具有工作人员选拔、培训、使用、管理、奖惩等完善的人力资源管理制度，并保存相关工作记录	
		1	专（兼）职工作人员数量能够满足老年人服务需求，工作人员数量符合DB37/T 2722的相关要求	
		1	专业工作人员（养老护理员、医师、护士、康复治疗师、营养师、健康管理师、社会工作者等）应持有有效的资格证书	
4. 服务提供（40分）	4.1 膳食供应服务	2	根据荤素搭配、干稀搭配、粗细搭配的原则及老年人特殊需求制定菜谱，1周内菜谱不重复，且提前公布	
		1	配备专门的辅助进食人员，为有需要的老年人提供进食辅助服务	
		1	制定食品安全管理的规章制度，对每餐次供应的食品应进行48小时留样	
		1	餐具应符合GB 14934的相关要求，就餐完毕后及时清理，保证就餐环境清洁卫生	
		1	每年开展不少于4次健康饮食宣传活动，印制健康饮食宣传资料供老年人及家属借阅	
	4.2 生活照料服务	2	根据老年人生活习惯及身体特征合理安排进食和进水的时间、频次，并做好记录：对于呛水、噎食等特殊情况，能够及时采取相应救助措施	
		2	能够定时提醒老年人如厕，并对排泄次数、排泄时间、排泄难易程度、有无突发情况进行详细记录：对于有便秘等排泄困难的老年人，有相关的辅助及改善措施	

续表

评估内容	评估指标	分值	评估标准	得分
4. 服务提供（40分）	4.2 生活照料服务	1	能够在每次饭前、饭后协助老年人漱口，对于牙龈出血、口腔炎症等特殊情况，能够采取相应的措施，并保存相关记录	
		1	能够协助老年人进行衣物更换，并对老年人穿脱衣过程中发生的特殊情况进行处理并记录	
		1	老年人午/晚间休息期间有专人值班看护，并进行记录	
		2	能够为老年人提供助浴、衣物洗涤等服务，并保存相关服务记录	
		2	能够为老年人提供理发、指（趾）甲修剪等服务，并保存相关服务记录	
		1	能够提醒或协助老年人按时服用自带药品，并保存相关用药记录	
	4.3 康复服务	2	根据老年人身体状况和肢体康复需要，为老年人制定专属康复训练计划，并由专业人员指导老年人进行康复训练	
		2	在康复训练过程中，能够协助老年人使用康复器材，注意观察老年人的身体、训练状况，及时给予协助、指导和鼓励：注意防跌、防过度训练，记录康复训练过程并评估康复成效	
		1	康复训练项目≥2个，如腰椎康复、跌伤康复、中风康复、偏瘫康复、记忆训练、感官训练、转移训练等	
		1	康复理疗项目≥2个，如足部理疗、器械按摩、推拿按摩、拔罐刮痧等	
	4.4 健康管理服务	2	每年为老年人提供≥5次的预防保健（针对老年人常见疾病、慢性疾病、突发疾病）、康复护理及老年营养、心理健康等知识教育培训活动	
		1	每周为老年人进行≥2次常规生命体征监测，包括体温、血压、血糖、体重等，并有相应记录	
		1	针对患有慢性病、中风后遗症等健康隐患的老年人，提供健康管理服务，遇特殊情况能够及时通知监护人，并采取相应措施	
	4.5 文化娱乐	4	能够根据老年人的身心特点与需求，有针对性地开展文化娱乐活动，有活动计划和活动记录	
	4.6 心理慰藉	4	为有需要的老年人进行沟通、情绪疏导、心理咨询、危机干预等，并保存相关记录	

续表

评估内容	评估指标	分值	评估标准	得分
4. 服务提供（40分）	4.7 接送服务	2	能够接送老年人往返于住所与日间照料中心，接送车辆安全，且配备随车陪护员，有完整的接送记录	
	4.8 其他服务	2	能够为老年人提供委托服务、陪同就医、法律援助、入住养老机构咨询等服务	
5. 服务成效（10分）	5.1 服务人数	5	1. 协议服务对象人数≥20 或工作日日均服务人次≥30（5分） 2. 协议服务对象人数≥10 或工作日日均服务人次≥20（3分） 3. 协议服务对象人数≥5 或工作日日均服务人次≥10（1分）	
	5.2 服务满意度	5	1. 服务满意度≥90%（5分） 2. 服务满意度≥80%（3分） 3. 服务满意度≥60%（2分） 4. 服务满意度<60%（1分）	
6. 服务质量管理（10分）	6.1 服务监督	2	制定服务（操作）流程标准和服务管理制度；每月（至少1次）检查员工对流程标准和管理制度的执行情况，并保存监督记录	
		2	为老年人建立健康档案，档案包括个人信息、服务协议、服务方案、服务记录等，建档率达100%	
	6.2 服务档案管理	1	每月更新1次服务对象档案信息	
	6.3 投诉处理	2	制定投诉管理制度，公开投诉渠道信息；对于服务投诉、回访反馈的建议，能立即解决的应即时解决，无法立即解决的在5个工作日内给予答复，同时做好投诉处理记录	
		2	1. 无被投诉情况或有效投诉结案率=100%（2分） 2. 有效投诉结案率≥80%（1分） 3. 有效投诉结案率<80%（0分）	
	6.4 回访	1	建立服务回访机制，以电话回访、座谈会等形式收集服务对象意见，并及时根据反映的情况改善服务内容，有清晰的记录存档	
总分			等级	
评估员签名				

注：1. 可根据实际情况和评估需要对评估项目和分值进行调整。

2. 综合得分90分（含）以上为优秀、80分（含）以上为良好、60分（含）以上为合格、60分以下为不合格。

附 录 B

（资料性附录）
社区居家养老服务质量评估表（入户服务）

表 B. 1　　社区居家养老服务质量评估表（入户服务）

服务区域：________市________（县/市/区）________（街/镇）

服务提供方名称：____________________　　评估日期：________年____月____日

项目负责人姓名：________　　电子邮箱：____________________

联系电话：____________________

评估内容	评估指标	分值	评估标准	得分
1. 服务项目（基础项目 60 分）	1. 1 助餐服务	3	配餐服务，根据荤素搭配、干稀搭配、粗细搭配的原则及老年人需求制定菜谱，并提前公布菜谱；能够针对老年人的健康状况及身体条件（如糖尿病、高血脂、高血压、冠心病、肥胖症、脂肪肝、有吞咽困难等）由营养师或专业人员提供个性化配餐；对食物进行 48 小时留样	
		3	送餐服务，1. 配置相应的送餐设备，设备保持清洁卫生，密封保温；2. 送餐、分餐及时，饮食送达时密闭、保温、保鲜：3. 送餐时间、菜品、配送员、服务对象签收均有记录	
		3	上门做餐，1. 上门做餐的服务人员持有效健康证明，并对食物进行 48 小时留样；2. 尊重老年人饮食生活习惯与禁忌，无食物不洁等情况，及时清理做餐、用餐后的环境卫生，并保存相关服务记录	
		3	协助进餐，根据老年人的身体条件有针对性地协助其进餐，并做好协助进餐记录	
	1. 2 助浴服务	4	助浴前进行安全提示，根据室温状况及老年人身体条件，提醒老年人注意防寒保暖、防暑降温及浴室内通风，防止老年人受凉或烫伤，并有相关服务记录	
		3	外出助浴应选择有资质的公共洗浴场所或有公用沐浴设施的服务机构，并有相关的服务记录	
		3	助浴过程中应注意观察老年人身体情况，如遇老年人身体不适，应协助采取应急措施，并做好相关记录	
	1. 3 助洁服务	4	保持老年人居室整洁、物具清洁、物品摆放整齐；定期通风，保持室内空气新鲜，无异味	
		4	应携带个人清洁工具，使用服务对象的清洁器材或耗材时，应事先获取服务对象或其家属同意	

续表

评估内容	评估指标	分值	评估标准	得分
1. 服务项目（基础项目60分）	1.4 洗涤服务	3	明确洗涤衣物的类别、衣物交收程序、卫生处理措施等工作流程，对衣物进行分类洗涤，并保存相关服务记录	
		3	洗涤服务质量达到清洁干净、无汗渍、无污点、无异味，保持织物原来的色泽、花纹和图案	
	1.5 助行服务	3	根据老年人需要，合理设置出行计划及路线，做好出行记录	
		3	确保老年人出行安全，使用助行器具时，应确保助行器具安全可靠；出现突发情况及时应对并记录反馈	
	1.6 心理慰藉	4	为有需求的老年人进行沟通、情绪疏导、心理咨询、危机干预等	
	1.7 代办服务	5	能根据老年人需求，提供代购、代领物品，代缴费用等服务，与老年人当面清点钱物、证件、单据，记录清晰	
	1.8 助医服务	3	陪同就诊前提前告知老年人就诊的相关信息，提醒老年人做好相关准备，注意途中安全	
		3	协助老年人与医生进行问诊交流，包括向医生表达老年人的身体状况、协助记录医生医嘱、提醒老年人执行医嘱，并及时将就诊情况汇报老年人家属及上级主管	
		3	严格按照医嘱，协助老年人按时用药，注意观察老年人用药后的反应，并建立详细的药物服用记录	
1. 服务提供（加分项目10分）	1.9※康养保健	1	为老年人建立健康档案，包括病历记录、个人药物记录、体检记录等，并定期跟踪老年人健康情况，及时更新、补充记录内容	
		1	能够为老年人进行常规生命体征监测，如体温、血压、体重、心率、呼吸、血糖等	
		1	能够为老年人提供健康咨询、饮食咨询、营养指导、锻炼指导、活动指导服务	
		1	通过电话、网络等多种预约方式，为老年人提供疾病诊疗和健康管理预约服务，指导有病情需要的老年人进行转诊	
		2	1. 根据实际情况建立全科医师和社区护士家庭病床巡查制度，至少每2周进行1次巡诊对新建床患者，应在7天内完成家庭访视。 2. 家庭病床的服务项目符合以下条件：在家庭中医疗安全能得到保障，治疗效果较确切，消毒隔离能达到要求，医疗器械能拿到家庭使用，非创伤性、不容易失血和不容易引起严重过敏等	

续表

评估内容	评估指标	分值	评估标准	得分
1. 服务提供（加分项目10分）	1.10※康复护理	1	由康复医师、康复治疗师、护士组成康复小组对老年人身体状况进行评估，制定专属康复计划	
		3	1. 由康复治疗师、养老护理员等根据康复计划为老年人提供运动功能康复、言语障碍康复、日常生活能力康复等康复项目。 2. 能够为老年人提供进食护理、排泄护理、个人卫生护理、压疮护理等护理项目。 3. 能够配备便于携带入户的康复护理设备及用品	
2. 服务人员（10分）	2.1人员资质	4	服务人员持证率=100%（4分）。服务人员持证率≥80%（3分）。服务人员持证率≥60%（2分）。服务人员持证率<60%（1分）	
	2.2人员培训	2	服务人员在上岗前，接受岗前培训，且每年定期参加业务技能培训等，并保存培训记录	
		2	每月定期组织工作人员会议，进行工作总结，指导工作开展，并保存相关会议记录	
	2.3人员管理	2	服务机构与工作人员签订劳动合同，并按规定购买人身意外保险	
3. 服务成效（10分）	3.1服务人数	5	1. 协议服务对象人数≥30（5分）。 2. 协议服务对象人数≥20（3分）。 3. 协议服务对象人数≥10（2分）。 4. 协议服务对象人数≥5（1分）	
	3.2服务满意度	5	1. 服务满意度≥90%（5分）。 2. 服务满意度≥80%（3分）。 3. 服务满意度≥60%（2分）。 4. 服务满意度<60%（1分）	
4. 机构运营及服务质量管理（20分）	4.1信息公开公示	2	服务机构应公开执业证照、服务项目、收费标准、规章制度、工作流程、服务承诺、投诉方式等信息，并定期更新相关内容	
		2	服务人员提供入户服务时应主动向服务对象出示工作证件、执业（资格）证书等有效证件	
	4.2财务管理	2	具有完善的财务管理制度，财务记录（运营经费、服务资助、服务补助等资金的使用情况）清晰，做到专款专用	
	4.3服务监督	2	制定服务（操作）流程标准和服务管理制度；每月（至少1次）检查员工对流程标准和管理制度的执行情况，并保存记录	

续表

评估内容	评估指标	分值	评估标准	得分
4. 机构运营及服务质量管理（20分）	4.4 签约建档	1	与服务对象签订服务协议，签约率 100%	
		2	为服务对象建立个人服务档案，档案包括个人信息、服务协议、服务方案、服务记录等，建档率达 100%	
		1	制定服务对象档案管理制度和保密制度，每月更新 1 次服务对象档案信息	
	4.5 投诉处理	1	制定投诉管理制度，公开投诉渠道信息	
		2	对于服务投诉、回访反馈的建议，能立即解决的即时解决，无法立即解决的应在 5 个工作日内给予答复，同时做好答复记录	
		3	无被投诉情况或有效投诉结案率 = 100%（3 分）；有效投诉结案率≥80%（2 分）；有效投诉结案率<80%（1 分）	
	4.6 回访	1	建立服务对象回访机制，明确回访人员、内容、频次、方式等	
		1	以电话回访、座谈会等形式收集服务对象意见，并及时根据反映的情况改善服务内容，有清晰的记录存档	
总分			等级	
评估员签名				

注：1. 可根据实际情况和评估需要对评估项目和分值进行调整。

2. 综合得分 90 分（含）以上为优秀、80 分（含）以上为良好、60 分（含）以上为合格、60 分以下为不合格。

附 录 C
(资料性附录)
社区居家养老服务满意度调查表

表 C.1　　社区居家养老服务满意度调查表

服务机构：____________________调查日期：________年________月________日

填写人员姓名：____________________（与服务对象关系；□本人 □其他________）

序号	调查内容	非常满意	满意	基本满意	不满意	非常不满意
1	对服务机构的管理是否满意？					
2	对服务机构提供的服务项目内容是否满意？					
3	对服务机构工作人员的服务态度是否满意？					
4	对服务机构提供服务的质量是否满意？					

续表

序号	调查内容	非常满意	满意	基本满意	不满意	非常不满意
5	对服务机构提供的服务设施是否满意？					
6	对服务机构工作人员的服务能力是否满意？					
7	对服务人员处理应急问题的能力是否满意？					
8	对服务人员服务时的工作效率是否满意？					
9	对服务人员服务时的语言和行为表现是否满意？					
10	对服务人员服务时的责任心是否满意？					

其他意见：

调查表补充说明：

1. 此表调查内容由老年人或监护人填写，在相应的栏目打“√”。
2. 非常满意 10 分，满意 8 分，基本满意 6 分，不满意 4 分，非常不满意 2 分。
3. 服务对象满意度调查计算方法如下：

$$C=\frac{\sum A}{T}\times 100\%$$

式中：

C——服务对象满意度；

A——各项调查内容实际得分；

T——调查内容总分值。

思维导图

第二十三章 《养老服务标准实施效果评价指南》及解读

扫码查看课程资源

案例导入

小张曾经是一名智慧健康养老服务与管理专业的学生，经过多年的学习与深造，最终他成功地考上了家乡所在民政局的岗位。入职后不久，他就接到了调查所在地区《养老机构服务礼仪规范》标准实施效果的任务。但是，对于该如何开展这一工作，小张却没有什么头绪。了解到了他的困惑后，同事发给了他山东省地方标准《养老服务标准实施效果评价指南》。现在，他需要在了解评价指南的基础上，对市区内养老服务机构养老服务标准实施效果进行调查。

如果你是小张，你将如何完成此项任务?

学习目标

知识要求：

1. 掌握《养老服务标准实施效果评价指南》的适用范围。
2. 掌握《养老服务标准实施效果评价指南》中包含的术语定义、评价要求以及评价方法。

能力目标：

1. 能理解标准技术指标、标准实施情况、标准实施效益的具体内容。
2. 能掌握三种不同的评级方法。
3. 能根据《养老服务标准实施效果评价指南》对某一具体标准的实施情况进行评估。

素质要求：

1. 对于量化分析与质性研究有进一步了解。
2. 增强对于老年服务事业的认同感与责任感。

《养老服务标准实施效果评价指南》按照 GB/T 1. 1—2009 规则起草，是山东省人民政府为加快建立养老服务地方标准体系，推动养老服务标准实施，建立养老服务标准实施、监督和评价机制所出台的标准规范，由山东省民政厅、山东省市场监督管理局联合印发，就加快养老服务标准化的制定、宣贯和实施提出明确要求。

《养老服务标准实施效果评价指南》及解读

1 范围

本标准规定了养老服务标准实施效果评价工作的术语和定义、评价要求、评价方法和评价报告编写格式等。

本标准适用于养老服务类国家、行业、地方、团体标准在山东省的实施效果评价工作。

2 术语和定义

以下术语和定义适用于本文件。

2.1 养老服务标准

规定养老服务应满足的要求以确保其适用性的标准。

【解读 1】本书中所包含的国家、山东省和行业标准都属于养老服务标准。

2.2 养老服务对象（以下简称“服务对象”）

年满 60 周岁的老年人及相关第三方。

【解读 2】其中包括在养老机构、照料中心以及接受居家及社区照顾的老年人。也就是说凡是接受养老服务的老年人，都属于本标准中的养老服务对象。

2.3 标准实施辅助材料

有利于养老服务标准实施的教材（含讲义、培训材料）、指南、手册、解读材料等出版物。

【解读 3】一般来说，每当有新的国家、地方以及行业标准，相关机构都会组织开展培训。所有这些培训的相关纸质材料都可以视为本标准中的标准实施辅助材料。

2.4 基准年

评价养老服务标准实施效果时，作为比较的基准年度。一般为养老服务标准现行有效版本正式批准发布实施前 1 年。

2.5 评价年

实施养老服务标准后与基准年进行比较的年度。

【解读 4】也就是说假如某一国家标准是自 2023 年 1 月起正式实行，那么 2022 年就是评价的基准年，2024 年及其以后的年份就可以作为评价年。

3 评价要求

3.1 总则

3.1.1 养老服务标准实施效果评价应遵循客观公正、科学严谨、全面准确的原则。

3.1.2 养老服务标准实施效果评价宜在所评价标准实施满 1 年后进行。

3.1.3 养老服务标准实施效果评价应组建评价工作组，由评价工作组开展评价工作。评价工作组的人员构成和数量应根据所评标准的内容和评价工作量确定。评价工作组宜由第三方组织机构人员组成。

3.1.4 养老服务标准实施效果评价应从标准技术指标、标准实施情况、标准实施

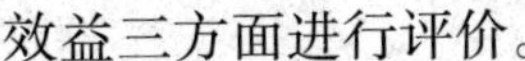

效益三方面进行评价。

3.2 技术指标评价

养老服务标准技术指标评价宜从标准适用性、标准先进性和标准协调性等三个方面评价，详细评价内容见表 23-1。

表 23-1 技术指标评价

一级评价指标	评价内容
标准适用性	分析所评价标准内容指标与当前养老服务需求的一致性程度
标准先进性	对比所评价标准与更高一级或其他地区同级标准同类型标准指标内容差异
标准协调性	分析所评价标准与相关国家、行业、地方标准指标内容的统一程度或差异程度

3.3 实施情况评价

养老服务标准实施情况评价宜从标准推广、标准执行和标准被引用三个方面进行分析，评价指标宜根据所评价标准实际情况进行增减，详细评价内容见表 23-2。

表 23-2 实施情况评价

一级评价指标	二级评价指标	评价内容
标准推广	标准传播	所评价标准的销售量
		所评价标准的查询（点击）量
		所评价标准的下载量
	标准宣贯	养老服务主管部门的标准宣贯培训情况
		国家级、省级养老服务相关的标准技术委员会的标准宣贯培训情况
		相关组织的养老服务标准宣贯培训情况（养老服务相关的行业协会、服务组织等）
	标准实施辅助材料的传播	标准实施辅助材料的发行量
		标准实施辅助材料的销售量
标准执行	服务组织对标准的应用	服务组织是否执行所评价标准
		服务组织是否配套发布所评价标准的实施方案
	服务人员对标准的认知	服务人员是否知道所评价标准的存在
		服务人员是否掌握所评价标准的内容
		服务人员是否能在养老服务工作中应用所评价标准
	服务对象对标准的认知	服务对象是否知道所评价标准的存在
		服务对象是否掌握所评价标准的内容
		服务对象是否能在接受养老服务过程中应用所评价标准

续表

一级评价指标	二级评价指标	评价内容
标准被引用	被法律法规和规范性文件引用	被法律法规和规范性文件的引用次数
	被国家标准引用	被国家标准引用次数（分为注日期引用、不注日期引用）
	被行业标准引用	被行业标准引用次数（分为注日期引用、不注日期引用）
	被地方标准引用	被地方标准引用次数（分为注日期引用、不注日期引用）
	被团体标准引用	被团体标准引用次数（分为注日期引用、不注日期引用）

3.4 实施效益评价

养老服务标准实施效益评价宜根据标准内容具体分析所评价标准产生的社会效益和经济效益，详细评价内容见表 23-3。

注：以下指标仅关注所评价标准涉及的相关服务项目情况和数据。

表 23-3　　实施效益评价

一级评价指标	二级评价指标	三级评价指标	评价内容
社会效益	服务组织竞争力	服务组织获奖数量	服务组织当年获得的奖项（称号）数量
		服务人员资格证书获取率	服务组织当年所有的服务人员中获得相关资格证书的百分比
		服务规模增长情况	服务量（或收入）年度增长率
	市场规范性	服务组织资格许可获取率	服务组织当年是否获得相关资格许可
		服务信息公开率	服务组织当年是否公开声明服务项目内容（消费时长、金额、风险等）
		行业部门监管情况	服务组织是否曾因该服务项目被主管部门提出批评或采取惩戒性措施
		服务组织制度建设	服务组织管理制度是否完善
		社会监督	服务组织是否曾被媒体报道负面新闻
	社会影响力	服务对象满意度	①当前的服务是否满足服务对象的实际需求； ②服务对象对当前服务过程中的生命安全保障、财产安全保障、信息安全保障的满意程度； ③服务对象对服务的及时性、准时性和省时性的满意程度； ④服务对象对服务收费标准的满意程度； ⑤服务对象对服务环境、服务态度的满意程度等
		服务纠纷/投诉/事故发生率	服务组织当年全年发生服务纠纷/投诉/事故占服务总接待量的百分比
		媒体报道（正面）	服务组织是否曾被媒体报道正面的宣传、新闻等

续表

一级评价指标	二级评价指标	三级评价指标	评价内容
经济效益	服务成本	服务人力资源投入金额	服务组织1年内人力资源投入金额
		服务设施设备投入金额	服务组织当年使用的服务设施设备的投入金额（长期使用设施设备需测算出年均成本）
		服务培训投入金额	服务组织1年内在服务培训工作中的投入金额
		服务用品投入金额	当年一项服务项目全过程中使用的服务用品的总价
		服务合同赔偿金额	服务组织当年在服务合同赔偿上的总支出金额
	服务效率	人均服务量	服务人员的人均服务量（服务人员与所服务老年人的配比）
		人均服务收入	服务人员的年人均服务收入
	服务收入	老年人服务量	当年服务组织全年的服务人数
		老年人平均消费金额	当年一位老年人的平均消费金额
		获得的政府补贴	服务组织当年获得的政府补贴金额

4 评价方法

4.1 技术指标评价方法

4.1.1 对比分析法

对比所评价标准与选择的对比标准在指标内容上的差异，借以了解所评价标准的优势和问题，形成规范的对比列表。此方法适用于标准的先进性和协调性评价。

4.1.2 意见调查法

以意见征集（邮件、电话、问卷等）形式收集行业专家、服务组织和服务对象对所评价标准内容的评价，借以了解所评价标准与当前市场需求的一致性程度，此方法适用于标准的适用性评价。

4.2 实施情况评价方法

4.2.1 数据收集方法

养老服务标准实施情况的数据收集宜采用以下方法：

——电话调查，此方法适用于标准（实施辅助材料）传播数据的收集；

——实地调查，此方法适用于标准宣贯情况的收集；

——网络采集，此方法适用于标准被引用情况的收集；

——抽样调查，此方法适用于标准执行情况的数据收集。

4.2.2 数据分析方法

养老服务标准实施情况评价宜根据所评价标准的适用范围确定各项指标数据的计算方法。

4.3 实施效益评价方法

4.3.1 数据收集方法

养老服务标准实施效益评价数据的收集宜采用抽样调查法，数据收集对象分为服务组织和服务对象两类：

——标准执行方，即服务组织（机构），这一类数据的采集宜采用抽样调查的形式。

——服务对象，收集服务质量评价数据，这一类数据的采集宜采用抽样调查的形式。

4.3.2 数据分析方法

4.3.2.1 服务质量评价宜采用定性方法进行评价，各项指标的分值宜采用五级打分法，用 1、2、3、4、5 五个等级描述各项指标的显著程度，最终确定服务质量的评价结果。

4.3.2.2 标准实施效益评价（服务组织）宜采用基准线调查法进行评价，即选择实施标准前的最近 1 年的状况作为基准试点，调查收集评价区域中各项实施效益指标的初始数据作为基准线，将评价年各项实施效益指标的状况与基准线比较，确定并评估是否取得经济效益（或社会效益）。

5 评价结果

5.1 养老服务标准实施效果评价报告应按照透明性原则将评价对象、评价方法、评价数据等内容进行充分说明。

5.2 评价报告宜包括以下内容：

——所评价标准的基本情况；

——评价计划和步骤；

——评价内容（指标设计）、评价方法、评价数据等；

——评价过程中的主要发现，并进一步分析说明；

——下一步对策建议。

《养老服务标准实施效果评价指南》主要包括养老服务标准实施效果评价指南的适用范围、术语和定义、评价要求、评价方法和评价结果等内容，旨在对养老服务类国家、行业、地方、团体标准在山东省的实施效果进行评价。《养老服务标准实施效果评价指南》的出台，是山东省人民政府为加快建立养老服务地方标准体系的重要举措，可以有效推进养老服务标准规范落地实施，进而提升养老服务水平与质量，推进老龄服务职业的健康发展。

思维导图

第二十四章《养老机构顾客满意度测评》标准及解读

扫码查看课程资源

案例导入

某养老机构现有入住老年人236名。入住机构的老年人对机构的各方面是否满意？养老机构应该从哪些方面提升管理质量和服务质量？小王作为一名机构管理人员，一直在思索着该从哪些方面改进提升。随着《养老机构顾客满意度测评》标准的颁布实施，小王找到了测量老年人满意度的方法。

如果你是小王，应该如何开展养老机构顾客满意度测评呢？

学习目标

知识要求：

1. 掌握《养老机构顾客满意度测评》的术语定义、基本要求、指标体系与权重、测评方法、调查方式的基本要求。
2. 熟悉《养老机构顾客满意度测评》的范围、术语定义、分析与改进的相关要求。
3. 了解《养老机构顾客满意度测评》分析与改进的内容。

能力目标：

1. 能根据养老机构顾客满意度测评开展调查研究。
2. 能根据养老机构顾客满意度测评结果有针对性地提出改进措施。

素质要求：

1. 具有科学严谨的工作态度和职业素养。
2. 具有追根溯源的坚持精神以及忠于养老事业的服务意识。

为加快完善养老服务标准化体系，更好发挥标准引领作用，2019年民政部发布《养老机构顾客满意度测评》行业标准，解决了长期以来入住养老机构老年人满意度测评无统一的标准和方法的问题，标准中含有具体可行的实施方法，对养老机构服务质量的提升提供了有效路径，从而能有针对性地改善和提升养老服务质量，提高全国养老机构规范化管理水平，切实提升老年人的获得感、幸福感、安全感。

《养老机构顾客满意度测评》标准及解读

1 范围

本标准规定了养老机构顾客满意度测评的基本要求、指标体系与权重、测评方法、数据处理、分析和改进的要求。

本标准适用于养老机构开展顾客满意度测评，第三方开展顾客满意度测评可参照执行。

2 规范性引用文件

下列文件对于本文件的应用是必不可少的。凡是注日期的引用文件，仅所注日期的版本适用于本文件。凡是不注日期的引用文件，其最新版本（包括所有的修改单）适用于本文件。

SB/T 10409—2007 商业服务业顾客满意度测评规范

3 术语和定义

SB/T 10409—2007 界定的以及下列术语和定义适用于本文件。

3.1 顾客 customer

接受养老机构提供服务的组织或个人。

3.2 顾客满意/顾客满意度 customer satisfaction

顾客在消费产品或接受服务的过程中（以及之后的一段时期内）所形成愉悦或失望的感觉状态。顾客满意水平的量化就是顾客满意度。

（SB/T 10409—2007，定义 3.2）

4 基本要求

4.1 养老机构应根据测评的目的确定测评范围，并对过程进行策划。

4.2 养老机构应配备充足的资源（包括人力资源）用于顾客满意度测评，并进行有效的管理。

4.3 养老机构应每年开展不少于 1 次顾客满意度测评。

4.4 养老机构应建立持续测评制度，以利于不断提高顾客满意度。

5 指标体系与权重

顾客满意度测评指标体系及权重见表 24-1。

表 24-1 顾客满意度测评指标体系及权重

一级指标	二级指标	权重	三级指标	权重
顾客满意度	资源提供	20%	服务人员	10.0%
			设施设备	10.0%
	服务感知	70%	出入院服务	5.8%
			生活照料服务	14.0%
			膳食服务	8.2%

续表

一级指标	二级指标	权重	三级指标	权重
顾客满意度	服务感知	70%	清洁卫生服务	4.7%
			洗涤服务	2.9%
			医疗护理服务	7.0%
			康复服务	5.8%
			文化娱乐服务	5.8%
			心理/精神支持服务	4.1%
			安宁服务	3.5%
			安全照护服务	4.7%
			其他服务	3.5%
	价值感知	5%	既定服务下对价格的评价	5.0%
	顾客抱怨	2%	对机构的投诉情况	2.0%
	顾客忠诚	3%	对机构的支持程度	3.0%

6 测评方法

6.1 调查问卷

养老机构按照测评指标体系设计顾客满意度调查问卷，参见附录 A。

6.2 评价指标分值

采用十级量表，即顾客用 1~10 分来显示自己的满意度水平。

6.3 调查方式

养老机构根据实际，可采用但不限于下列调查方式：

——面访调查；

——电话调查；

——邮寄/传真调查；

——网络调查等。

6.4 抽样方法

抽样方法具体如下：

——当顾客数量在 200 位（含）以内时，应对每一位顾客进行调查；

——当顾客数量大于 200 位时，可进行抽样调查，抽样样本数量不低于 200+5% N，N 为顾客数量。

注：当抽样样本数大于总体时则对每一位顾客进行调查。

7 数据处理

7.1 数据准备

对获得的数据进行检验，剔除不可用数据，并根据需要进行数据分类。

7.2 数据统计

各项指标满意度计算公式见式（1）：

$$CSI_i = \frac{\sum_{j=1}^{m} q_{i,j}}{10 \times m} \times 100\% \tag{1}$$

式中：

CSI_i——调查问卷中第 i 项指标的满意度；

m ——回收的有效调查问卷的总份数为 m；

$q_{i,j}$——第 j 份调查问卷中，第 i 项指标测评得分，取值区间为 1~10。

顾客满意度计算公式见式（2）：

$$CSI = \sum_{i=1}^{n} CSI_i \times W_i \tag{2}$$

式中：

CSI ——顾客满意度测评得分；

n ——调查问卷中指标的总项数；

CSI_i——调查问卷中第 i 项指标的满意度；

W_i——调查问卷中第 i 项指标的权重。

8　分析和改进

8.1　养老机构按第 7 章内容进行统计，并对综合测评结果或单项测评结果进行分析。

8.2　养老机构应对测评工作进行总结，并形成测评报告，报告内容应包括测评范围、测评过程、测评结论以及改进建议等。

8.3　养老机构对改进建议采取相应纠正措施，并填写《纠正预防措施报告表》（参见附录 B），建立持续改进机制。

《养老机构顾客满意度测评》为养老机构入住老年人的满意度测评提供了切实可行的方法，通过对测评结果进行统计和分析，可以及时客观地发现在养老照护过程中存在的问题，为相关管理措施的调整提供依据，有利于提高服务人员的服务水平，进而促进服务质量的持续改进和提升。标准的实施对养老机构的内涵建设起到重要指导意义，对提升机构的整体竞争力提供了有力保障。

附 录 A

（资料性附录）

顾客满意度调查问卷

表 A. 1　　　　顾客满意度调查问卷

序号	三级指标	评价指标	评价内容	评价结果									
				非常满意		比较满意		一般		不太满意		非常不满意	
				10	9	8	7	6	5	4	3	2	1
1	服务人员	服务态度	您对本机构服务人员服务态度的综合评价										

续表

序号	三级指标	评价指标	评价内容	评价结果									
				非常满意		比较满意		一般		不太满意		非常不满意	
				10	9	8	7	6	5	4	3	2	1
2	服务人员	技能水平	您对本机构服务人员专业技能掌握程度的综合评价										
3		人员配备	您对本机构服务人员配备比例的综合评价										
4	设施设备	生活场所设施	您对本机构提供生活居住场所、环境及无障碍设施的综合评价										
5		健身文娱设施	您对本机构提供健身文娱设施设备的综合评价										
6		医疗康复设施	您对本机构提供医疗、康复器械及用具的综合评价										
7		安全救护设施	您对本机构的安全标识、急救设施及紧急呼叫系统设置的综合评价										
8	出入院服务	接待咨询服务	您对本机构提供接待、咨询服务的综合评价										
9		出入院服务	您对本机构提供入院评估、入院手续办理、出院手续办理的综合评价										
10	生活照料服务	饮食照料服务	您对本机构提供引导或帮助老年人进食、进水等饮食照料服务的综合评价										
11		睡眠照料服务	您对本机构提供布置睡眠环境、睡眠状况观察等睡眠照料服务的综合评价										
12		清洁照料服务	您对本机构提供晨晚护理、清洁卫生护理、更换被服等清洁照料服务的综合评价										
13		排泄照料服务	您对本机构提供帮助老年人如厕、排便等排泄照料服务的综合评价										

续表

序号	三级指标	评价指标	评价内容	评价结果									
				非常满意		比较满意		一般		不太满意		非常不满意	
				10	9	8	7	6	5	4	3	2	1
14	生活照料服务	体位转移服务	您对本机构提供床上体位转换、轮椅转移及器具使用服务的综合评价										
15	膳食服务	膳食服务	您对本机构提供营养餐、个性化膳食服务的综合评价										
16	清洁卫生	清洁卫生服务	您对本机构提供环境、居室及设施清洁消毒的综合评价										
17	洗涤服务	洗涤服务	您对本机构提供衣物、被褥等织物收集、清洗、消毒及整理服务的综合评价										
18	医疗护理服务	医疗护理服务	您对本机构提供常见病诊疗、用药管理、护理常规、协助就医等服务的综合评价										
19		健康管理服务	您对本机构提供慢病监测、健康指导、老年保健及感染控制服务的综合评价										
20	康复服务	康复服务	您对本机构提供康复咨询、康复教育指导、康复训练、康复护理等服务的综合评价										
21	文化娱乐	文体娱乐活动	您对本机构组织老年人参加文化、体育、娱乐等活动服务的综合评价										
22	心理/精神支持服务	情绪疏导服务	您对本机构提供入住环境适应、情绪疏导服务的综合评价										
23		心理支持服务	您对本机构提供心理宣教、辅导及危机干预等服务的综合评价										
24	安宁服务	安宁服务	您对本机构提供临终关怀、哀伤辅导等服务的综合评价										

续表

序号	三级指标	评价指标	评价内容	评价结果									
				非常满意		比较满意		一般		不太满意		非常不满意	
				10	9	8	7	6	5	4	3	2	1
25	安全照护	安全照护服务	您对本机构为老年人提供安全防护措施及服务的综合评价										
26	其他服务	教育服务	您对本机构向老年人提供的课程、培训及讲座等教育服务评价										
27		委托代办服务	您对本机构为老年人提供代购物品、代收邮物品信函等委托代办服务的综合评价										
28	价格评价	收费价格	您对本机构入住收费价格的总体评价										
29	投诉处理	投诉处理	您对本机构对服务投诉的处理，是否及时、合理等的综合评价										
30	对机构支持程度	保持在本机构入住的可能性	合同到期后，您是否会续约继续选择本机构入住	□会 □不会									
31		向他人推荐本机构的可能性	您是否会向亲朋好友推荐入住本机构	□会 □不会									
其他意见或建议：													

注：评价结果勾选“会”为10分，“不会”为1分。

附 录 B
（资料性附录）
纠正预防措施报告表

表 B.1　　　　纠正预防措施报告表

责任部门：　　　　　出具人（验证人）：　　　　　日期：　　　年　　月　　日

<table>
<tr><td colspan="3">事实描述：

责任部门认可（签字）：　　　　日期：　　　年　　月　　日</td></tr>
<tr><td rowspan="2">责任部门</td><td>原因分析：</td><td rowspan="2">责任部门签字/日期：
要求完成日期：
验证人/日期：</td></tr>
<tr><td>制定纠正（预防）措施：</td></tr>
<tr><td colspan="3">纠正（预防）措施完成情况：

责任部门负责人：　　　　日期：　　　年　　月　　日</td></tr>
<tr><td colspan="2">验证情况：</td><td>验证人/日期：</td></tr>
<tr><td colspan="2">效果评价：</td><td>评价日期：</td></tr>
</table>

思维导图

参考文献

［1］国家统计局，第七次全国人口普查公报（第五号）［R/OL］（2021-05-11）［2024-06-20］. http：//www. gov. cn/xinwen/2021-05/11/content-5605787. htm.

［2］向琳琳．我国老年人权益法律保障研究［D］. 开封：河南大学，2016.

［3］刘雯雯．我国养老政策内容的量化分析［D］. 广州：中共广东省委党校，2021.

［4］陈红梅，黄石松．应加快完善我国老龄工作法律体系［J］. 新视野，2016（3）：87-92.

［5］全国老龄工作委员会办公室．老龄工作干部读本［M］. 北京：华龄出版社，2003.

［6］山东省质量技术监督局．养老服务基本术语：DB37/T 2891—2016［S/OL］.（2017-02-21）［2024-06-20］. https：//sdsylwoorg. cn/articles/ch05052/202203/82c23cc2-ball-4a7e-898f-0a314642392e. shtml.

［7］全国人大常委会办公厅．中华人民共和国老年人权益保障法［J］. 老年教育：老年大学，2013（1）：13-19.

［8］中华人民共和国住房和城乡建设部，中华人民共和国国家质量监督检验检疫总局．养老设施建筑设计规范：GB 50867—2013［S］. 北京：中国建筑工业出版社，2013.

［9］中国人民共和国民政部，国家标准化管理委员会．民政部　国家标准委关于印发《养老服务标准体系建设指南》的通知：民发〔2017〕145 号［A/OL］.（2017-08-24）［2024-06-20］. https：//www. mca. gov. cn/zt/n1248/n1249/c89625/content. html.

［10］中华人民共和国人力资源和社会保障部办公厅，中华人民共和国民政部办公厅．人力资源社会保障部办公厅 民政部办公厅关于颁布养老护理员国家职业技能标准的通知：人社厅发〔2019〕92 号［A/OL］.（2019-09-25）［2024-06-20］. https：//www. gov. cn/zhengce/zhengceku/2019-12/03/content_5457990. htm.

［11］中华人民共和国国家卫生和计划生育委员会办公厅．国家卫生计生委办公厅关于印发《养老机构医务室基本标准（试行）》和《养老机构护理站基本标准（试行）》的通知：国卫办医发〔2014〕57 号［A/OL］.（2014-10-31）［2024-06-20］. https：//www. gov. cn/xinwen/2014-11/18/content_2780620. htm.

［12］中华人民共和国人力资源和社会保障部．人事部关于印发《事业单位岗位设置管理试行办法》的通知：国人部发〔2006〕70 号［A/OL］.（2006-07-04）［2024-

06-20]. https://www.mohrss.gov.cn/xxgk2020/fdzdgknr/zcfg/gfxwj/rcrs/201407/t20140717_136283.html.

[13] 王黎，孙兆元，尹莉，等. 养老机构独立生活区护理人力资源配置研究 [J]. 中国全科医学，2015，18 (32)：3999-4003.

[14] 张曙. 基于工作分析的养老护理员人力资源配置研究 [D]. 杭州：杭州师范大学，2013.

[15] 中华人民共和国国家质量监督检验检疫总局，中国国家标准化管理委员会. 养老机构基本规范：GB/T 29353—2012 [S]. 北京：中国标准出版社，2013.

[16] 中华人民共和国国家质量监督检验检疫总局，中国国家标准化管理委员会. 养老机构服务质量基本规范：GB/T 35796-2017 [S]. 北京：中国标准出版社，2017.

[17] 国家市场监督管理总局，中国国家标准化管理委员会. 养老机构等级划分与评定：GB/T 37276-2018 [S]. 北京：中国标准出版社，2018.

[18] 国家市场监督管理委员会，国家标准化委员会. 养老机构服务安全基本规范：GB 38600—2019 [S/OL]. (2019-12-27) [2024-06-20]. https://std.samr.gov.cn/gb/search/gbDetailed? id=9B70B85563E89A1BE05397BE0A0A4C9A.

[19] 中国饭店协会. 饭店服务礼仪规范：SB/T 10476-2008 [S/OL]. (2008-09-27) [2024-06-20]. https://std.samr.gov.cn/hb/search/stdHBDetailed? id=8B1827F19778BB19E05397BE0A0AB44A.

[20] 山西省市场监督管理局. 养老机构服务人员礼仪基本要求：DB14/T 1896—2019 [S/OL]. (2019-09-11) [2024-06-20]. https://std.samr.gov.cn/db/search/stdDBDetailed?id=998D49D260A9A624E05397BE0A0AC94D.

[21] 中华人民共和国民政部. 养老服务常用图形符号及标志：MZ/T 131—2019 [S/OL]. (2019-12-12) [2024-06-20]. https://std.samr.gov.cn/hb/search/stdHBDetailed? id=9B748FBFCB5F232CE05397BE0A0A5A70.

[22] 陈永权，邹传瑜. 安全标志的设计与应用研究 [J]. 标准科学，2022 (4)：59-64.

[23] 邹小阳，陈永权. 公共场所中图形符号国家标准使用指南 [J]. 标准科学，2023 (7)：82-86.

[24] 中华人民共和国民政部. 养老机构管理办法 [A/OL]. (2020-09-01) [2024-06-20]. https://www.gov.cn/zhengce/2020-09/01/content_5713134.htm.

[25] 袁志刚. 中国养老保险体系选择的经济学分析 [J]. 经济研究，2001，36 (5)：13-19.

[26] 姜长云. 生活性服务业现状、问题与“十四五”时期发展对策 [J]. 经济纵横，2020 (5)：87-99.

[27] 马长山. 数字社会的治理逻辑及其法治化展开 [J]. 法律科学（西北政法大学学报），2020，38 (5)：3-16.

[28] 李美琪. 推动普惠型养老服务发展的财政政策研究 [D]. 保定：河北大学，2023.

[29] 姚熠莹. 内蒙古包头市社区嵌入式养老服务问题研究 [D]. 呼和浩特：内蒙

古师范大学，2023.

［30］中国共产党中央委员会，中华人民共和国国务院．中共中央 国务院关于加强新时代老龄工作的意见［A/OL］．(2021-11-18)［2024-06-20］. https：//www. gov. cn/zhengce/2021-11/24/content_5653181. htm.

［31］中国共产党中央委员会，中华人民共和国国务院．“健康中国 2030”规划纲要［A/OL］.(2016-10-25)［2024-06-20］. https：//www. gov. cn/zhengce/202203/content_3635233. htm.

［32］健康中国行动推进委员会．健康中国行动（2019—2030 年)［A/OL］.(2019-07-09)［2024-06-20］. https：//www. gov. cn/xinwen/2019-07/15/content_5409694. htm.

［33］中华人民共和国住房和城乡建设部，国家市场监督管理总局．建筑设计防火规范：GB 50016—2022［S/OL］．(2022-12-17)［2024-06-20］. https：//baijiahao. baidu. com/s?id=1801813160268461367&wfr=spider&for=pc.

［34］中华人民共和国环境保护部，中华人民共和国国家质量监督检验检疫总局．声环境质量标准：GB 3096—2008［S/OL］.(2008-08-19)［2024-06-20］. https：//big5. mee. gov. cn/gate/big5/www. mee. gov. cn/ywgz/fgbz/bz/bzwb/wlhj/shjzlbz/200809/W020111121351590491445. pdf.

［35］中华人民共和国国务院办公厅．国务院办公厅关于推进养老服务发展的意见：国办发〔2019〕5 号［A/OL］.(2019-04-16)［2024-06-20］. https：//www. gov. cn/zhengce/content/2019-04/16/content_5383270. htm.

［36］中华人民共和国商务部．商业服务业顾客满意度测评规范：SB/T 10409—2007［S］. 北京：中国标准出版社，2007.

［37］郭红艳，王黎，彭嘉琳，等．养老机构服务质量评价指标体系的构建［J］．中华护理杂志，2014，4（49)：394-398.

［38］国家标准化委员会，中华人民共和国国家发展和改革委员会，中华人民共和国民政部，等．关于推进服务标准化试点工作的意见：国标委农联［2007］7 号［A/OL］.(2010-01-19)［2024-06-20］. https：//scjgj. beijing. gov. cn/bsfw/bmfw/bzhzl/bzhsdsf/glbf/202004/t20200415_1804181. html.

附 录

《养老机构顾客满意度测评》实践报告

1. 任务书

请同学选取所在城市养老机构开展顾客满意度测评调研，完成如下任务：

（1）根据调查目的，做好调查研究设计。

（2）根据满意度测评结果撰写测评报告。

2. 任务分组

建议成立 3～5 人的学习小组，明确任务分工（见表 1），共同完成实践报告的撰写。

表 1　　调研报告任务分配表

<table>
<tr><td>班级</td><td colspan="2"></td><td>组别</td><td></td></tr>
<tr><td>组长</td><td colspan="2"></td><td>学号</td><td></td></tr>
<tr><td rowspan="4">组员</td><td>姓名</td><td>学号</td><td>姓名</td><td>学号</td></tr>
<tr><td></td><td></td><td></td><td></td></tr>
<tr><td></td><td></td><td></td><td></td></tr>
<tr><td></td><td></td><td></td><td></td></tr>
<tr><td rowspan="5">任务分工</td><td>岗位</td><td>姓名</td><td colspan="2">职责</td></tr>
<tr><td></td><td></td><td colspan="2"></td></tr>
<tr><td></td><td></td><td colspan="2"></td></tr>
<tr><td></td><td></td><td colspan="2"></td></tr>
<tr><td></td><td></td><td colspan="2"></td></tr>
</table>

3. 任务实施

引导问题 1：指标体系与权重________；

引导问题 2：测评方法________、________、________；

引导问题 3：抽样方法________、________、________；

引导问题 4：数据处理________、________、________；

引导问题 5：分析与改进________、________、________。